憲法の地図

条文と判例から学ぶ

大島義則
Yoshinori Oshima

Map of the Constitution

法律文化社

はしがき

　本書は，憲法の「条文」と「判例」を手掛かりとして，頭の中に「憲法の地図」を作ることを目的とするものです。一般に法律学において重要なのは「条文」と「判例」ですが，憲法では抽象的な学説や難しい学術用語の勉強に力が入れられ，「条文」や「判例」が軽視される傾向にあります。しかしながら，他の法分野と同様に，憲法でも「条文」と「判例」を使いこなせるようになることが，憲法をマスターする上で重要です。判例の立場を肯定するにしろ否定するにしろ，まずは「今，現に日本の法律実務において妥当している憲法の実体的な内容はどのようなものか」という土地勘を身に着ける必要があるでしょう。

　このような学修目的を達成するために，本書では各章の冒頭で解説対象となる「条文」を掲げ，本文において「条文」の規範的内容について「判例」を中心に解説するスタイルをとっています。また各章末に「判例」をマッピングした「地図」を付すとともに，本文を理解するために必要な判決文を資料として付けました。これにより本書1冊で，条文・判例の全体像を理解できる仕組みにしています。

　本書を使用する上での留意事項が数点あります。

　第1に，本書では，「憲法の地図」を描くにあたって，可能な限り各判例の最高裁判所調査官解説を強力なガイドラインとして用いる方針を採用しています。憲法判例はそれ自体，様々な解釈が可能なものであり，各人の頭の中にある「憲法の地図」も並行宇宙のように無数に存在しうるものですが，日本の法律実務において強力な指導指針となっている最高裁判所調査官解説を用いて「憲法の地図」を描いてみる，というのは一定の意義があることだと考えます。

第2に，各章末の「憲法の地図」は唯一絶対の整理ではなく，さしあたり判例の理解を促すための暫定的な整理に過ぎない，ということです。実際に本書の「憲法の地図」を手に判例という街を歩いてみたら風景が違うと思われる方もいらっしゃると思いますし，さらなる判例・学説の展開により「地図」が塗り替えられるということもあると思います。本書の「地図」を参考にしつつ，最終的には自分なりの「憲法の地図」を頭に作ることが学修の上では重要でしょう。

　第3に，本書では，日本国憲法第3章に列挙された人権条項のうち，主要なものに対象を絞って解説をしています。主要な人権条項は大学の学部，法科大学院でもよく取り上げられる素材であると共に，裁判にもなりやすく判例の蓄積の厚い部分であり，本書の「憲法の地図」作りに適していると考えました。紙面や私の能力の都合上，本書で取り上げることができなかった条項の解説は他日を期したいと思います。

　第4に，本書は逐条解説的なスタイルをとっていますが，各条項の規範的内容を包括的に解説したものではありません。実際に裁判になった「判例」をよりよく理解するための解説をすることを目的としていますので，重要論点でも判例のない領域の解説はカットしていることがあります。判例のない未知の領域や先端領域については，別途の学習が必要でしょう。ただし，本書で過去の「判例」の思考方法を身に着ければ，新しい憲法問題に取り組むためのきっかけをつかむことはできると思います。

　本書は，主として憲法を学ぶ大学生や法科大学院生をメインターゲットとしていますが，憲法訴訟に取り組む法曹の方や憲法問題に仕事で直面しうる公務員の方にも手に取ってもらうことも期待しています。本書が，みなさまの頭の中の「憲法の地図」作りの一助になれば，筆者としては望外の喜びです。

目　次

はしがき

第 *1* 章　包括的基本権——13条を読む

Ⅰ　13条の条文構造 ―――――――――――――――――― 001
　1　条文構造 ――――――――――――――――――――― 001
　2　13条前段——個人の尊重原理 ――――――――――― 001
　3　13条後段——幸福追求権 ―――――――――――――― 002
　4　判例の傾向 ――――――――――――――――――――― 002
Ⅱ　13条の判例理解①——「私生活上の自由」保障 ――― 002
　1　京都府学連事件と「私生活上の自由」
　　　　　――13条前段・後段の一体的適用 ―――――――― 002
　2　京都府学連事件以降の「私生活上の自由」に関する判例 ――― 003
　3　「私生活上の自由」とプライバシー権の関連性 ――――― 005
　4　プライバシーの審査基準論 ――――――――――――― 006
Ⅲ　13条の判例理解②——13条による客観法的統制 ――― 007
Ⅳ　小　　括 ―――――――――――――――――――――― 008
Ⅴ　13条の地図（プライバシー・自己決定権）――――― 009

第 *2* 章　平等権・平等原則——14条1項を読む

Ⅰ　14条1項の条文構造 ―――――――――――――――― 016
　1　条文構造 ――――――――――――――――――――― 016
　2　14条1項前段の意義 ――――――――――――――――― 016
　3　14条1項後段の意義 ――――――――――――――――― 017

iii

Ⅱ　学説の合憲性判定手法 ─────────────────── 018
　Ⅲ　判例の合憲性判定手法 ─────────────────── 018
　　1　判例の合理性基準 ───────────────────── 018
　　2　目的手段審査型の平等論証 ─────────────── 019
　　3　区別理由審査型の平等論証 ─────────────── 021
　　4　近年の重要判例──再婚禁止規定違憲判決・夫婦同姓強制合憲判決
　　　 ───────────────────────────────── 021
　Ⅳ　14条1項の地図（平等論証） ──────────────── 024

第3章　思想・良心の自由──19条を読む

　Ⅰ　19条の文言解釈 ───────────────────── 032
　　1　「思想及び良心」の自由 ────────────────── 032
　　2　「侵してはならない」 ─────────────────── 033
　Ⅱ　判例における思想・良心の自由の合憲性判断プロセス ──── 034
　　1　ピアノ伴奏拒否事件 ──────────────────── 034
　　2　国歌斉唱拒否事件 ──────────────────── 035
　　3　判例の審査手順 ────────────────────── 036
　Ⅲ　判例における思想・良心の自由の審査基準 ───────── 036
　Ⅳ　行政裁量と思想・良心の自由 ──────────────── 037
　Ⅴ　19条の地図（思想・良心の自由） ───────────── 038

第4章　信教の自由──20条を読む

　Ⅰ　20条の条文構造と保障内容 ──────────────── 044
　　1　信教の自由 ──────────────────────── 044
　　2　政教分離原則 ─────────────────────── 045
　Ⅱ　信教の自由の限界──加持祈祷事件 ─────────── 045
　Ⅲ　信教の自由に対する間接的で事実上の支障
　　　　──オウム真理教解散命令事件 ─────────── 046
　Ⅳ　行政裁量と信教の自由──エホバの証人剣道受講拒否事件 ── 047
　Ⅴ　20条1項前段の地図（信教の自由） ─────────── 049

第 5 章　表現の自由——21条を読む

Ⅰ　21条1項の文言解釈と概説 ―――― 056
　1　一体説と分離説 ―――― 056
　2　「言論，出版その他一切の表現の自由」の文言解釈 ―――― 056
　3　「表現の自由」の保障範囲・保障根拠・審査基準 ―――― 057
Ⅱ　判例と低価値表現または保障程度の低い表現 ―――― 059
　1　せん動 ―――― 059
　2　わいせつ表現 ―――― 060
　3　有害表現 ―――― 061
　4　名誉毀損 ―――― 062
　5　プライバシー侵害 ―――― 063
　6　営利的表現 ―――― 064
　7　財産権，管理権侵害，美観風致の維持の利益との衝突 ―――― 065
　8　ヘイトスピーチ（差別的表現） ―――― 067
Ⅲ　判例と合憲性判定基準——最高裁の利益衡量論 ―――― 068
　1　昭和50年以降の判例傾向 ―――― 068
　2　枠付けられた利益衡量論 ―――― 068
　3　生の利益衡量論 ―――― 070
　4　合理的関連性の基準 ―――― 070
Ⅳ　判例と情報受領権・情報収集権 ―――― 072
　1　学説と判例 ―――― 072
　2　情報摂取等の自由 ―――― 072
　3　報道の自由・取材の自由 ―――― 073
　4　取材源秘匿 ―――― 074
　5　政府情報公開請求権 ―――― 074
　6　アクセス権 ―――― 075
Ⅴ　判例と表現媒体特殊性論 ―――― 076
　1　放送の自由 ―――― 076
　2　インターネット上の表現の自由 ―――― 077
Ⅵ　集会・結社の自由 ―――― 077
　1　集会の自由 ―――― 077
　2　集団行動の自由 ―――― 079

3　結社の自由 ──────────────────────── 080
　Ⅶ　21条の地図 ──────────────────────── 081
　　1　低価値・低保障表現 ─────────────────── 081
　　2　通常の表現と審査基準 ───────────────── 081
　　3　情報受領権・情報収集権 ──────────────── 082
　　4　集会・結社の自由 ────────────────── 082

第6章　職業の自由──22条1項を読む

　Ⅰ　22条1項のうち「職業選択の自由」に係る部分の文言と解釈 ── 101
　　1　リーディングケースとしての薬事法違憲判決 ───────── 101
　　2　「職業選択の自由」の解釈 ──────────────── 101
　　3　「公共の福祉に反しない限り」の解釈 ───────────── 102
　　4　小　　括 ─────────────────────── 102
　Ⅱ　職業の自由に関する審査基準 ────────────────── 103
　　1　職業選択の自由規制＋消極目的規制
　　　　──薬事法違憲判決の定式 ───────────── 103
　　2　職業選択の自由規制＋積極目的規制──小売市場判決 ─── 104
　　3　職業活動の自由の規制──西陣ネクタイ訴訟 ──────── 104
　Ⅲ　規制態様論をめぐる問題 ──────────────────── 105
　Ⅳ　規制目的論をめぐる問題 ──────────────────── 106
　　1　消極目的・積極目的の認定──主たる目的 ───────── 106
　　2　規制目的の転換論 ────────────────── 107
　　3　規制目的の複合化論 ───────────────── 107
　　4　第3の規制目的論 ────────────────── 107
　Ⅴ　職業の自由と立法事実論 ──────────────────── 108
　Ⅵ　職業の自由の検討視点 ──────────────────── 109
　Ⅶ　22条1項の地図（職業の自由）──────────────── 111

第7章　学問の自由──23条を読む

　Ⅰ　「学問の自由」の制度趣旨 ────────────────── 120
　Ⅱ　「学問の自由」の保障内容と限界 ─────────────── 121
　　1　23条で保障される権利 ──────────────── 121

    2　学問研究の自由 ··· *121*
    3　研究結果発表の自由 ··· *121*
    4　大学における教授の自由と教師の教育の自由 ··························· *122*
  Ⅲ　大学の自治 ─────────────────────── *123*
    1　学問の自由と大学の自治の関係 ·· *123*
    2　大学の自治の内容 ·· *123*
    3　大学の自治の主体 ·· *123*
  Ⅳ　23条の地図（学問の自由）──────────────── *124*

第 *8* 章　生存権──25条を読む

  Ⅰ　25条の文言解釈 ───────────────────── *129*
    1　「健康で文化的な最低限度の生活を営む権利」の権利性 ············· *129*
    2　「健康で文化的な最低限度の生活」の文言解釈 ························ *130*
    3　25条1項と2項の関係 ·· *131*
    4　25条の問題領域 ·· *132*
  Ⅱ　生存権の自由権的側面 ──────────────────── *132*
  Ⅲ　判例における25条の立法裁量論 ─────────────── *133*
    1　堀木訴訟 ·· *133*
    2　塩見訴訟 ·· *133*
    3　不法在留者緊急医療扶助事件 ··· *134*
    4　学生無年金訴訟 ··· *134*
    5　判例の限界──立法裁量の縮減 ·· *135*
  Ⅳ　判例における25条に係る行政処分の合憲性・合法性 ───── *137*
    1　朝日訴訟──広範な行政裁量論 ·· *137*
    2　中嶋訴訟──解釈問題と仕組み解釈 ······································ *137*
    3　老齢加算廃止訴訟──判断過程統制審査 ································ *138*
    4　憲法学による行政裁量統制あるいは適用違憲 ·························· *138*
  Ⅴ　25条の地図（生存権の問題領域）───────────── *139*

第 *9* 章　財産権──29条を読む

  Ⅰ　29条1項の文言解釈 ──────────────────── *148*
    1　「財産権」の意義 ··· *148*

2 「これを侵してはならない」の意義 ………………………………… 149
 Ⅱ　29条2項の文言解釈 ──────────────────── 149
　　1 「公共の福祉に適合するやうに」の意義 ……………………………… 149
　　2 「法律」の意義 ……………………………………………………… 150
 Ⅲ　判例における財産権の保障と限界 ───────────── 150
　　1 国有農地売払特措法事件──事後法による財産権の内容変更 …… 150
　　2 森林法違憲判決──ベースライン・法制度保障との抵触 ………… 152
　　3 証券取引法短期売買利益提供請求事件
　　　　　　──財産権に関する立法の合憲性 ……………………… 155
 Ⅳ　29条3項の文言解釈──損失補償 ─────────── 156
　　1 29条3項の法的性格 ……………………………………………… 156
　　2 「公共のために用ひる」の意義 ……………………………………… 157
　　3 損失補償の要否──特別犠牲説 …………………………………… 157
　　4 「正当な補償」の意義 ……………………………………………… 158
 Ⅴ　29条の地図 ─────────────────────── 159
　　1 1項・2項の地図（財産権保障と限界）……………………………… 159
　　2 3項の地図（損失補償）……………………………………………… 160

おわりに
判例索引

凡　例

*文献

芦部	芦部信喜（高橋和之補訂）『憲法〔第6版〕』（岩波書店, 2015年）
芦部Ⅱ・Ⅲ	芦部信喜『憲法学〔Ⅱ・Ⅲ〔増補版〕〕』（有斐閣, 1994年・2000年）
井上	井上典之『憲法判例に聞く』（日本評論社, 2008年）
駒村	駒村圭吾『憲法訴訟の現代的転回』（日本評論社, 2013年）
小山	小山剛『「憲法上の権利」の作法〔新版〕』（尚学社, 2011年）
佐藤	佐藤幸治『日本国憲法論』（成文堂, 2011年）
宍戸	宍戸常寿『憲法解釈論の応用と展開〔第2版〕』（日本評論社, 2014年）
新基本法コンメ	芹沢斉ほか編『新基本法コンメンタール　憲法』（日本評論社, 2011年）
争点	大石眞=石川健治編『憲法の争点』（有斐閣, 2008年）
高橋	高橋和之『立憲主義と日本国憲法〔第3版〕』（有斐閣, 2013年）
注解Ⅱ	樋口陽一ほか『注解法律学全集2　憲法Ⅱ』（青林書院, 1997年）
読本	安西文雄=巻美矢紀=宍戸常寿『憲法学読本〔第2版〕』（有斐閣, 2014年）
長谷部	長谷部恭男『憲法〔第6版〕』（新世社, 2014年）
判プラ	憲法判例研究会編『判例プラクティス憲法〔増補版〕』（信山社, 2014年）
プロセス演習	LS憲法研究会編『プロセス演習　憲法〔第4版〕』（信山社, 2011年）
論点教室	曽我部真裕ほか編『憲法論点教室』（日本評論社, 2012年）
論点探究	小山剛=駒村圭吾編『論点探究　憲法〔第2版〕』（弘文堂, 2013年）

*判例集

最判解民（刑）平成（昭和）○年度	『最高裁判所判例解説民事篇（刑事篇）』（法曹会）
平成（昭和）○年度重判	ジュリスト臨事増刊『平成○年度重要判例解説』

*法学雑誌

ジュリ	ジュリスト（有斐閣）
判タ	判例タイムズ（判例タイムズ社）
法協	法学協会雑誌（有斐閣）
法教	法学教室（有斐閣）

法セミ　　法学セミナー（日本評論社）
　　法時　　　法律時報（日本評論社）
　　論ジュリ　論究ジュリスト（有斐閣）

＊**法　　令**
　　憲法については，条文数のみを示す。

第1章 包括的基本権

13条を読む

憲法13条 すべて国民は，個人として尊重される。生命，自由及び幸福追求に対する国民の権利については，公共の福祉に反しない限り，立法その他の国政の上で，最大の尊重を必要とする。

I　13条の条文構造

1　条文構造

13条は，前段と後段の二重構造をなしている。前段は「すべて国民は，個人として尊重される」と規定し，「個人の尊重」原理を定めている。後段は「生命，自由及び幸福追求に対する国民の権利」について規定し，幸福追求権に言及している。この13条の条文構造をどのように理解するかについては，判例・通説の間で乖離がある。

2　13条前段——個人の尊重原理

13条前段の個人の尊重条項が，個人の主観的権利を定めたものか，客観的法原則を定めたものかについては，学説で争いがある。13条後段は「権利」の文言を明示的に定めているのに対して，前段に「権利」の文言はない。そのため，13条前段は「個人の尊重」への配慮を要請する客観的原理・規範を定めたものと解するのが伝統的通説である。[*1] 13条前段の客観法的機能としては，個々の基本的人権，一般法等の解釈・形成基準となる点が挙げられる。[*2] この客観法的機能は民法2条が「個人の尊厳」を民法の解釈基準としていることに照らして私法秩序にも妥当するものであって，13条前段は全法秩序に妥当するいわば全方位的な憲法上の原則として機能する。[*3]

3 13条後段──幸福追求権

　日本国憲法制定初期の学説は，13条を倫理的規定とし具体的権利性を認めてこなかった。初期の最高裁判例も，賭博の自由や覚せい剤譲渡の自由につき「公共の福祉」に反するとして，その憲法上の権利性を否定するなど，13条の裁判規範性を否定する傾向にあった（判例13-1，13-2）。

　しかし，現在の通説は，13条前段の個人の尊重原理を受けて，後段に基づき幸福追求権が具体的権利として保障されると解している。幸福追求権の保障範囲については一般的行動の自由に広く及ぶとする一般的行為の自由説[*4]も存在するが，通説は人格的自律性にとって重要なものに限定している[*5]（人格的利益説）。

4 判例の傾向

　学説は13条を前段と後段に分断して分析的にその規範的意味内容を読み取ろうとするが，判例は13条前段と後段を必ずしも明確に区分せず，一体的に適用する傾向にある。以下では，プライバシー権[*6]と自己決定権に関する判例の展開を概観する。なお13条で保障される代表的な権利として名誉権も存在するが，名誉権は専ら表現の自由との調整が要求されるため，表現の自由を取り扱う際に論じることとする（第5章Ⅱ4）。

Ⅱ　13条の判例理解①──「私生活上の自由」保障

1 京都府学連事件と「私生活上の自由」──13条前段・後段の一体的適用

　最高裁は，警察による写真撮影の可否が争点となった京都府学連事件（判例13-3）において初めて13条の裁判規範性を承認した。京都府学連事件は「憲法13条は，『すべて国民は，個人として尊重される。生命，自由及び幸福追求に対する国民の権利については，公共の福祉に反しない限り，立法その他の国政の上で，最大の尊重を必要とする。』と規定しているのであつて，これは，国民の私生活上の自由が，警察権等の国家権力の行使に対しても保護されるべきことを規定しているものということができる」として13条前段・後段を一体的に適用し，「私生活上の自由」を憲法上の権利として保障した上で，「国民の私生活上の自由の一つとして，何人も，その承諾なしに，みだりにその容ぼ

う・姿態（以下「容ほう等」という。）を撮影されない自由」を保障した。もっとも，かかる自由も「公共の福祉のため必要のある場合には相当の制限」を受けるとし，「現に犯罪が行なわれもしくは行なわれたのち間がないと認められる場合であつて，しかも証拠保全の必要性および緊急性があり，かつその撮影が一般的に許容される限度をこえない相当な方法をもつて行なわれるとき」は13条違反等を否定する。

13条前段・後段を分断的に適用する学説と異なり，京都府学連事件は13条前段・後段を一体的に適用し，その保障範囲を「私生活上の自由」と判示する点で独自の意義を有する。もっとも判例のいう「私生活上の自由」がどのような正当化根拠を有するのか，学説の人格的利益説のような狭い保障範囲をもつものか，一般的行為の自由説のような広い保障範囲をもつものかは明らかとされず，その後の判例に解釈が委ねられることとなった。

● 2　京都府学連事件以降の「私生活上の自由」に関する判例

(1) オービス事件

京都府学連事件以降，「私生活上の自由」に言及した判例は，それほど多くはない。

オービス事件（判例13-4）は，「私生活上の自由」に明示的に言及しないが，京都府学連事件（判例13-3）を援用した上で，自動速度監視装置オービスによる運転者の容ぼうの写真撮影について，「現に犯罪が行われている場合になされ，犯罪の性質，態様からいつて緊急に証拠保全をする必要性があり，その方法も一般的に許容される限度を超えない相当なものである」として13条違反の主張を斥けた。

(2) 外国人指紋押捺事件

外国人指紋押捺事件（判例13-5）は，京都府学連事件（判例13-3）が上位カテゴリーとして「私生活上の自由」を設定し，そこから下位カテゴリーとしての「容ぼう等を撮影されない自由」を導き出したのと同様の論理で，「私生活上の自由」の一つとして「みだりに指紋の押なつを強制されない自由」を導き出す。もっとも，京都府学連事件では「私生活上の自由」の憲法上の権利性を認めたが，その保障範囲は不明確であり，京都府学連事件を前提としても，外

国人指紋押捺制度が「私生活上の自由」に対する制約性を有するかは自明のことではない。仮に判例の「私生活上の自由」概念が人格的利益説のいうような人格的生存に不可欠な利益に限定されるとするならば、「指先の紋様」に過ぎない「指紋」が人格的生存に不可欠かどうかの説明が要求されよう。この点につき、外国人指紋押捺事件は、「指紋は、指先の紋様であり、それ自体では個人の私生活や人格、思想、信条、良心等個人の内心に関する情報となるものではない」として指紋と人格の関連性の薄さを指摘しつつも、「性質上万人不同性、終生不変性をもつので、採取された指紋の利用方法次第では個人の私生活あるいはプライバシーが侵害される危険性」があることを強調し、「指紋の押なつ制度は、国民の私生活上の自由と密接な関連をもつ」とする[*8]。外国人指紋押捺事件はこうして「私生活上の自由」の憲法上の権利性を認めるが、この自由も「公共の福祉のため必要がある場合には相当の制限」を受けるとして、指紋押捺制度の立法目的の合理性・必要性と制度内容・方法の相当性の２点を審査し[*9]、指紋押捺制度の13条違反を否定した。京都府学連事件が警察による写真撮影という個別の公権力行使の合憲性について判示したものであったのに対し、外国人指紋押捺事件は「私生活上の自由」制約性を有する立法に対して合憲性判断基準を定立し、当該基準に即した個別・具体的検討を行った点は新しい。

(3) **住基ネット事件**

住基ネット事件（判例13-6）も、京都府学連事件（判例13-3）、外国人指紋押捺事件（判例13-5）と同様の方法で、「私生活上の自由」の一つとして、「個人に関する情報をみだりに第三者に開示又は公表されない自由」を引き出し、住基ネットがかかる自由を侵害しないかを検討する。そして「住基ネットにシステム技術上又は法制度上の不備があり、そのために本人確認情報が法令等の根拠に基づかずに又は正当な行政目的の範囲を逸脱して第三者に開示又は公表される具体的な危険が生じているということもできない」として13条違反を否定した。住基ネット事件においても「私生活上の自由」が人格的生存に不可欠な利益に限定されるのか、一般的行為の自由まで含まれるのかは明らかとされてはいない。もっとも、人格的利益説の立場から「私生活上の自由」および「個人に関する情報をみだりに第三者に開示又は公表されない自由」を解釈した場

合，「個人の人格的生存ないしその尊厳が脅かされるような態様で開示等が行われたか否か，又はその具体的な危険があるか否かという観点から判断されるべき」との解釈が成立し，住基ネット事件の提示した基準はこのような解釈を前提としている，と読むこともできる。[*10]

● 3 「私生活上の自由」とプライバシー権の関連性

判例は「私生活上の自由」の正当化根拠や保障範囲について明示していないが，個人情報・プライバシー権の局面において「私生活上の自由」を用いていることがわかる。したがって判例の「私生活上の自由」の内実を明らかにするためには，プライバシーとの関連において理解する必要があろう。[*11] プライバシー権については，プライバシーを秘匿権または消極的自由権と捉える伝統的プライバシー論と個人情報をいつどのようにどの程度まで伝達するかを自ら積極的に決定できるとする自己情報のコントロール権論の2つの潮流が存在する。[*12]「私生活上の自由」はいずれの内実を有するものであるか。

プライバシー侵害は情報の①収集，②保管・利用，③開示・公表の各場面で問題になりうる。[*13] 京都府学連事件（判例13-3），オービス事件（判例13-4），外国人指紋押捺事件（判例13-5）は，①情報収集の局面における「私生活上の自由」が問題となった事案である。京都府学連事件は「みだりにその容ぼう・姿態を撮影されない自由」，外国人指紋押捺事件は「みだりに指紋の押なつを強制されない自由」という限定的な憲法上の権利を認めたに過ぎず，撮影させるか否か等を自己決定する権利（同意権）を基本的人権として認めていない。住基ネット事件（判例13-6）は，③情報の開示・公表の局面において，「個人に関する情報をみだりに第三者に開示又は公表されない自由」を保障したものである。そして，住基ネット事件の原判決（大阪高判平成18年11月30日判時1962号11頁）が明示的に自己情報コントロール権を認める判断をしていたことと対比すると，住基ネット事件の最高裁判決は同事件の事情の下における自己情報コントロール権を否定したとも考え得る。

このように考えてくると，判例の「私生活上の自由」概念は，あくまで伝統的プライバシー論の範疇により理解可能なものであり，自己情報コントロール権論とは衝突する色彩を有する。もっとも，判例の「私生活上の自由」は曖昧

第1章 包括的基本権　　005

不明確な概念であって，自己情報コントロール権説の立場から判例を再解釈する余地もあり，判例もこれを明確に否定していない[*14]。判例のいう「私生活上の自由」の問題領域においても，たとえば自己のプライバシーに関する秘匿性の高い情報について自己情報コントロール権が肯定される可能性はある[*15]。

4　プライバシーの審査基準論

　学説の自己情報コントロール権を採用した場合と判例の「私生活上の自由」概念を用いた場合では，違憲審査基準の考え方も相当程度異なる。

　日本における自己情報コントロール権説の主唱者である佐藤幸治[*16]は，プライバシーの権利について「個人が道徳的自律の存在として，自ら善であると判断する目的を追求して，他者とコミュニケートし，自己の存在にかかわる情報を開示する範囲を選択できる権利」として理解する。そして，①その人の道徳的自律の存在にかかわる情報（プライバシー固有情報）の取得・利用・開示について原則的に禁止する一方で，②個人の道徳的自律の存在に直接かかわらない外的事項に関する個別的情報（プライバシー外延情報）については正当な目的に基づく適正な方法を通じた取得・保有・利用を許容する。プライバシー固有情報の具体例としては思想・信条・精神・身体に関する基本情報が挙げられ，プライバシー外延情報の具体例としては単純な個人情報が挙げられる。このように佐藤説は，道徳的自律性との距離によって審査基準の厳格度を使い分ける。

　判例では一貫した審査基準が適用されているわけではない。外国人指紋押捺事件（判例13-5）は，合理性の基準に近い緩やかな審査基準を採っているが，「指紋」の性質決定の段階で，「個人の内心に関する情報」ではないとしつつ「指紋の万人不同性，終生不変性」から「私生活上の自由」の該当性を導いており，佐藤説のいうところのプライバシー外延情報に近づけるための論証がなされていて，審査基準を切り下げる一応の理由が示されている。住基ネット事件（判例13-6）は「住基ネットにシステム技術上又は法制度上の不備があり，そのために本人確認情報が法令等の根拠に基づかずに又は正当な行政目的の範囲を逸脱して第三者に開示又は公表される具体的な危険が生じているということもできない」として，技術的・法制度的不備，法令等の根拠の有無，正当な行政目的の逸脱の有無を考慮して「第三者に開示又は公表される具体的な危険が生じ

ている」か否かを判断する複雑な基準をとっており,「正当な行政目的」等の表現は緩やかな合理性の基準を思い起こさせる。そして住基ネット事件で問題になったのは「住基ネットによって管理,利用等される本人確認情報は,氏名,生年月日,性別及び住所から成る4情報に,住民票コード及び変更情報を加えたものにすぎない」のであって,やはり秘匿性の低いものであり,審査基準を切り下げる理由が一応存在する[*17]。そうすると外国人指紋押捺事件や住基ネット事件とは異なり,高度の秘匿性のあるプライバシーが問題となる事案において,自己情報コントロール権が肯定され,違憲審査基準としても厳格度の高いものが選択される可能性を判例は留保している,といえよう。

Ⅲ 13条の判例理解②──13条による客観法的統制

「私生活上の自由」に関する判例を見てきたが,判例は「私生活上の自由」への介入を伴わなければ13条違反はない,と単純に考えているわけではない。
　未決勾留喫煙禁止事件(判例13-7)は「喫煙の自由は,憲法13条の保障する基本的人権の一に含まれるとしても,あらゆる時,所において保障されなければならないものではない」とし,喫煙の自由が13条で保障される憲法上の権利であるか否かの判断をペンディングにして,喫煙禁止規定の必要性・合理性を審査した。
　この未決勾留喫煙禁止事件については,二通りの解釈がありうる。第一は,京都府学連事件(判例13-3)以降の「私生活上の自由」概念との関連で理解し,喫煙の自由が「私生活上の自由」に含まれるか否かは論争的事項であることから[*18],仮定的に喫煙の自由を13条の主観的権利として保障されるものとした上で,喫煙制限の必要性・合理性を審査した,と理解する方法である[*19]。第二は,京都府学連事件以降の判例であるにもかかわらず,未決勾留喫煙禁止事件が「私生活上の自由」へ明示的に言及していないことから,京都府学連事件の「私生活上の自由」と暗黙のうちに区別された権利・自由を問題にし,憲法上の主観的権利制限のない国家行為であっても13条による客観法的側面が発動して,国家行為の必要性・合理性を審査したと理解する方法である[*20]。仮に第二の理解をとるとすれば,判例は京都府学連事件・外国人指紋押捺事件(判例13-5)・

第1章　包括的基本権　　007

住基ネット事件（判例13-6）のような「私生活上の自由」の主観的権利に関する問題系と未決勾留喫煙禁止事件のような客観法的統制に関する問題系を区別していることになる。[21]

どぶろく裁判（判例13-8）も，「自己消費目的の酒類製造の自由が制約されるとしても，そのような規制が立法府の裁量権を逸脱し，著しく不合理であることが明白であるとはいえ」ないと判示しており，これが13条の主観的権利として仮定的に認めた上で審査に入ったものか，13条の客観法的側面が発動したものかは必ずしも明らかではない。

Ⅳ 小　括

いずれにしても，判例によれば，京都府学連事件（判例13-3）・外国人指紋押捺事件（判例13-5）・住基ネット事件（判例13-6）の「私生活上の自由」の問題系と未決勾留喫煙禁止事件（判例13-7）・どぶろく裁判（判例13-8）の問題系を区別し，慎重に取り扱っているように思われる。したがって，憲法訴訟において13条の争点が提起されるとき，第一に「私生活上の自由」に含まれるか，第二に仮にこれに含まれない権利・自由であったとしても客観法的審査をどのように行うべきかが問題となる。主としてプライバシーや個人情報の問題は前者，自己決定権（一般的行為の自由）の問題は後者の問題系に位置づけられるが，現時点における判例では両者を明確に区分できるものではない。[22]

Ⅴ 13条の地図（プライバシー・自己決定権）

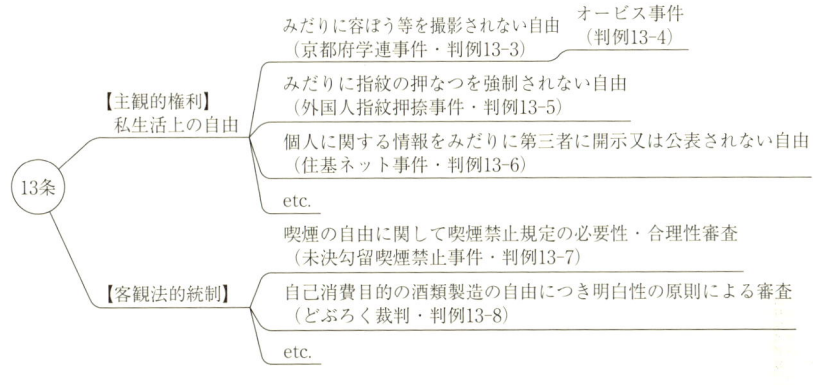

* 1 　佐藤174頁。
* 2 　新基本法コンメ103頁〔押久保倫夫執筆部分〕。
* 3 　佐藤175頁。なお，幸福追求権をすべて13条後段により根拠付けると，同時に「公共の福祉」による制約を幸福追求権に取り込んでしまう危険性がある。この点に配慮し，近時では，13条前段は「公共の福祉」による制約を受けない，個人の自律を保障する「切り札」としての権利の存在を一般的に宣言した原則的規定と解する見解が存在する。この見解は，「個人の人格の根源的な平等性」を権利の核心に置き，「自分の選択した生き方や考え方が根本的に誤っている」という理由で政府規制を行うときに「切り札」としての権利が侵害されるとする（長谷部110頁，145-146頁）。
* 4 　戸波江二「幸福追求権の構造」公法研究58号18頁（1996年）等。
* 5 　佐藤176頁。
* 6 　なお，本章では，対国家防御権としてのプライバシーの判例を解説しており，私人間の争いを射程に入れていない。私法上の権利としてのプライバシーと憲法上の権利としてのプライバシーの関係については，芦部122頁，宍戸98頁参照。私法上のプライバシーと公法上のプライバシーは相互に密接な関係をもち，両者は総合的に検討される必要があるが，判例法理では公法上のプライバシーは現時点では「私生活上の自由」として検討されている。
* 7 　井上25頁，土井真一「国家による個人の把握と憲法理論」公法研究75号7頁（2013年）。
* 8 　池田耕平・最判解刑平成7年度332頁は，「『容ぼう・姿態の撮影』と『指紋の採取』は，国家機関がこれを行うとき，ともに個人の身体的情報の把握による私生活上の自由への介入の危険という点で共通するものがある」と指摘する。
* 9 　学説では，LRAの基準等のより厳格な審査基準を適用すべきとする見解が強い。芦部Ⅱ

387頁。池田耕平・最判解刑平成7年度328頁，331頁（注六）参照。
* 10　増森珠美・最判解民平成20年度164頁（注15）。
* 11　井上32頁。
* 12　伝統的プライバシー論および自己情報コントロール権の概要については，増森珠美・最判解民平成20年度151-153頁。なお，近年の学説では，両説とは距離を置いた第3期・第3世代プライバシーが主張されることがあり，今後は，これも射程に入れた検討が必要になろう。山本龍彦「プライバシーの権利」ジュリ1412号80頁（2010年），宮下紘「プライバシー・個人情報保護の新世代」駿河台法学25巻1号111頁（2011年）。
* 13　本段落の思考の整理については，実務上影響力をもつと考えられる増森珠美・最判解民平成20年度159頁以下を参考にしている。
* 14　芦部も，判例が「私生活上の自由」という漠然とした定義から，情報化社会に即応した自己情報コントロール権に近い内容を引き出す傾向にあることを指摘している。芦部II 377-378頁。増森珠美・最判解民平成20年度164頁（注17）。
* 15　増森珠美・最判解民平成20年度164頁（注17）。判例の「私生活上の自由」概念を客観法的原則として解釈する見解として千葉邦史「日本国憲法における個人主義とプライバシー」法時84巻3号99-101頁（2012年），個人の自律と関連する主観的権利として解釈する見解として駒村275-276頁。
* 16　以下の自己情報コントロール権説（佐藤説）については，佐藤182-186頁。
* 17　もっとも，住基ネット事件の審査基準は単純な合理性の基準ではなく，よりきめ細やかな審査が行われたものである。山本龍彦は，アメリカの構造的転回を経た情報プライバシー論を参照した上で，住基ネット事件について住基ネットの構造的脆弱性を審査する構造審査を行ったものとして高く評価する。山本龍彦「プライバシーの権利」ジュリ1412号80頁，86頁（2010年）。一方で，小山剛は，ドイツの情報自己決定権論の立場から，優越する公益，法律の根拠，目的の特定性，比例原則，組織・手続的予防措置を審査したドイツ連邦憲法裁判所の国勢調査判決と住基ネット事件の審査項目の類似性を指摘する。小山剛「単純個人情報の憲法上の保護」論ジュリ1号124頁（2012年）。なお，住基ネット事件は違憲審査基準の問題に入る以前に，プライバシー制約性を認めなかった，と読んだほうが素直かもしれない。この理解をとるものとして，松本和彦「判批」判例セレクト2008（法教342号別冊付録）4頁。
* 18　判例は「私生活上の自由」について人格的利益説と一般的行為の自由説のいずれに近づけるかを明らかにしていない。喫煙の自由は人格的利益説からは権利性が否定され，一般的行為の自由説からは肯定されるため，「私生活上の自由」の保障範囲の内実を明らかにしなければ喫煙の自由の権利性を判定することが困難である。
* 19　宇野栄一郎・最判解民昭和45年度275頁は，喫煙の自由の権利性を仮定的に肯定した上で，合憲性審査に進んだものと理解する。
* 20　このような理解をとるものとして，井上31-32頁。
* 21　近時の学説は，13条について主観的権利保障の条文であると同時に，客観法的統制を行う条文であると自覚的に位置づける傾向にある。たとえば，小山剛は人格的利益説から零れ落ちた一般的行為の自由の保障領域について，「『違憲の強制』からの自由」の問題に解消し，憲法的統制を行うことを試みている。小山96-98頁。
* 22　判例においても，人格的自律と密接に関わる自己決定権について，客観法ではなく主観

的権利の問題として取り扱われ，厳格な司法審査による保護が与えられる余地はある。エホバの証人輸血拒否事件（最判平成12年2月29日民集54巻2号582頁）は，輸血を伴う手術を受けるか否かの「意思決定をする権利」を「人格権」とし，その侵害を認めた。これは不法行為法の判断であるが，当該判断が対国家防御権としての自己決定権に拡張される可能性はある。同判決を「事例判断」とし，あるいは私法上の「人格権」に射程を限定する見解として，佐久間邦史・最判解民平成12年度(上)135頁，潮見佳男・平成12年度重判67頁。私法上の人格権の判例であることを認めつつも，判例においてボトム・アップ的に憲法上の権利として承認される可能性を示唆するものとして，山本龍彦「自己決定権」辻村みよ子ほか編『憲法基本判例』（尚学社，2015年）92-93頁。

判例一覧（第1章）

13-1	賭博開張図利罪事件・最大判昭和25年11月22日刑集4巻11号2380頁
	【賭博の自由】 「賭博行為は，一面互に自己の財物を自己の好むところに投ずるだけであつて，他人の財産権をその意に反して侵害するものではなく，従つて，一見各人に任された自由行為に属し罪悪と称するに足りないようにも見えるが，しかし，他面勤労その他正当な原因に因るのでなく，単なる偶然の事情に因り財物の獲得を僥倖せんと相争うがごときは，国民をして怠惰浪費の弊風を生ぜしめ，健康で文化的な社会の基礎を成す勤労の美風（憲法27条1項参照）を害するばかりでなく，甚だしきは暴行，脅迫，殺傷，強窃盗その他の副次的犯罪を誘発し又は国民経済の機能に重大な障害を与える恐れすらあるのである。これわが国においては一時の娯楽に供する物を賭した場合の単なる賭博でもこれを犯罪としその他常習賭博，賭場開張等又は富籤に関する行為を罰する所以であつて，これ等の行為は畢竟公益に関する犯罪中の風俗を害する罪であり（旧刑法第2篇第6章参照），新憲法にいわゆる公共の福祉に反するものといわなければならない。」
13-2	覚せい剤譲渡・販売禁止事件・最大判昭和31年6月13日刑集10巻6号830頁
	【覚せい剤譲渡の自由】 「すなわち，右薬事法41条7号，44条7号，56条の規定は本来憲法13条の本旨に従い公共の福祉のために必要なものであるから，指定医薬品を販売授与する等の自由を制約することになつても憲法13条に違反するとはいえない。」 「従って覚せい剤取締法が，一方において覚せい剤の適正な使用の途を開きつつ，法定の資格者以外の者によるその譲渡，譲受等が濫用の因をなしやすいことに鑑み同法17条3項をもって法定の場合の外一般に覚せい剤を譲り渡し又は譲り受けることを禁止し，同法41条1項4号をもってこれが違反に対し罰則を定めても公共の福祉のために必要なものであるから憲法13条に違反するとはいえない。」

13-3	京都府学連事件・最大判昭和44年12月24日刑集23巻12号1625頁
	【私生活上の自由――みだりに容ぼう等を撮影されない自由】 「ところで、憲法13条は、「すべて国民は、個人として尊重される。生命、自由及び幸福追求に対する国民の権利については、公共の福祉に反しない限り、立法その他の国政の上で、最大の尊重を必要とする。」と規定しているのであつて、これは、国民の私生活上の自由が、警察権等の国家権力の行使に対しても保護されるべきことを規定しているものということができる。そして、個人の私生活上の自由の一つとして、何人も、その承諾なしに、みだりにその容ぼう・姿態（以下「容ぼう等」という。）を撮影されない自由を有するものというべきである。 　これを肖像権と称するかどうかは別として、少なくとも、警察官が、正当な理由もないのに、個人の容ぼう等を撮影することは、憲法13条の趣旨に反し、許されないものといわなければならない。しかしながら、個人の有する右自由も、国家権力の行使から無制限に保護されるわけでなく、公共の福祉のため必要のある場合には相当の制限を受けることは同条の規定に照らして明らかである。そして、犯罪を捜査することは、公共の福祉のため警察に与えられた国家作用の一つであり、警察にはこれを遂行すべき責務があるのであるから（警察法2条1項参照）、警察官が犯罪捜査の必要上写真を撮影する際、その対象の中に犯人のみならず第三者である個人の容ぼう等が含まれても、これが許容される場合がありうるものといわなければならない。 　そこで、その許容される限度について考察すると、身体の拘束を受けている被疑者の写真撮影を規定した刑訴法218条2項のような場合のほか、次のような場合には、撮影される本人の同意がなく、また裁判官の令状がなくても、警察官による個人の容ぼう等の撮影が許容されるものと解すべきである。すなわち、現に犯罪が行なわれもしくは行なわれたのち間がないと認められる場合であつて、しかも証拠保全の必要性および緊急性があり、かつその撮影が一般的に許容される限度をこえない相当な方法をもつて行なわれるときである。このような場合に行なわれる警察官による写真撮影は、その対象の中に、犯人の容ぼう等のほか、犯人の身辺または被写体とされた物件の近くにいたためこれを除外できない状況にある第三者である個人の容ぼう等を含むことになつても、憲法13条、35条に違反しないものと解すべきである。」
13-4	オービス事件・最判昭和61年2月14日刑集40巻1号48頁
	【私生活上の自由――みだりに容ぼう等を撮影されない自由】 「弁護人高山俊吉の上告趣意第一のうち、憲法13条、21条違反をいう点は、速度違反車両の自動撮影を行う本件自動速度監視装置による運転者の容ぼうの写真撮影は、現に犯罪が行われている場合になされ、犯罪の性質、態様からいつて緊急に証拠保全をする必要性があり、その方法も一般的に許容される限度を超えない相当なものであるから、憲法13条に違反せず、また、右写真撮影の際、運転者の近くにいるため除外できない状況にある同乗者の容ぼうを撮影することになつても、憲法13条、21条に違反しないことは、当裁判所昭和44年12月24日大法廷判決（刑集23巻12号1625頁）の趣旨に徴して明らかであるから、所論は理由がな」い。

13－5　外国人指紋押捺事件・最判平成7年12月15日刑集49巻10号842頁

【私生活上の自由――みだりに指紋の押なつを強制されない自由】
「指紋は，指先の紋様であり，それ自体では個人の私生活や人格，思想，信条，良心等個人の内心に関する情報となるものではないが，性質上万人不同性，終生不変性をもつので，採取された指紋の利用方法次第では個人の私生活あるいはプライバシーが侵害される危険性がある。このような意味で，指紋の押なつ制度は，国民の私生活上の自由と密接な関連をもつものと考えられる。

　憲法13条は，国民の私生活上の自由が国家権力の行使に対して保護されるべきことを規定していると解されるので，個人の私生活上の自由の一つとして，何人もみだりに指紋の押なつを強制されない自由を有するものというべきであり，国家機関が正当な理由もなく指紋の押なつを強制することは，同条の趣旨に反して許されず，また，右の自由の保障は我が国に在留する外国人にも等しく及ぶと解される（最高裁昭和40年(あ)第1187号同44年12月24日大法廷判決・刑集23巻12号1625頁，最高裁昭和50年(行ツ)第120号同53年10月4日大法廷判決・民集32巻7号1223頁参照）。

　しかしながら，右の自由も，国家権力の行使に対して無制限に保護されるものではなく，公共の福祉のため必要がある場合には相当の制限を受けることは，憲法13条に定められているところである。

　そこで，外国人登録法が定める在留外国人についての指紋押なつ制度についてみると，同制度は，昭和27年に外国人登録法（同年法律第125号）が立法された際に，同法1条の「本邦に在留する外国人の登録を実施することによって外国人の居住関係及び身分関係を明確ならしめ，もって在留外国人の公正な管理に資する」という目的を達成するため，戸籍制度のない外国人の人物特定につき最も確実な制度として制定されたもので，その立法目的には十分な合理性があり，かつ，必要性も肯定できるものである。また，その具体的な制度内容については，立法後累次の改正があり，立法当初2年ごとの切替え時に必要とされていた押なつ義務が，その後3年ごと，5年ごとと緩和され，昭和62年法律第102号によって原則として最初の1回のみとされ，また，昭和33年法律第3号によって在留期間1年未満の者の押なつ義務が免除されたほか，平成4年法律第66号によって永住者（出入国管理及び難民認定法別表第2上欄の永住者の在留資格をもつ者）及び特別永住者（日本国との平和条約に基づき日本の国籍を離脱した者等の出入国管理に関する特例法に定める特号永住者）につき押なつ制度が廃止されるなど社会の状況変化に応じた改正が行われているが，本件当時の制度内容は，押なつ義務が3年に一度で，押なつ対象指紋も一指のみであり，加えて，その強制も罰則による間接強制にとどまるものであって，精神的，肉体的に過度の苦痛を伴うものとまではいえず，方法としても，一般的に許容される限度を超えない相当なものであったと認められる。

　右のような指紋押なつ制度を定めた外国人登録法14条1項，18条1項8号が憲法13条に違反するものでないことは当裁判所の判例（前記最高裁昭和44年12月24日大法廷判決，最高裁昭和29年(あ)第2777号同31年12月26日大法廷判決・刑集10巻12号1769頁）の趣旨に徴し明らかであり，所論は理由がない。」

13-6	住基ネット事件・最判平成20年3月6日民集62巻3号665頁
	【私生活上の自由――個人に関する情報をみだりに第三者に開示又は公表されない自由】 「憲法13条は、国民の私生活上の自由が公権力の行使に対しても保護されるべきことを規定しているものであり、個人の私生活上の自由の一つとして、何人も、個人に関する情報をみだりに第三者に開示又は公表されない自由を有するものと解される（最高裁昭和40年（あ）第1187号同44年12月24日大法廷判決・刑集23巻12号1625頁参照）。 　そこで、住基ネットが被上告人らの上記の自由を侵害するものであるか否かについて検討するに、住基ネットによって管理、利用等される本人確認情報は、氏名、生年月日、性別及び住所から成る4情報に、住民票コード及び変更情報を加えたものにすぎない。このうち4情報は、人が社会生活を営む上で一定の範囲の他者には当然開示されることが予定されている個人識別情報であり、変更情報も、転入、転出等の異動事由、異動年月日及び異動前の本人確認情報にとどまるもので、これらはいずれも、個人の内面に関わるような秘匿性の高い情報とはいえない。これらの情報は、住基ネットが導入される以前から、住民票の記載事項として、住民基本台帳を保管する各市町村において管理、利用等されるとともに、法令に基づき必要に応じて他の行政機関等に提供され、その事務処理に利用されてきたものである。そして、住民票コードは、住基ネットによる本人確認情報の管理、利用等を目的として、都道府県知事が無作為に指定した数列の中から市町村長が一を選んで各人に割り当てたものであるから、上記目的に利用される限りにおいては、その秘匿性の程度は本人確認情報と異なるものではない。 　また、前記確定事実によれば、住基ネットによる本人確認情報の管理、利用等は、法令等の根拠に基づき、住民サービスの向上及び行政事務の効率化という正当な行政目的の範囲内で行われているものということができる。住基ネットのシステム上の欠陥等により外部から不当にアクセスされるなどして本人確認情報が容易に漏えいする具体的な危険はないこと、受領者による本人確認情報の目的外利用又は本人確認情報に関する秘密の漏えい等は、懲戒処分又は刑罰をもって禁止されていること、住基法は、都道府県に本人確認情報の保護に関する審議会を、指定情報処理機関に本人確認情報保護委員会を設置することとして、本人確認情報の適切な取扱いを担保するための制度的措置を講じていることなどに照らせば、住基ネットにシステム技術上又は法制度上の不備があり、そのために本人確認情報が法令等の根拠に基づかずに又は正当な行政目的の範囲を逸脱して第三者に開示又は公表される具体的な危険が生じているということもできない。」 「そうすると、行政機関が住基ネットにより住民である被上告人らの本人確認情報を管理、利用等する行為は、個人に関する情報をみだりに第三者に開示又は公表するものということはできず、当該個人がこれに同意していないとしても、憲法13条により保障された上記の自由を侵害するものではないと解するのが相当である。」
13-7	未決勾留喫煙禁止事件・最大判昭和45年9月16日民集24巻10号1425頁
	【喫煙の自由】 「所論は、在監者に対する喫煙を禁止した監獄法施行規則96条は、未決勾留により拘禁された者の自由および幸福追求についての基本的人権を侵害するものであつ

て、憲法13条に違反するというにある。
　しかしながら、未決勾留は、刑事訴訟法に基づき、逃走または罪証隠滅の防止を目的として、被疑者または被告人の居住を監獄内に限定するものであるところ、監獄内においては、多数の被拘禁者を収容し、これを集団として管理するにあたり、その秩序を維持し、正常な状態を保持するよう配慮する必要がある。このためには、被拘禁者の身体の自由を拘束するだけでなく、右の目的に照らし、必要な限度において、被拘禁者のその他の自由に対し、合理的制限を加えることもやむをえないところである。
　そして、右の制限が必要かつ合理的なものであるかどうかは、制限の必要性の程度と制限される基本的人権の内容、これに加えられる具体的制限の態様との較量のうえに立つて決せられるべきものというべきである。
　これを本件についてみると、原判決（その引用する第1審判決を含む。）の確定するところによれば、監獄の現在の施設および管理態勢のもとにおいては、喫煙に伴う火気の使用に起因する火災発生のおそれが少なくなく、また、喫煙の自由を認めることにより通謀のおそれがあり、監獄内の秩序の維持にも支障をきたすものであるというのである。右事実によれば、喫煙を許すことにより、罪証隠滅のおそれがあり、また、火災発生の場合には被拘禁者の逃走が予想され、かくては、直接拘禁の本質的目的を達することができないことは明らかである。のみならず、被拘禁者の集団内における火災が人道上重大な結果を発生せしめることはいうまでもない。他面、煙草は生活必需品とまでは断じがたく、ある程度普及率の高い嗜好品にすぎず、喫煙の禁止は、煙草の愛好者に対しては相当の精神的苦痛を感ぜしめるとしても、それが人体に直接障害を与えるものではないのであり、かかる観点よりすれば、喫煙の自由は、憲法13条の保障する基本的人権の一に含まれるとしても、あらゆる時、所において保障されなければならないものではない。したがつて、このような拘禁の目的と制限される基本的人権の内容、制限の必要性などの関係を総合考察すると、前記の喫煙禁止という程度の自由の制限は、必要かつ合理的なものであると解するのが相当であり、監獄法施行規則96条中未決勾留により拘禁された者に対し喫煙を禁止する規定が憲法13条に違反するものといえないことは明らかである。」

13－8	どぶろく裁判・最判平成元年12月14日刑集43巻13号841頁
	【自己消費目的の酒類製造の自由】 「しかし、酒税法の右各規定は、自己消費を目的とする酒類製造であっても、これを放任するときは酒税収入の減少など酒税の徴収確保に支障を生じる事態が予想されるところから、国の重要な財政収入である酒税の徴収を確保するため、製造目的のいかんを問わず、酒類製造を一律に免許の対象とした上、免許を受けないで酒類を製造した者を処罰することとしたものであり（昭和28年(あ)第3721号同30年7月29日第2小法廷判決・刑集9巻9号1972頁参照）、これにより自己消費目的の酒類製造の自由が制約されるとしても、そのような規制が立法府の裁量権を逸脱し、著しく不合理であることが明白であるとはいえず、憲法31条、13条に違反するものでないことは、当裁判所の判例（昭和55年（行ツ）第15号同60年3月27日大法廷判決・民集39巻2号247頁。なお、昭和34年(あ)第1516号同35年2月11日第1小法廷判決・裁判集刑事132号219頁参照）の趣旨に徴し明らかであるから、論旨は理由がない。」

第2章 平等権・平等原則
14条1項を読む

憲法14条1項 すべて国民は，法の下に平等であつて，人種，信条，性別，社会的身分又は門地により，政治的，経済的又は社会的関係において，差別されない。

Ⅰ 14条1項の条文構造

1 条文構造

14条1項は，前段・後段の二重構造をなしている。前段は「法の下」に「平等」であることを規定し，後段は「人種，信条，性別，社会的身分又は門地」という5事由について「政治的，経済的又は社会的関係において，差別されない」と規定している。

2 14条1項前段の意義

14条1項前段の「法の下に」の解釈について，かつては法を執行・適用する行政権・司法権による法適用段階の平等を意味し，法内容の平等までを意味するものではないとする説が唱えられた（法適用平等説，立法者非拘束説）。しかし，現在の判例・通説は，「法の下に」平等とは法内容の平等をも意味し，立法者を拘束するものと解している（法内容平等説，立法者拘束説）。

また判例・通説は，「平等」について各人の事情を考慮しない絶対的・機械的平等ではなく，各人の事情を考慮して「等しき者を等しく，等しからざる者を等しからざるように扱う」ことを要請する相対的平等と捉えている（相対的平等説。判例14-1）。

3　14条1項後段の意義

14条1項の適用範囲は「人種，信条，性別，社会的身分又は門地」に基づくものに限定されるとする限定列挙説と，これらの後段列挙事由は例示に過ぎず後段列挙事由に該当しない場合でも不合理な差別的取扱いは禁止されるとする例示列挙説がある。判例（判例14-1）・通説はこのうち例示列挙説を採用する。

もっとも判例の単純な例示列挙説と異なり，近時の有力な学説は14条1項後段列挙事由について個人の尊厳原理に著しく反する原則的に不合理な事項を定めており，特別な意味を有するものと考える（特別意味説[*1]）。この特別意味説によれば，後段列挙事由については合憲性の推定が排除されて違憲の推定が働き，より厳格な審査基準により合憲性が判定されることになる。特別意味説に立った場合，後段列挙事由該当性が法的意味を持つことになるので，後段列挙事由の意味内容を吟味する必要が出てくる（5事由の意義につき次の表を参照）。

図表2-1　5事由の意義

事由	意味内容	具体例
人種	皮膚，毛髪，体型等の身体的特徴によりなされる人類学上の区分	アイヌ人，在日韓国・朝鮮人
信条	個人の基本的なものの見方，考え方	宗教，世界観，政治的意見等
性別	男女の肉体的・生物的な性差 c.f. 近年では，社会的・文化的なジェンダーによる性差も問題。	男・女
社会的身分	「人が社会において継続的に占める地位」（広義説。判例） c.f. 出生によって決定されるなど自己の意思をもってしては離れられない固定した地位と解する狭義説と対立。特別意味説は狭義説と親和的。	被差別部落出身者，非嫡出子（×職業的地位，親子，高齢）
門地	家系，血統等の家柄	華族

II　学説の合憲性判定手法

　判例・通説の相対的平等説・例示列挙説によれば，14条1項違反の有無は，結局のところ，各人の事情に応じた「合理的区別」か「不合理な差別」かという「合理性」の判断に還元されることになる。有力な学説は，この「合理性」判定の手順として，①比較の対象，②差別の基礎，③権利の性格，④目的・手段審査の4点を審査する方式を提案している。[*2]

　平等権はそれ自体何らかの実体的内容を有するものではなく他者との比較において成立する比較的権利であるため，「誰」と「誰」が差別されているかの比較対象を特定する必要がある（①）。次に14条後段列挙事由の特別意味説に立った場合，差別の基礎が14条後段列挙事由に該当すれば厳格な審査基準を適用する方向になる（②）。またアメリカでは投票権や精神的自由等の「基本的権利（fundamental rights）」についての差別に対しては厳格な審査基準を適用するものと解されており，日本でもこのアメリカの考え方を参考として，重要な権利・利益に関する差別について審査基準を厳格化させるアイデアがある（③）。以上の作業を通じて，厳格審査基準，中間審査基準（厳格な合理性の基準），合理性の基準を事案に応じて適用し，目的・手段審査を行う（④）。

　アメリカでは平等問題について人種等の「疑わしき差別（suspect classification）」や「基本的権利（fundamental rights）」について厳格な審査基準を適用し，厳格審査基準，中間審査基準（厳格な合理性の基準），合理性の基準の3種の違憲審査基準を使い分ける考え方が強く，②③④の論証プロセスはこのアメリカの考え方を色濃く反映したものである。この4段階のプロセスで合憲性を判定する手法は，学説で概ね受け入れられている。

III　判例の合憲性判定手法

1　判例の合理性基準

　アメリカの「疑わしき差別」論，「基本的権利」論，3種の違憲審査基準論を参考とした4段階の合憲性判定手法は，日本の判例では明示的には採用され

ていない。日本において相対的平等説・例示列挙説を確立した待命処分無効確認判定取消請求事件（判例14-1）が14条1項は「国民に対し絶対的な平等を保障したものではなく，差別すべき合理的な理由なくして差別することを禁止している趣旨と解すべきであるから，事柄の性質に即応して合理的と認められる差別的取扱をすることは，なんら右各法条の否定するところではない」と判断して以降，判例は端的に合理性の有無により14条1項違反を判定する手法をとっている。しかし，以下のように判例の「合理性」基準は，実は多様な意味内容を有している。

2　目的手段審査型の平等論証
(1) 尊属殺違憲判決──目的・手段の合理性の審査

　判例の平等論証の1つのモデルを提供するのが，尊属殺人罪を定めた刑法200条を14条1項違反とした尊属殺違憲判決（判例14-2）である。同判決は，まず，「刑法200条は，自己または配偶者の直系尊属を殺した者は死刑または無期懲役に処する旨を規定しており，被害者と加害者との間における特別な身分関係の存在に基づき，同法199条の定める普通殺人の所為と同じ類型の行為に対してその刑を加重した，いわゆる加重的身分犯の規定であつて……このように刑法199条のほかに同法200条をおくことは，憲法14条1項の意味における差別的取扱いにあたる」と区別対象を特定する。その上で両者の区別の「合理的な根拠」の有無について刑法200条の立法目的及び立法目的達成手段の2側面から審査を加える。そして，「尊属の殺害は通常の殺人に比して一般に高度の社会的道義的非難を受けて然るべき」とし立法目的の合理性を肯定する一方で，刑法200条が死刑又は無期の法定刑のみを定めており，「いかに酌量すべき情状があろうとも法律上刑の執行を猶予することはできない」ことを重視し，立法目的達成手段の点で違憲とした。つまり尊属殺違憲判決は刑罰加重の程度の点で目的・手段の比例性が保たれていない点に違憲の根拠を求めている。[*3]

　逆に言えば，目的・手段の比例性さえ保った形での刑の加重であれば尊属殺規定も合憲となる余地がある。実際，尊属殺違憲判決の翌年に下された尊属傷害致死罪判決（判例14-3）は，無期又は3年以上の有期懲役刑の法定刑を定めた尊属傷害致死罪（刑法205条2項）につき2年以上の有期懲役刑を定めた普通

傷害致死罪と比較して「立法目的達成のため必要な限度を逸脱しているとは考えられない」として14条1項違反の主張を斥けた。

(2) 国籍法違憲判決――「慎重」な検討

国籍法違憲判決（判例14-4）は，国籍法3条1項が日本国民である父の非嫡出子について，父母の婚姻により嫡出子の身分を取得した者（準正子）に限り日本国籍の取得を認めている一方，同じく日本国民である父から認知された子でありながら父母が法律上の婚姻をしていない非嫡出子は日本国籍を取得できないとしており，かかる区別が憲法14条1項に違反するとした。

同判決は「立法目的に合理的な根拠が認められない場合，又はその具体的な区別と上記の立法目的との間に合理的関連性が認められない場合には，当該区別は，合理的な理由のない差別として，同項に違反するものと解される」として，立法目的の合理性および立法目的と手段との合理的関連性を審査しており，緩やかな合理性の審査の定式を用いる点では従前の判例を踏襲している。しかしながら，同判決は続いて「日本国籍は，我が国の構成員としての資格であるとともに，我が国において基本的人権の保障，公的資格の付与，公的給付等を受ける上で意味を持つ重要な法的地位」であること，「父母の婚姻により嫡出子たる身分を取得するか否かということは，子にとっては自らの意思や努力によっては変えることのできない父母の身分行為に係る事柄」であることから，合理的な理由があるか否かについては，「慎重に検討することが必要」であるとし，通常の合理的関連性の基準よりも審査密度を高めているように思われる[*4]。そして，同判決は立法目的の合理性を認めるが，国籍法3条1項の規定は「過剰な要件」を課するものになっているとして，目的・手段の比例性がないことを根拠に違憲とした[*5]。

以上のとおり国籍法違憲判決では，①区別の特定，②「重要な法的地位」の勘案，③14条1項後段列挙事由の「社会的身分」に相当する非嫡出子の身分の勘案，④「慎重」な目的・手段審査という判断プロセスを経ていることが見て取れるが，これは学説の提唱する4段階の合憲性判断手法と軌を一にしている（国籍法違憲判決は②の判断プロセスで学説のいう「権利の性格」を考慮し，③の判断プロセスで「差別の基礎」を考慮している）[*6]。

3　区別理由審査型の平等論証

　判例は差別的取扱いの「合理性」を審査する際，尊属殺違憲判決や国籍法違憲判決のように常に目的手段審査を行っているわけではない。むしろ差別的取扱いを目的手段に分解せず，端的に当該「区別理由」の「合理的な根拠」を審査することのほうが多いといえよう。[*7]

　近年の代表的事例としては，非嫡出子相続分差別規定違憲判決（判例14-5）がある。同判決は，平等論証の出発点となる待命処分無効確認判定取消請求事件を引用して「合理的な根拠」の有無により14条1項違反を判断することを述べた上で，立法府に相続制度の形成に関する合理的裁量があることを指摘し，「立法府に与えられた上記のような裁量権を考慮しても，そのような区別をすることに合理的な根拠が認められない場合には，当該区別は，憲法14条1項に違反するものと解する」とした。

　区別理由審査型の平等論証を採用するものとしては，東京都外国人管理職試験訴訟（最大判平成17年1月26日民集59巻1号128頁）や学生無年金訴訟（最判平成19年9月28日民集61巻6号2345頁）等がある。

4　近年の重要判例——再婚禁止規定違憲判決・夫婦同姓強制合憲判決

　平等論証に関する近年の重要判例として再婚禁止規定違憲判決（判例14-6）と夫婦同姓強制合憲判決（判例14-7）がある。

(1) 再婚禁止規定違憲判決

　民法722条は，婚姻の成立の日から200日を経過した後又は婚姻の解消等の日から300日以内に生まれた子を夫の子と推定していることから，父性の推定の重複を回避するためには，100日の再婚禁止期間を設ければ足り，これを超えて女性についてのみ6ヵ月の再婚禁止期間を定める民法733条1項の規定は違憲である，との考え方が学説では強かった。再婚禁止規定違憲判決（判例14-6）は民法722条のうち100日超過部分について14条1項及び24条2項違反を認めた。

　同判決は，民法733条1項について「再婚をする際の要件に関し男性と女性とを区別」していることを認定し，「婚姻及び家族に関する事項」について第一次的な国会の合理的裁量があることを認めつつも，24条2項が立法に際して

「個人の尊厳と両性の本質的平等に立脚すべきであるとする要請,指針」を示していることや「婚姻をするについての自由」は,「憲法24条1項の規定の趣旨に照らし,十分尊重に値する」ことを考慮し,この「考え方に基づき,本件規定が再婚をする際の要件に関し男女の区別をしていること」について,「そのような区別をすることの立法目的に合理的な根拠があり,かつ,その区別の具体的内容が上記の立法目的との関連において合理性を有するものであるかどうかという観点から憲法適合性の審査を行うのが相当である」という目的手段審査型の平等論証を採用した。

そして,この規定の「立法目的は,父性の推定の重複を回避し,もって父子関係をめぐる紛争の発生を未然に防ぐことにある」とし,100日の再婚禁止期間を設ける部分の合理的に関連するものとして14条1項,24条2項違反を否定した。100日超過部分は「合理性を欠いた過剰な制約」とされ,14条1項,24条2項違反とされた。

単なる合理的関連性の基準であれば,立法目的と一部であっても関連性を有する民法733条1項全体が手段審査において合憲とされる余地はあった。しかしながら,制度的側面から24条2項の婚姻・家族制度の立法裁量性を限定し,権利論的側面から「婚姻をするについての自由」について「憲法24条1項の規定の趣旨に照らし,十分尊重に値する」ものとされたことから,「過剰」性の審査にまで踏み込んだ判断がなされた。この意味で単なる合理的関連性の基準よりもその審査密度は高められたものであったと評価できよう。

この「過剰」性審査がいかなるものであるかについては,解釈が分かれるように思われる。「過剰」性審査の文脈で「婚姻をするについての自由」(24条1項参照)への再度の言及があることから,尊属殺違憲判決(判例14-2)と同様に目的手段の比例性が審査されたとも解しうる。[*8] 他方で,平等論証の手段関連性の審査では,過剰包摂(overinclusive)及び過少包摂(underinclusive)禁止の法理が働くことが指摘されており,[*9] 本件では過剰包摂禁止に抵触して目的手段の関連性がないものと判断されたとも評しえよう。

(2) 夫婦同姓強制合憲判決

夫婦同姓強制合憲判決(判例14-7)は,夫婦が婚姻の際に定めるところに従い夫又は妻の氏を称すると定める民法750条の規定が13条,14条1項,24条1

項及び2項に違反しないかが争われた事件である。14条1項との関係をみると，同判決は「憲法14条1項は，法の下の平等を定めており，この規定が，事柄の性質に応じた合理的な根拠に基づくものでない限り，法的な差別的取扱いを禁止する趣旨のものであると解すべきことは，当裁判所の判例とするところである」という従前の判例の立場を踏襲した上で，「本件規定は，夫婦が夫又は妻の氏を称するものとしており，夫婦がいずれの氏を称するかを夫婦となろうとする者の間の協議に委ねているのであって，その文言上性別に基づく法的な差別的取扱いを定めているわけではなく，本件規定の定める夫婦同氏制それ自体に男女間の形式的な不平等が存在するわけではない。我が国において，夫婦となろうとする者の間の個々の協議の結果として夫の氏を選択する夫婦が圧倒的多数を占めることが認められるとしても，それが，本件規定の在り方自体から生じた結果であるということはできない」とし，目的手段審査や区別理由の合理性の審査をするまでもなく，14条1項違反を否定した。

　この判示は平等論証における4段階の判断プロセスのうち第1段階に関わる重要な判断を含んでいる。すなわち，学説では，法文上は中立的であっても，制度の実態・結果において差別的になっている問題は「間接差別」（間接差別の典型例としては，雇用の場面で身長170センチ以上を採用条件として掲げ，女性に事実上の不利益を与える事例が挙げられる。）として14条1項の射程に入るものと考える見解が強いが[10]，同判決は14条1項の射程を法文に基づく直接差別に限定し，間接差別を14条1項の問題から放逐してしまったかのようにも読める。間接差別禁止の法理については今後の判例・学説の展開を注視する必要があろう。

Ⅳ　14条1項の地図（平等論証）

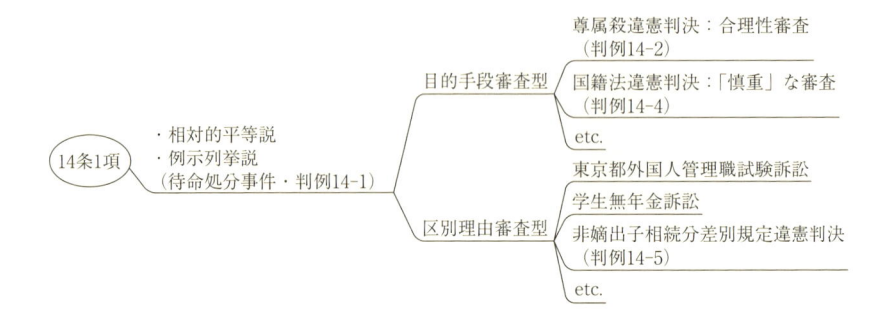

```
                              尊属殺違憲判決：合理性審査
                                （判例14-2）
                   目的手段審査型  国籍法違憲判決：「慎重」な審査
                                （判例14-4）
          ・相対的平等説            etc.
14条1項    ・例示列挙説
          （待命処分事件・判例14-1）
                              東京都外国人管理職試験訴訟
                              学生無年金訴訟
                   区別理由審査型  非嫡出子相続分差別規定違憲判決
                                （判例14-5）
                              etc.
```

* 1　芦部Ⅲ23-24頁。
* 2　高橋156-158頁。
* 3　比例原則は元来，自由権の論証において活用されてきたが，平等論証への混入現象がみられる。井上64頁参照。また，比例性アプローチに加えてベースライン論から分析するものとして駒村167頁。
* 4　判例は審査基準そのものの定式を変更せずに審査密度を高める際，「慎重」という文言を用いる傾向がある。たとえば，エホバの証人剣道受講拒否事件（判例20-4）は，「全く事実の基礎を欠くか又は社会観念上著しく妥当を欠き，裁量権の範囲を超え又は裁量権を濫用してされたと認められる場合に限り，違法であると判断すべき」という緩やかな社会観念審査を踏襲しつつも，「退学処分は学生の身分をはく奪する重大な措置」であり，「学校教育法施行規則13条3項も4個の退学事由を限定的に定めていること」に照らして「特に慎重な配慮」に基づく審査を行う手法で審査密度を高めている。他方で，国籍法違憲判決の泉徳治裁判官補足意見は，「差別の対象となる権益が日本国籍という基本的な法的地位であり，差別の理由が憲法14条1項に差別禁止事由として掲げられている社会的身分及び性別である」ことから，端的に違憲審査基準の定式そのものを引き上げ，立法目的の重要性および立法目的と手段との事実上の実質的関連性を審査する。
* 5　国籍法違憲判決を，単純な比例性アプローチではなく，ベースライン論から解釈するものとして，長谷部恭男『憲法の境界』（羽鳥書店，2009年）61頁以下。
* 6　駒村163-164頁。このことから駒村は「平等の審査密度・審査基準について最高裁と学説は（種々の違いはあるものの）ほぼ同型の枠組を共有している」と評価する。判例が「慎重」な検討に踏み切る2つの根拠については，長谷部・前掲注5・62-63頁，宍戸110-111頁も参照。
* 7　宍戸常寿は「平等については，人の区別と区別の目的が密着しがちであること，そして別異取扱いが程度問題ではなくall-or-nothingの問題であるのが通常だという事情」をその

理由として挙げる（宍戸113頁）。駒村168-169頁も参照。
* 8 「婚姻をするについての自由」は「十分尊重に値する」にとどまるものであるとされており、自由権そのものではないと観念されている可能性があるが（尊重アプローチについては本書第5章脚注44参照）、比例原則は「自由権」と区別された「単なる自由」や客観法領域でも発動されうるものである。平等論証における自由論証としての比例原則の混入現象については前掲注3参照。
* 9 高橋158頁。
* 10 高橋156-157頁。また同裁判で提出された平成27年7月29日付け高橋和之「意見書」（http://www.asahi-net.or.jp/~dv3m-ymsk/takahasi.pdf、2015年12月18日最終閲覧）3頁以下。なお、辻村みよ子『憲法とジェンダー』（有斐閣、2009年）152頁は、民法750条について形式的平等性は確保されているため、13条や24条違反を問題とすべきとする。

判例一覧（第2章）

14-1	待命処分無効確認判定取消請求事件・最大判昭和39年5月27日民集18巻4号676頁
	【相対的平等説，例示列挙説】 「思うに，憲法14条1項及び地方公務員法13条にいう社会的身分とは，人が社会において占める継続的な地位をいうものと解されるから，高令であるということは右の社会的身分に当らないとの原審の判断は相当と思われるが，右各法条は，国民に対し，法の下の平等を保障したものであり，右各法条に列挙された事由は例示的なものであつて，必ずしもそれに限るものではないと解するのが相当であるから，原判決が，高令であることは社会的身分に当らないとの一事により，たやすく上告人の前示主張を排斥したのは，必ずしも十分に意を尽したものとはいえない。しかし，右各法条は，国民に対し絶対的な平等を保障したものではなく，差別すべき合理的な理由なくして差別することを禁止している趣旨と解すべきであるから，事柄の性質に即応して合理的と認められる差別的取扱をすることは，なんら右各法条の否定するところではない。」
14-2	尊属殺違憲判決・最大判昭和48年4月4日刑集27巻3号265頁
	【目的手段審査型の平等論証：合理性審査】 「所論は，刑法200条は憲法14条に違反して無効であるから，被告人の本件所為に対し刑法200条を適用した原判決は，憲法の解釈を誤つたものであるというのである。 　よつて案ずるに，憲法14条1項は，国民に対し法の下の平等を保障した規定であつて，同項後段列挙の事項は例示的なものであること，およびこの平等の要請は，事柄の性質に即応した合理的な根拠に基づくものでないかぎり，差別的な取扱いをすることを禁止する趣旨と解すべきことは，当裁判所大法廷判決（昭和37年（オ）第1472号同39年5月27日・民集18巻4号676頁）の示すとおりである。そして，刑法200条は，自己または配偶者の直系尊属を殺した者は死刑または無期懲役に処する旨を規定しており，被害者と加害者との間における特別な身分関係の存在に基づき，同法199条の定める普通殺人の所為と同じ類型の行為に対してその刑を加重

　　　　た、いわゆる加重的身分犯の規定であつて（最高裁昭和30年(あ)第3263号同31年5月24日第1小法廷判決・刑集10巻5号734頁）、このように刑法199条のほかに同法200条をおくことは、憲法14条1項の意味における差別的取扱いにあたるというべきである。そこで、刑法200条が憲法の右条項に違反するかどうかが問題となるのであるが、それは右のような差別的取扱いが合理的な根拠に基づくものであるかどうかによつて決せられるわけである。」
　　　　「刑法200条の立法目的は、尊属を卑属またはその配偶者が殺害することをもつて一般に高度の社会的道義的非難に値するものとし、かかる所為を通常の殺人の場合より厳重に処罰し、もつて特に強くこれを禁圧しようとするにあるものと解される。……このような点を考えれば、尊属の殺害は通常の殺人に比して一般に高度の社会的道義的非難を受けて然るべきであるとして、このことをその処罰に反映させても、あながち不合理であるとはいえない。」
　　　　「さて、右のとおり、普通殺のほかに尊属殺という特別の罪を設け、その刑を加重すること自体はただちに違憲であるとはいえないのであるが、しかしながら、刑罰加重の程度いかんによつては、かかる差別の合理性を否定すべき場合がないとはいえない。すなわち、加重の程度が極端であつて、前示のごとき立法目的達成の手段として甚だしく均衡を失し、これを正当化しうべき根拠を見出しえないときは、その差別は著しく不合理なものといわなければならず、かかる規定は憲法14条1項に違反して無効であるとしなければならない。」
　　　　「この観点から刑法200条をみるに、同条の法定刑は死刑および無期懲役刑のみであり、普通殺人罪に関する同法199条の法定刑が、死刑、無期懲役刑のほか3年以上の有期懲役刑となつているのと比較して、刑種選択の範囲が極めて重い刑に限られていることは明らかである。もつとも、現行刑法にはいくつかの減軽規定が存し、これによつて法定刑を修正しうるのであるが、現行法上許される2回の減軽を加えても、尊属殺につき有罪とされた卑属に対して刑を言い渡すべきときには、処断刑の下限は懲役3年6月を下ることがなく、その結果として、いかに酌量すべき情状があろうとも法律上刑の執行を猶予することはできないのであり、普通殺の場合とは著しい対照をなすものといわなければならない。」
　　　　「このようにみてくると、尊属殺の法定刑は、それが死刑または無期懲役刑に限られている点（現行刑法上、これは外患誘致罪を除いて最も重いものである。）においてあまりにも厳しいものというべく、上記のごとき立法目的、すなわち、尊属に対する敬愛や報恩という自然的情愛ないし普遍的倫理の維持尊重の観点のみをもつてしては、これにつき十分納得すべき説明がつきかねるところであり、合理的根拠に基づく差別的取扱いとして正当化することはとうていできない。」

| 14-3 | 尊属傷害致死罪判決・最判昭和49年9月26日刑集28巻6号329頁 |

【目的手段審査型の平等論証：合理性審査】
「……尊属傷害致死罪を規定した刑法205条2項は、被害者と加害者との間に存する特別な身分関係に基づき、同じ類型の行為に対する普通傷害致死罪を規定した同条1項よりも刑が加重されていることからみて、刑法205条1項のほかに同条2項をおくことは、右の意味における差別的取扱いにあたるものといわなければならない。」
「もつとも、……尊属傷害致死罪の法定刑は、無期又は3年以上の懲役であるか

ら，量刑に際して相当幅広い裁量の余地が認められるとともに，犯罪の具体的情状の如何によつては，減軽規定の適用をまたなくとも，刑の執行を猶予することも可能であつて，それ自体過酷なものとはいえないのみならず，普通傷害致死罪につき定められている2年以上の有期懲役の法定刑と比較しても，最高刑として無期懲役刑が加えられていることと有期懲役刑の下限が3年であつて1年重い点に差異が存するにとどまり，その加重程度は尊属殺人罪（法定刑は死刑又は無期懲役）と普通殺人罪（法定刑は死刑又は無期若しくは3年以上の懲役）との間における差異のような著しいものではない。

してみると，尊属傷害致死罪の法定刑は，前記の立法目的達成のため必要な限度を逸脱しているとは考えられないから，尊属傷害致死に関する刑法205条2項の定める法定刑は，合理的根拠に基づく差別的取扱いの域を出ないものであつて，憲法14条1項に違反するものとはいえない。」

| 14-4 | 国籍法違憲判決・最大判平成20年6月4日民集62巻6号1367頁 |

【目的手段審査型の平等論証：「慎重」な審査】
「所論は，上記のとおり，国籍法3条1項の規定が憲法14条1項に違反する旨をいうが，その趣旨は，国籍法3条1項の規定が，日本国民である父の非嫡出子について，父母の婚姻により嫡出子たる身分を取得した者に限り日本国籍の取得を認めていることによって，同じく日本国民である父から認知された子でありながら父母が法律上の婚姻をしていない非嫡出子は，その余の同項所定の要件を満たしても日本国籍を取得することができないという区別（以下「本件区別」という。）が生じており，このことが憲法14条1項に違反する旨をいうものと解される。」
「憲法14条1項は，法の下の平等を定めており，この規定は，事柄の性質に即応した合理的な根拠に基づくものでない限り，法的な差別的取扱いを禁止する趣旨であると解すべきことは，当裁判所の判例とするところである（最高裁昭和37年(オ)第1472号同39年5月27日大法廷判決・民集18巻4号676頁，最高裁昭和45年(あ)第1310号同48年4月4日大法廷判決・刑集27巻3号265頁等）。

憲法10条は，「日本国民たる要件は，法律でこれを定める。」と規定し，これを受けて，国籍法は，日本国籍の得喪に関する要件を規定している。憲法10条の規定は，国籍は国家の構成員としての資格であり，国籍の得喪に関する要件を定めるに当たってはそれぞれの国の歴史的事情，伝統，政治的，社会的及び経済的環境等，種々の要因を考慮する必要があることから，これをどのように定めるかについて，立法府の裁量判断にゆだねる趣旨のものであると解される。しかしながら，このようにして定められた日本国籍の取得に関する法律の要件によって生じた区別が，合理的理由のない差別的取扱いとなるときは，憲法14条1項違反の問題を生ずることはいうまでもない。すなわち，立法府に与えられた上記のような裁量権を考慮しても，なおそのような区別をすることの立法目的に合理的な根拠が認められない場合，又はその具体的な区別と上記の立法目的との間に合理的関連性が認められない場合には，当該区別は，合理的な理由のない差別として，同項に違反するものと解されることになる。

日本国籍は，我が国の構成員としての資格であるとともに，我が国において基本的人権の保障，公的資格の付与，公的給付等を受ける上で意味を持つ重要な法的地位でもある。一方，父母の婚姻により嫡出子たる身分を取得するか否かということ

は，子にとっては自らの意思や努力によっては変えることのできない父母の身分行為に係る事柄である。したがって，このような事柄をもって日本国籍取得の要件に関して区別を生じさせることに合理的な理由があるか否かについては，慎重に検討することが必要である。」

「以上によれば，本件区別については，これを生じさせた立法目的自体に合理的な根拠は認められるものの，立法目的との間における合理的関連性は，我が国の内外における社会的環境の変化等によって失われており，今日において，国籍法3条1項の規定は，日本国籍の取得につき合理性を欠いた過剰な要件を課するものとなっているというべきである。しかも，本件区別については，前記(2)エで説示した他の区別も存在しており，日本国民である父から出生後に認知されたにとどまる非嫡出子に対して，日本国籍の取得において著しく不利益な差別的取扱いを生じさせているといわざるを得ず，国籍取得の要件を定めるに当たって立法府に与えられた裁量権を考慮しても，この結果について，上記の立法目的との間において合理的関連性があるものということはもはやできない。

そうすると，本件区別は，遅くとも上告人が法務大臣あてに国籍取得届を提出した当時には，立法府に与えられた裁量権を考慮してもなおその立法目的との間において合理的関連性を欠くものとなっていたと解される。したがって，上記時点において，本件区別は合理的な理由のない差別となっていたといわざるを得ず，国籍法3条1項の規定が本件区別を生じさせていることは，憲法14条1項に違反するものであったというべきである。」

14-5	非嫡出子相続分差別規定違憲判決・最大決平成25年9月4日民集67巻6号1320頁

【区別理由審査型の平等論証】

「憲法14条1項は，法の下の平等を定めており，この規定が，事柄の性質に応じた合理的な根拠に基づくものでない限り，法的な差別的取扱いを禁止する趣旨のものであると解すべきことは，当裁判所の判例とするところである（最高裁昭和37年(オ)第1472号同39年5月27日大法廷判決・民集18巻4号676頁，最高裁昭和45年(あ)第1310号同48年4月4日大法廷判決・刑集27巻3号265頁等）。

相続制度は，被相続人の財産を誰に，どのように承継させるかを定めるものであるが，相続制度を定めるに当たっては，それぞれの国の伝統，社会事情，国民感情なども考慮されなければならない。さらに，現在の相続制度は，家族というものをどのように考えるかということと密接に関係しているのであって，その国における婚姻ないし親子関係に対する規律，国民の意識等を離れてこれを定めることはできない。これらを総合的に考慮した上で，相続制度をどのように定めるかは，立法府の合理的な裁量判断に委ねられているものというべきである。この事件で問われているのは，このようにして定められた相続制度全体のうち，本件規定により嫡出子と嫡出でない子との間で生ずる法定相続分に関する区別が，合理的理由のない差別的取扱いに当たるか否かということであり，立法府に与えられた上記のような裁量権を考慮しても，そのような区別をすることに合理的な根拠が認められない場合には，当該区別は，憲法14条1項に違反するものと解するのが相当である。」

「昭和22年民法改正時から現在に至るまでの間の社会の動向，我が国における家族形態の多様化やこれに伴う国民の意識の変化，諸外国の立法のすう勢及び我が国が批准した条約の内容とこれに基づき設置された委員会からの指摘，嫡出子と嫡出で

ない子の区別に関わる法制等の変化，更にはこれまでの当審判例における度重なる問題の指摘等を総合的に考察すれば，家族という共同体の中における個人の尊重がより明確に認識されてきたことは明らかであるといえる。そして，法律婚という制度自体は我が国に定着しているとしても，上記のような認識の変化に伴い，上記制度の下で父母が婚姻関係になかったという，子にとっては自ら選択ないし修正する余地のない事柄を理由としてその子に不利益を及ぼすことは許されず，子を個人として尊重し，その権利を保障すべきであるという考えが確立されてきているものということができる。

　以上を総合すれば，遅くともAの相続が開始した平成13年7月当時においては，立法府の裁量権を考慮しても，嫡出子と嫡出でない子の法定相続分を区別する合理的な根拠は失われていたというべきである。

　したがって，本件規定は，遅くとも平成13年7月当時において，憲法14条1項に違反していたものというべきである。」

| 14-6 | 再婚禁止規定違憲判決・最大判平成27年12月16日平成25年(オ)第1079号 |

【目的手段審査型の平等論証】
「憲法14条1項は，法の下の平等を定めており，この規定が，事柄の性質に応じた合理的な根拠に基づくものでない限り，法的な差別的取扱いを禁止する趣旨のものであると解すべきことは，当裁判所の判例とするところである……。そして，本件規定は，女性についてのみ前婚の解消又は取消しの日から6箇月の再婚禁止期間を定めており，これによって，再婚をする際の要件に関し男性と女性とを区別しているから，このような区別をすることが事柄の性質に応じた合理的な根拠に基づくものと認められない場合には，本件規定は憲法14条1項に違反することになると解するのが相当である。

　ところで，婚姻及び家族に関する事項は，国の伝統や国民感情を含めた社会状況における種々の要因を踏まえつつ，それぞれの時代における夫婦や親子関係についての全体の規律を見据えた総合的な判断を行うことによって定められるべきものである。したがって，その内容の詳細については，憲法が一義的に定めるのではなく，法律によってこれを具体化することがふさわしいものと考えられる。憲法24条2項は，このような観点から，婚姻及び家族に関する事項について，具体的な制度の構築を第一次的には国会の合理的な立法裁量に委ねるとともに，その立法に当たっては，個人の尊厳と両性の本質的平等に立脚すべきであるとする要請，指針を示すことによって，その裁量の限界を画したものといえる。また，同条1項は，「婚姻は，両性の合意のみに基いて成立し，夫婦が同等の権利を有することを基本として，相互の協力により，維持されなければならない。」と規定しており，婚姻をするかどうか，いつ誰と婚姻をするかについては，当事者間の自由かつ平等な意思決定に委ねられるべきであるという趣旨を明らかにしたものと解される。婚姻は，これにより，配偶者の相続権（民法890条）や夫婦間の子が嫡出子となること（同法772条1項）などの重要な法律上の効果が与えられるものとされているほか，近年家族等に関する国民の意識の多様化が指摘されつつも，国民の中にはなお法律婚を尊重する意識が幅広く浸透していると考えられることをも併せ考慮すると，上記のような婚姻をするについての自由は，憲法24条1項の規定の趣旨に照らし，十分尊重に値するものと解することができる。

そうすると，婚姻制度に関わる立法として，婚姻に対する直接的な制約を課すことが内容となっている本件規定については，その合理的な根拠の有無について以上のような事柄の性質を十分考慮に入れた上で検討をすることが必要である。
　そこで，本件においては，上記の考え方に基づき，本件規定が再婚をする際の要件に関し男女の区別をしていることにつき，そのような区別をすることの立法目的に合理的な根拠があり，かつ，その区別の具体的内容が上記の立法目的との関連において合理性を有するものであるかどうかという観点から憲法適合性の審査を行うのが相当である。以下，このような観点から検討する。」

【目的審査】
「以上のような立法の経緯及び嫡出親子関係等に関する民法の規定中における本件規定の位置付けからすると，本件規定の立法目的は，女性の再婚後に生まれた子につき父性の推定の重複を回避し，もって父子関係をめぐる紛争の発生を未然に防ぐことにあると解するのが相当であり……，父子関係が早期に明確となることの重要性に鑑みると，このような立法目的には合理性を認めることができる。」

【手段審査——100日の再婚禁止期間を設ける部分】
「そうすると，女性の再婚後に生まれる子については，計算上100日の再婚禁止期間を設けることによって，父性の推定の重複が回避されることになる。夫婦間の子が嫡出子となることは婚姻による重要な効果であるところ，嫡出子について出産の時期を起点とする明確で画一的な基準から父性を推定し，父子関係を早期に定めて子の身分関係の法的安定を図る仕組みが設けられた趣旨に鑑みれば，父性の推定の重複を避けるため上記の100日について一律に女性の再婚を制約することは，婚姻及び家族に関する事項について国会に認められる合理的な立法裁量の範囲を超えるものではなく，上記立法目的との関連において合理性を有するものということができる。
　よって，本件規定のうち100日の再婚禁止期間を設ける部分は，憲法14条1項にも，憲法24条2項にも違反するものではない。」

【手段審査——100日超過部分】
「そして，上記のとおり，婚姻をするについての自由が憲法24条1項の規定の趣旨に照らし十分尊重されるべきものであることや妻が婚姻前から懐胎していた子を産むことは再婚の場合に限られないことをも考慮すれば，再婚の場合に限って，前夫の子が生まれる可能性をできるだけ少なくして家庭の不和を避けるという観点や，婚姻後に生まれる子の父子関係が争われる事態を減らすことによって，父性の判定を誤り血統に混乱が生ずることを避けるという観点から，厳密に父性の推定が重複することを回避するための期間を超えて婚姻を禁止する期間を設けることを正当化することは困難である。他にこれを正当化し得る根拠を見いだすこともできないことからすれば，本件規定のうち100日超過部分は合理性を欠いた過剰な制約を課すものとなっているというべきである。
　以上を総合すると，本件規定のうち100日超過部分は，遅くとも上告人が前婚を解消した日から100日を経過した時点までには，婚姻及び家族に関する事項について国会に認められる合理的な立法裁量の範囲を超えるものとして，その立法目的との関連において合理性を欠くものになっていたと解される。」
「以上の次第で，本件規定のうち100日超過部分が憲法24条2項にいう両性の本質的平等に立脚したものでなくなっていたことも明らかであり，上記当時において，同部分は，憲法14条1項に違反するとともに，憲法24条2項にも違反するに至ってい

	たというべきである。」
14-7	夫婦同姓強制合憲判決・最大判平成27年12月16日平成26年(オ)第1023号 **【間接差別】** 「憲法14条1項は，法の下の平等を定めており，この規定が，事柄の性質に応じた合理的な根拠に基づくものでない限り，法的な差別的取扱いを禁止する趣旨のものであると解すべきことは，当裁判所の判例とするところである」 「そこで検討すると，本件規定は，夫婦が夫又は妻の氏を称するものとしており，夫婦がいずれの氏を称するかを夫婦となろうとする者の間の協議に委ねているのであって，その文言上性別に基づく法的な差別的取扱いを定めているわけではなく，本件規定の定める夫婦同氏制それ自体に男女間の形式的な不平等が存在するわけではない。我が国において，夫婦となろうとする者の間の個々の協議の結果として夫の氏を選択する夫婦が圧倒的多数を占めることが認められるとしても，それが，本件規定の在り方自体から生じた結果であるということはできない。 　したがって，本件規定は，憲法14条1項に違反するものではない。」

第3章 思想・良心の自由
19条を読む

憲法19条　思想及び良心の自由は，これを侵してはならない。

I　19条の文言解釈

1　「思想及び良心」の自由

　19条は「思想」および「良心」の自由を保障しているが，「思想」と「良心」は厳密に区別することが困難であり，両者を区別する実益もないため，通説は「思想」「良心」を一体的に捉えている。

　19条で保障される「思想及び良心」の範囲については，人の内心活動一般とする内心説と世界観・人生観等の人格形成の核心をなす内心活動と限定する信条説が対立している。民法723条に基づき謝罪広告を新聞紙に掲載することを命ずる判決の19条適合性が問題となった謝罪広告事件（判例19-1）は，「単に事態の真相を告白し陳謝の意を表明するに止まる程度のもの」であるとして19条違反を否定したが，同判決の多数意見は内心説，信条説のいずれに立つのかを明確にしなかった。その後，勤務評定における「自己観察」欄の記入義務の19条適合性が問題となった長野勤評事件（判例19-2）は「記入者の有する世界観，人生観，教育観等の表明を命じたものと解することはできない」と判示し，信条説的な姿勢を見せた。近年のピアノ伴奏拒否事件（判例19-3）も，上告人の主張を「『君が代』が過去の我が国において果たした役割に係わる上告人自身の歴史観ないし世界観及びこれに由来する社会生活上の信念等」と分析しており信条説に近い。もっともピアノ伴奏拒否事件では内心説からも「思想及び良心」該当性を説明することが可能であり，内心説を排除したものとはいえないとも評されている。[*1] したがって，判例が内心説と信条説のいずれに立つ

ものかは現時点では明らかではない。

2 「侵してはならない」

19条は思想・良心の自由を「侵してはならない」と規定しているが，思想・良心の自由の具体的な保障態様は様々である。主要なものとして，ここでは内心の自由，沈黙の自由（内心の表白を強制されない自由），思想を理由とする不利益取扱いの禁止，内心に反する外部的行為を強制されない自由を取り上げる。[*2]

(1) 内心の自由

近代民主主義国家において国家権力は内心に立ち入るべきでなく，人の精神活動が内心にとどまる限り他の利益との衝突はないため，内心の自由は絶対的保障を受ける。ただし，外部的行為の規制を通じた内心の自由に対する規制の合憲性は別途，問題となりうる。

(2) 沈黙の自由（内心の表白を強制されない自由）

沈黙の自由のうち，表現をしない自由一般は21条1項により保障されるが，内心の表白を強制されない自由は19条の保障を受ける。典型的には国家権力による思想調査や江戸時代の「踏絵」によるキリシタンの弾圧が禁止される。

沈黙の自由が問題となった判例として，謝罪広告事件（判例19-1），長野勤評事件（判例19-2）のほか，ポストノーティス命令事件（判例19-4）がある。同事件は，労働組合法7条に基づき労働委員会が会社に対して発するポストノーティス命令について，「『深く反省する』，『誓約します』などの文言が用いられているが，同種行為を繰り返さない旨の約束文言を強調する意味を有するにすぎないものであり，上告人に対し反省等の意思表明を要求することは，右命令の本旨とするところではない」として19条違反を否定した。このように判例では，「反省」や「自己観察」の記入を義務づける程度では沈黙の自由の侵害とは考えられていない。

(3) 思想を理由とする不利益取扱いの禁止

19条は思想を理由とする不利益取扱いも禁止する。占領期に総司令部の指令に基づき共産主義思想等に着目した公職追放やレッドパージが行われたが，現在の憲法の下では19条違反となろう。

麹町中学校内申書事件（判例19-5）は，内申書に「大学生ML派の集会に参

加している」といった進学に不利益に作用する事項を記載した行為について、「いずれの記載も、上告人の思想、信条そのものを記載したものでないことは明らかであり、右の記載に係る外部的行為によつては上告人の思想、信条を了知し得るものではない」としたが、学説からは批判のあるところである。

(4) 内心に反する外部的行為を強制されない自由

学説では19条の保障範囲は内心の精神活動にとどまり、外部的行為の強制は消極的表現の自由（表現しない自由）として21条の問題とする見解が多かったが、内心に反する外部的行為を強制されない自由も19条の保障範囲に含まれるとする見解も唱えられていた。[*3] 19条の保障範囲に内心に反する外部的行為を強制されない自由が含まれると解した場合、いわゆる一般的法義務の拒否を無制限に認めることになりかねないため、その限界が問題となる。この点については次項で詳細に論じる。

Ⅱ 判例における思想・良心の自由の合憲性判断プロセス

19条侵害の有無を判定する際には、19条の保障範囲に含まれるかという制約該当性の問題と、仮に19条の保障範囲に含まれたとして当該制約が許容される余地はないかという制約許容性の問題を区別する必要がある。判例における思想・良心の自由の合憲性判断プロセスのモデルを提供するのがピアノ伴奏拒否事件（判例19-3）と国歌斉唱拒否事件（判例19-6）[*4]である。

1 ピアノ伴奏拒否事件

ピアノ伴奏拒否事件（判例19-3）は、第一に入学式における国歌斉唱の際のピアノ伴奏拒否は「歴史観ないし世界観に基づく一つの選択ではあろうが、一般的には、これと不可分に結び付くものということはできず、……直ちに上告人の有する上記の歴史観ないし世界観それ自体を否定するものと認めることはできない」こと（第1観点・外部行為の性質）、第二に「客観的に見て、入学式の国歌斉唱の際に「君が代」のピアノ伴奏をするという行為自体は、音楽専科の教諭等にとって通常想定され期待されるものであって、上記伴奏を行う教諭等が特定の思想を有するということを外部に表明する行為であると評価すること

は困難なもの」であって「特定の思想を持つことを強制したり，あるいはこれを禁止したりするものではなく，特定の思想の有無について告白することを強要するものでもなく，児童に対して一方的な思想や理念を教え込むことを強制するものとみることもできない」こと（第2観点・外部からの認識可能性），第三に「本件職務命令は，その目的及び内容において不合理であるということはできない」こと（第3観点）から，19条違反を否定した。

第1観点および第2観点は，ピアノ伴奏という外部行為の性質および外部からの認識可能性の観点から19条の制約該当性そのものを否定するものであるが，第3観点は制約該当性の否定に関する判示なのか，仮に制約該当性があるとした場合の制約許容性に関する判示なのかは議論が分かれた。[*5]

● 2 国歌斉唱拒否事件

国歌斉唱拒否事件（判例19-6）は，ピアノ伴奏拒否事件（判例19-3）の第1観点から第3観点に即して，19条適合性判断を行った。第1観点（外部行為の性質）との関係では，起立斉唱行為の性質を検討し，「上告人の有する歴史観ないし世界観を否定することと不可分に結び付くものとはいえず，上告人に対して上記の起立斉唱行為を求める本件職務命令は，上記の歴史観ないし世界観それ自体を否定するものということはできない」とし，第2観点（外部からの認識可能性）との関係では「特定の思想又はこれに反する思想の表明として外部から認識されるものと評価することは困難」として，思想・良心の自由の直接的制約性を否定した。もっとも，起立斉唱行為について「一般的，客観的に見ても，国旗及び国歌に対する敬意の表明の要素を含む行為」であるとし思想・良心の自由の間接的制約性を認めた上で，第3観点の制約許容性の判断に進み，「間接的な制約が許容されるか否かは，職務命令の目的及び内容並びに上記の制限を介して生ずる制約の態様等を総合的に較量して，当該職務命令に上記の制約を許容し得る程度の必要性及び合理性が認められるか否かという観点から判断するのが相当である」という総合的利益衡量に基づく審査基準を定立した（結論としては思想・良心の自由侵害を否定した）。このようにピアノ伴奏拒否事件では第3観点は制約該当性または制約許容性のいずれの問題か明らかではなかったが，国歌斉唱拒否事件は第3観点を明示的に制約許容性の問題と位置

づけた。[*6]

3　判例の審査手順

　ピアノ伴奏拒否事件（判例19-3）および国歌斉唱拒否事件（判例19-6）を総合すると，判例は19条適合性判断のプロセスとして，外部的行為の性質および外部の認識可能性の観点から19条の直接的制約性の判断→間接的制約性の判断→19条の制約該当性が認められた場合，制約許容性の判断という手順を採っていることがわかる。

Ⅲ　判例における思想・良心の自由の審査基準

　最高裁は，精神的自由の制約に関する合憲性審査基準について，当該自由に対する制限が必要とされる程度と，制限される自由の内容および性質，これに加えられる具体的制限の態様および程度等を衡量して決定する利益衡量論を「総論」として採用しつつ，具体的事案に応じて当該利益衡量を行う際の「判断指標」として，明白かつ現在の危険の基準，漠然性ゆえに無効の法理，必要最小限度性の原則，LRAの基準等を適用する傾向にある。国歌斉唱拒否事件は，このような従前の最高裁の立場を踏襲し，「総論」として利益衡量論を採用し，「判断指標」として間接的制約性を根拠とした（目的・手段審査もどきの）総合的利益衡量論を用いたものといえよう。[*7]

　ピアノ伴奏拒否事件（判例19-3）および国歌斉唱拒否事件（判例19-6）を前提としても，19条適合性判断の審査基準について多様な処理がありうる点は注意が必要である。たとえば，①思想・良心の自由の直接的制約性が認められた場合に19条の絶対的禁止に触れると処理する方法，②直接的制約の場合には，より厳格な審査基準により制約許容性が判断されると処理する方法，③間接的制約の事案でも具体的な事案の特性に応じて，総合的利益衡量論ではなく，より厳格な審査基準で処理する方法である。

Ⅳ　行政裁量と思想・良心の自由

　ピアノ伴奏拒否事件（判例19-3）および国歌斉唱拒否事件（判例19-6）はいずれも職務命令の19条適合性についての判断を行ったが、職務命令違反に対する懲戒処分の合法性は別途問題になりうる。具体的な行政処分を思想・良心の自由の観点から統制する手法としては、2件の懲戒処分判決（最判平成24年1月16日集民239号1頁、最判平成24年1月16日集民239号253頁）が参考になる。これらの判決は「公務員に対する懲戒処分について、懲戒権者は、懲戒事由に該当すると認められる行為の原因、動機、性質、態様、結果、影響等のほか、当該公務員の上記行為の前後における態度、懲戒処分等の処分歴、選択する処分が他の公務員及び社会に与える影響等、諸般の事情を考慮して、懲戒処分をすべきかどうか、また、懲戒処分をする場合にいかなる処分を選択すべきかを決定する裁量権を有しており、その判断は、それが社会観念上著しく妥当を欠いて裁量権の範囲を逸脱し、又はこれを濫用したと認められる場合に、違法となるものと解される」とし、総論としては社会観念審査型の裁量統制基準を用いる。もっとも戒告処分を超えた減給処分や停職処分については本件事案の性質等を踏まえた「慎重な考慮」を行い、「過去の非違行為による懲戒処分等の処分歴や不起立行為等の前後における態度等……に鑑み、学校の規律や秩序の保持等の必要性と処分による不利益の内容との権衡の観点から当該処分を選択することの相当性を基礎付ける具体的な事情が認められる場合であることを要する」とした。

　これら2件の懲戒処分判決は「慎重な考慮」に基づく一種の判断過程統制審査を行ったものである。[*8]エホバの証人剣道受講拒否事件（判例20-4）と同様に、これら懲戒処分判決については行政法学的な説明と憲法学的な説明をすることができる。すなわち、係争処分の処分重大性や思想・良心の自由の核心部分との関連性を考慮して、当該事案に固有の考慮要素を抽出し、審査密度を上げることによって判断過程統制審査を行ったという説明がありうる。他方で、思想・良心の自由に対する間接的制約が存在するものとみて、憲法上の権利としての思想・良心の自由の観点から「慎重な考慮」に基づく審査を行ったとする

見解も成り立つ[*9]。いずれからアプローチするのが妥当かは今後の課題となろう[*10]。

V　19条の地図（思想・良心の自由）

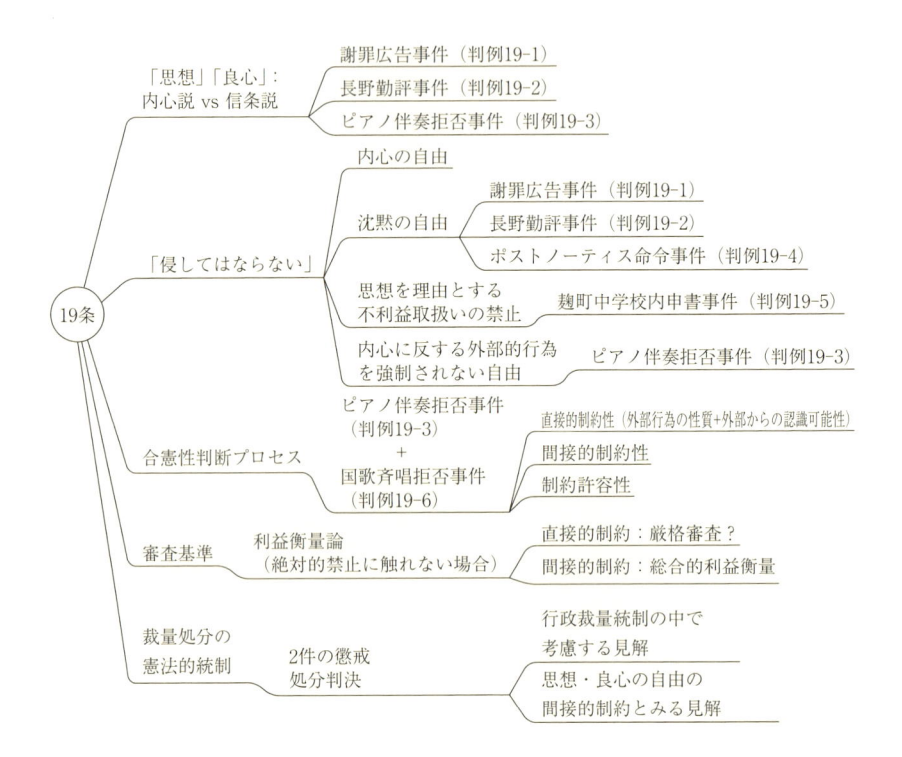

- 19条
  - 「思想」「良心」：内心説 vs 信条説
    - 謝罪広告事件（判例19-1）
    - 長野勤評事件（判例19-2）
    - ピアノ伴奏拒否事件（判例19-3）
  - 「侵してはならない」
    - 内心の自由
    - 沈黙の自由
      - 謝罪広告事件（判例19-1）
      - 長野勤評事件（判例19-2）
      - ポストノーティス命令事件（判例19-4）
    - 思想を理由とする不利益取扱いの禁止
      - 麹町中学校内申書事件（判例19-5）
    - 内心に反する外部的行為を強制されない自由
      - ピアノ伴奏拒否事件（判例19-3）
  - 合憲性判断プロセス
    - ピアノ伴奏拒否事件（判例19-3）＋国歌斉唱拒否事件（判例19-6）
      - 直接的制約性（外部行為の性質＋外部からの認識可能性）
      - 間接的制約性
      - 制約許容性
  - 審査基準
    - 利益衡量論（絶対的禁止に触れない場合）
      - 直接的制約：厳格審査？
      - 間接的制約：総合的利益衡量
  - 裁量処分の憲法的統制
    - 2件の懲戒処分判決
      - 行政裁量統制の中で考慮する見解
      - 思想・良心の自由の間接的制約とみる見解

---

*1　森英明・最判解刑平成19年度(上)152-153頁。

*2　19条は私人間効力論との関係でもよく問題となる（三菱樹脂事件・最大判昭和48年12月12日民集27巻11号1536頁等）が，本稿では主として国家と個人の問題を取り扱う。

*3　この議論状況については，森英明・最判解刑平成19年度(上)151頁が詳しい。

*4　国家斉唱拒否に関する最高裁判例として，最判平成23年5月30日民集65巻4号1780頁，最判平成23年6月6日民集65巻4号1855頁，最判平成23年6月14日民集65巻4号2148頁の3つがある。第1小法廷から第3小法廷まで同内容の判決が出そろったため，これらの判決は実質的には大法廷判決に匹敵する影響力を有する。このうち本章では最も早く下された最判平成23年5月30日民集65巻4号1780頁を取り上げる。最高裁調査官による解説として，岩井伸晃＝菊池章「最高裁　時の判例」ジュリ1461号93頁（2013年）。

＊5 　岩井伸晃＝菊池章・前掲注4・96頁。
＊6 　岩井伸晃＝菊池章・前掲注4・97頁。
＊7 　岩井伸晃＝菊池章・前掲注4・97-98頁参照。
＊8 　エホバの証人剣道受講拒否事件（判例20-4）の判断過程統制審査との類似点・相違点については，渡辺康行「『日の丸・君が代訴訟』を振り返る——最高裁諸判決の意義と課題」論ジュリ1号117頁（2012年）。
＊9 　間接的制約とみる見解として，前掲注8・116頁。
＊10 　両者の関係に言及した基本文献として，宍戸常寿「裁量論と人権論」公法研究71号100頁（2009年）。宍戸は，行政裁量と人権の関係について，判断過程統制審査の手法に対応する行政裁量を「中」から統制する人権論と憲法上の権利の保護範囲と制約の確定を通じた拘束的解釈を展開する行政裁量を「外」から統制する人権論を区別し，前者のみならず後者の重要性を強調する。判例においても両面のアプローチが検討されていくべきであろう。

判例一覧（第3章）

19-1	謝罪広告事件・最大判昭和31年7月4日民集10巻7号785頁
	【「思想」「良心」の意義，沈黙の自由】 「民法723条にいわゆる「他人の名誉を毀損した者に対して被害者の名誉を回復するに適当な処分」として謝罪広告を新聞紙等に掲載すべきことを加害者に命ずることは，従来学説判例の肯認するところであり，また謝罪広告を新聞紙等に掲載することは我国民生活の実際においても行われているのである。尤も謝罪広告を命ずる判決にもその内容上，これを新聞紙に掲載することが謝罪者の意思決定に委ねるを相当とし，これを命ずる場合の執行も債務者の意思のみに係る不代替作為として民訴734条に基き間接強制によるを相当とするものもあるべく，時にはこれを強制することが債務者の人格を無視し著しくその名誉を毀損し意思決定の自由乃至良心の自由を不当に制限することとなり，いわゆる強制執行に適さない場合に該当することもありうるであろうけれど，単に事態の真相を告白し陳謝の意を表明するに止まる程度のものにあつては，これが強制執行も代替作為として民訴733条の手続によることを得るものといわなければならない。そして原判決の是認した被上告人の本訴請求は，上告人が判示日時に判示放送，又は新聞紙において公表した客観的事実につき上告人名義を以て被上告人に宛て「右放送及記事は真相に相違しており，貴下の名誉を傷け御迷惑をおかけいたしました。ここに陳謝の意を表します」なる内容のもので，結局上告人をして右公表事実が虚偽且つ不当であつたことを広報機関を通じて発表すべきことを求めるに帰する。されば少くともこの種の謝罪広告を新聞紙に掲載すべきことを命ずる原判決は，上告人に屈辱的若くは苦役的労苦を科し，又は上告人の有する倫理的な意思，良心の自由を侵害することを要求するものとは解せられないし，また民法723条にいわゆる適当な処分というべきであるから所論は採用できない。」

| 19-2 | 長野勤評事件・最判昭和47年11月30日民集26巻9号1746頁 |

【「思想」「良心」の意義，沈黙の自由】
「本件通達は，第2表乙の自己観察ならびに希望事項欄の記載方法として，自己評価に基づき，たとえば「学校の指導計画が適確に実施されるようにくふうしているか」，「分掌した校務を積極的に処理しているか」，「熱意をもって仕事にうちこんでいるか」というような第2表甲の観察内容や乙の各項目等を参考にして，つとめて具体的に記入することと定めているにすぎない，というのであつて（通達別冊第2項（25）），その文言自体，これを最大限に拡大して解釈するのでなければ，記入者の有する世界観，人生観，教育観等の表明を命じたものと解することはできない。」

| 19-3 | 君が代ピアノ伴奏拒否事件・最判平成19年2月27日民集61巻1号291頁 |

【思想・良心の自由の合憲性判断プロセス——第1観点：外部行為の性質】
「上告人は，「君が代」が過去の日本のアジア侵略と結び付いており，これを公然と歌ったり，伴奏することはできない，また，子どもに「君が代」がアジア侵略で果たしてきた役割等の正確な歴史的事実を教えず，子どもの思想及び良心の自由を実質的に保障する措置を執らないまま「君が代」を歌わせるという人権侵害に加担することはできないなどの思想及び良心を有すると主張するところ，このような考えは，「君が代」が過去の我が国において果たした役割に係わる上告人自身の歴史観ないし世界観及びこれに由来する社会生活上の信念等ということができる。しかしながら，学校の儀式的行事において「君が代」のピアノ伴奏をすべきでないとして本件入学式の国歌斉唱の際のピアノ伴奏を拒否することは，上告人にとっては，上記の歴史観ないし世界観に基づく一つの選択ではあろうが，一般的には，これと不可分に結び付くものということはできず，上告人に対して本件入学式の国歌斉唱の際にピアノ伴奏を求めることを内容とする本件職務命令が，直ちに上告人の有する上記の歴史観ないし世界観それ自体を否定するものと認めることはできないというべきである。」

【思想・良心の自由の合憲性判断プロセス——第2観点：外部からの認識可能性】
「他方において，本件職務命令当時，公立小学校における入学式や卒業式において，国歌斉唱として「君が代」が斉唱されることが広く行われていたことは周知の事実であり，客観的に見て，入学式の国歌斉唱の際に「君が代」のピアノ伴奏をするという行為自体は，音楽専科の教諭等にとって通常想定され期待されるものであって，上記伴奏を行う教諭等が特定の思想を有するということを外部に表明する行為であると評価することは困難なものであり，特に，職務上の命令に従ってこのような行為が行われる場合には，上記のように評価することは一層困難であるといわざるを得ない。

　本件職務命令は，上記のように，公立小学校における儀式的行事において広く行われ，A小学校でも従前から入学式等において行われていた国歌斉唱に際し，音楽専科の教諭にそのピアノ伴奏を命ずるものであって，上告人に対して，特定の思想を持つことを強制したり，あるいはこれを禁止したりするものではなく，特定の思想の有無について告白することを強要するものでもなく，児童に対して一方的な思想や理念を教え込むことを強制するものとみることもできない。」

	【思想・良心の自由の合憲性判断プロセス──第3観点：制約許容性】 「さらに、憲法15条2項は、「すべて公務員は、全体の奉仕者であって、一部の奉仕者ではない。」と定めており、地方公務員も、地方公共団体の住民全体の奉仕者としての地位を有するものである。こうした地位の特殊性及び職務の公共性にかんがみ、地方公務員法30条は、地方公務員は、全体の奉仕者として公共の利益のために勤務し、かつ、職務の遂行に当たっては全力を挙げてこれに専念しなければならない旨規定し、同法32条は、上記の地方公務員がその職務を遂行するに当たって、法令等に従い、かつ、上司の職務上の命令に忠実に従わなければならない旨規定するところ、上告人は、A小学校の音楽専科の教諭であって、法令等や職務上の命令に従わなければならない立場にあり、校長から同校の学校行事である入学式に関して本件職務命令を受けたものである。そして、学校教育法18条2号は、小学校教育の目標として「郷土及び国家の現状と伝統について、正しい理解に導き、進んで国際協調の精神を養うこと。」を規定し、学校教育法（平成11年法律第87号による改正前のもの）20条、学校教育法施行規則（平成12年文部省令第53号による改正前のもの）25条に基づいて定められた小学校学習指導要領（平成元年文部省告示第24号）第4章第2D(1)は、学校行事のうち儀式的行事について、「学校生活に有意義な変化や折り目を付け、厳粛で清新な気分を味わい、新しい生活の展開への動機付けとなるような活動を行うこと。」と定めるところ、同章第3の3は、「入学式や卒業式などにおいては、その意義を踏まえ、国旗を掲揚するとともに、国歌を斉唱するよう指導するものとする。」と定めている。入学式等において音楽専科の教諭によるピアノ伴奏で国歌斉唱を行うことは、これらの規定の趣旨にかなうものであり、A小学校では従来から入学式等において音楽専科の教諭によるピアノ伴奏で「君が代」の斉唱が行われてきたことに照らしても、本件職務命令は、その目的及び内容において不合理であるということはできないというべきである。」 **【結　論】** 「以上の諸点にかんがみると、本件職務命令は、上告人の思想及び良心の自由を侵すものとして憲法19条に反するとはいえないと解するのが相当である。」
19-4	ポストノーティス命令事件・最判平成2年3月6日判時1357号144頁
	【沈黙の自由】 「本件救済命令の主文第3項は、上告人に対し、誓約書という題の下に、「当社団が行った次の行為が、神奈川県地方労働委員会により不当労働行為と認定されました。当社団は、ここに深く反省するとともに今後、再びかかる行為を繰り返さないことを誓約します。」との文言を墨書した白色木板を上告人経営の病院の建物入口附近に掲示するよう命じているところ、右ポストノーティス命令が、労働委員会によって上告人の行為が不当労働行為と認定されたことを関係者に周知徹底させ、同種行為の再発を抑制しようとする趣旨のものであることは明らかである。右掲示文には「深く反省する」、「誓約します」などの文言が用いられているが、同種行為を繰り返さない旨の約束文言を強調する意味を有するにすぎないものであり、上告人に対し反省等の意思表明を要求することは、右命令の本旨とするところではないと解される。してみると、右命令は上告人に対し反省等の意思表明を強制するものであるとの見解を前提とする憲法19条違反の主張は、その前提を欠くというべきである。」

19-5	麹町中学校内申書事件・最判昭和63年7月15日判時1287号65頁
	【思想を理由とする不利益取扱いの禁止】
「……本件調査書の備考欄及び特記事項欄にはおおむね「校内において麹町中全共闘を名乗り，機関紙『砦』を発行した。学校文化祭の際，文化祭粉砕を叫んで他校生徒と共に校内に乱入し，ビラまきを行った。大学生ML派の集会に参加している。学校側の指導説得をきかないで，ビラを配ったり，落書をした。」との記載が，欠席の主な理由欄には「風邪，発熱，集会又はデモに参加して疲労のため」という趣旨の記載がされていたというのであるが，右のいずれの記載も，上告人の思想，信条そのものを記載したものでないことは明らかであり，右の記載に係る外部的行為によつては上告人の思想，信条を了知し得るものではないし，また，上告人の思想，信条自体を高等学校の入学者選抜の資料に供したものとは到底解することができないから，所論違憲の主張は，その前提を欠き，採用できない。」
19-6	国歌斉唱拒否事件・最判平成23年5月30日民集65巻4号1780頁
	【思想・良心の自由の合憲性判断プロセス——第1観点：外部行為の性質，第2観点：外部からの認識可能性】
「しかしながら，本件職務命令当時，公立高等学校における卒業式等の式典において，国旗としての「日の丸」の掲揚及び国歌としての「君が代」の斉唱が広く行われていたことは周知の事実であって，学校の儀式的行事である卒業式等の式典における国歌斉唱の際の起立斉唱行為は，一般的，客観的に見て，これらの式典における慣例上の儀礼的な所作としての性質を有するものであり，かつ，そのような所作として外部からも認識されるものというべきである。したがって，上記の起立斉唱行為は，その性質の点から見て，上告人の有する歴史観ないし世界観を否定することと不可分に結び付くものとはいえず，上告人に対して上記の起立斉唱行為を求める本件職務命令は，上記の歴史観ないし世界観それ自体を否定するものということはできない。」
「また，上記の起立斉唱行為は，その外部からの認識という点から見ても，特定の思想又はこれに反する思想の表明として外部から認識されるものと評価することは困難であり，職務上の命令に従ってこのような行為が行われる場合には，上記のように評価することは一層困難であるといえるのであって，本件職務命令は，特定の思想を持つことを強制したり，これに反する思想を持つことを禁止したりするものではなく，特定の思想の有無について告白することを強要するものということもできない。そうすると，本件職務命令は，これらの観点において，個人の思想及び良心の自由を直ちに制約するものと認めることはできないというべきである。」
【思想・良心の自由の合憲性判断プロセス——間接的制約性】
「もっとも，上記の起立斉唱行為は，教員が日常担当する教科等や日常従事する事務の内容それ自体には含まれないものであって，一般的，客観的に見ても，国旗及び国歌に対する敬意の表明の要素を含む行為であるということができる。そうすると，自らの歴史観ないし世界観との関係で否定的な評価の対象となる「日の丸」や「君が代」に対して敬意を表明することには応じ難いと考える者が，これらに対する敬意の表明の要素を含む行為を求められることは，その行為が個人の歴史観ないし世界観に反する特定の思想の表明に係る行為そのものではないとはいえ，個人の

歴史観ないし世界観に由来する行動（敬意の表明の拒否）と異なる外部的行為（敬意の表明の要素を含む行為）を求められることとなり，その限りにおいて，その者の思想及び良心の自由についての間接的な制約となる面があることは否定し難い。」

【思想・良心の自由の合憲性判断プロセス――第3観点：制約許容性】
「そこで，このような間接的な制約について検討するに，個人の歴史観ないし世界観には多種多様なものがあり得るのであり，それが内心にとどまらず，それに由来する行動の実行又は拒否という外部的行動として現れ，当該外部的行動が社会一般の規範等と抵触する場面において制限を受けることがあるところ，その制限が必要かつ合理的なものである場合には，その制限を介して生ずる上記の間接的な制約も許容され得るものというべきである。そして，職務命令においてある行為を求められることが，個人の歴史観ないし世界観に由来する行動と異なる外部的行為を求められることとなり，その限りにおいて，当該職務命令が個人の思想及び良心の自由についての間接的な制約となる面があると判断される場合にも，職務命令の目的及び内容には種々のものが想定され，また，上記の制限を介して生ずる制約の態様等も，職務命令の対象となる行為の内容及び性質並びにこれが個人の内心に及ぼす影響その他の諸事情に応じて様々であるといえる。したがって，このような間接的な制約が許容されるか否かは，職務命令の目的及び内容並びに上記の制限を介して生ずる制約の態様等を総合的に較量して，当該職務命令に上記の制約を許容し得る程度の必要性及び合理性が認められるか否かという観点から判断するのが相当である。」

第4章 信教の自由

20条を読む

憲法20条　1項　信教の自由は，何人に対してもこれを保障する。いかなる宗教団体も，国から特権を受け，又は政治上の権力を行使してはならない。
　2項　何人も，宗教上の行為，祝典，儀式又は行事に参加することを強制されない。
　3項　国及びその機関は，宗教教育その他いかなる宗教的活動もしてはならない。

I　20条の条文構造と保障内容

1　信教の自由

　20条1項前段は「信教の自由は，何人に対してもこれを保障する」と規定し，憲法上の権利としての信教の自由を包括的に保障する。20条1項で保障される信教の自由は，信仰の自由，宗教的行為の自由（祭壇等を設け，礼拝・祈祷その他宗教上の祝典・儀式・行事・布教等を個人又は共同で行う自由），宗教的結社の自由の3つに分類される（三分説）[*1]。これら3つの信教の自由には積極的自由と消極的自由の両側面が存在する。すなわち，信仰の自由には信仰をする自由としない自由，宗教的行為の自由には宗教的行為をする自由としない自由，宗教的結社の自由には宗教団体を結成する自由としない自由が含まれる。20条2項は「何人も，宗教上の行為，祝典，儀式又は行事に参加することを強制されない」[*2]と規定するが，これは20条1項で保障される消極的な宗教的行為の自由と保障内容が重なるため，20条2項が何らかの保障を付加するものではない[*3]。
　なお，信教の自由に似ているが概念上区別されるものとして宗教的人格権が

ある。自衛隊合祀拒否訴訟（判例20-1）は、宗教的人格権について「静謐な宗教的環境の下で信仰生活を送るべき利益なるものは、これを直ちに法的利益として認めることができない」として、その権利性を否定した。[*4]

本章では、20条のうち、20条1項前段の保障する信教の自由について最高裁判例を中心に沿って解説する。[*5]

2　政教分離原則

20条1項後段は「いかなる宗教団体も、国から特権を受け、又は政治上の権力を行使してはならない」、同条3項は「国及びその機関は、宗教教育その他いかなる宗教的活動もしてはならない」と規定し、併せて政教分離原則を宣言している。89条前段は「公金その他の公の財産は、宗教上の組織若しくは団体の使用、便益若しくは維持のため……これを支出し、又はその利用に供してはならない」とし、政教分離原則を財政面から定めている。政教分離原則をめぐっては、多数の最高裁判例があるが、本章では解説の対象外とする。

II　信教の自由の限界──加持祈祷事件

信教の自由のうち信仰の自由は、内心にとどまる限り絶対無制約の保障を受けるが、宗教的行為の自由や宗教的結社の自由は外面的精神活動の自由であって、他者の権利・利益との衝突可能性があり、公共の福祉（12条、13条）による制約に服する。

加持祈祷事件（判例20-2）は、僧侶の線香護摩による加持祈祷によって被害者を死に至らしめた行為を傷害致死罪で処罰したことについて、信教の自由といっても絶対無制約ではなく12条および13条の「公共の福祉」の制約に服し、「一種の宗教行為としてなされたもの」でも「他人の生命、身体等に危害を及ぼす違法な有形力の行使に当るものであり、これにより被害者を死に致したものである以上、被告人の右行為が著しく反社会的なものであることは否定し得ないところであつて、憲法20条1項の信教の自由の保障の限界を逸脱したものというほかはな」いとする。加持祈祷事件は「公共の福祉」（12条、13条）による制約を指摘し、被告人の行為が「著しく反社会的なもの」であるかどうかに

第4章　信教の自由　　045

ついて若干の論証を加えるだけで合憲判断をしているが、加持祈祷事件のような自然犯に触れるような場合には、学説でも厳格な審査基準を不要とし、あるいはそもそも信仰の自由の保障範囲外とする。[*7] つまり、より典型的な信教の自由制約のケースでは、厳格な審査が要求されうる。

Ⅲ 信教の自由に対する間接的で事実上の支障——オウム真理教解散命令事件

特定の宗教を狙い打ちにした直接的な法的規制については信教の自由との関係で厳格かつ慎重な配慮を要する。[*8] もっとも、現代社会では信教の自由をダイレクトに規制することは概ね避けられているため、判例では信教の自由の間接的・事実的制約という形で問題になることが多い。[*9]

オウム真理教解散命令事件（判例20-3）では、宗教法人法81条に基づく解散命令が信教の自由を侵害しないかが争われた。宗教法人法81条1項1号は「法令に違反して、著しく公共の福祉を害すると明らかに認められる行為をしたこと」、同項2号前段は「第2条に規定する宗教団体の目的を著しく逸脱した行為をしたこと」を宗教法人の解散事由としている。検察庁および東京都知事は毒ガスであるサリン生成に関与したオウム真理教について、これらの解散事由に該当するとして裁判所に対して解散請求を行ったところ、東京地裁は解散命令を発したが（東京地決平成7年10月30日判時1544号43頁）、その合憲性が特別抗告審で審理された。

最高裁は「解散命令によって宗教法人が解散しても、信者は、法人格を有しない宗教団体を存続させ、あるいは、これを新たに結成することが妨げられるわけではな」いとして、宗教的結社の自由の直接的制約を否定した。[*10] また「宗教上の行為を行い、その用に供する施設や物品を新たに調えることが妨げられるわけでもない。すなわち、解散命令は、信者の宗教上の行為を禁止したり制限したりする法的効果を一切伴わない」として宗教的行為の自由の直接的・法的制約を否定した。[*11]

一方で、宗教法人の解散命令により清算手続（宗教法人法49条2項、51条）が行われ、その結果、宗教法人に帰属する財産で礼拝施設その他の宗教上の行為の用に供していたものも処分されることになるから（同法50条）、「これらの財

産を用いて信者らが行っていた宗教上の行為を継続するのに何らかの支障を生ずることがあり得る」のであり，信教の自由との関係で「慎重に吟味」することを要するとした。そして，①宗教法人の解散命令制度の目的の合理性（専ら宗教法人の世俗的側面を対象とし，かつ，専ら世俗的目的によるものであって，宗教団体や信者の精神的・宗教的側面に容かいする意図によるものではないこと），②大量殺人を目的とするサリン生成の高度の違法性，③解散命令によって法人格を失わせる必要性・適切性の一方で，その支障は間接的で事実上のものにとどまること，④抗告人の行為に対処するのに必要でやむを得ない法的規制であること，⑤手続適正の担保（裁判所の司法審査によって発せられたものであること）を審査し，当該解散命令の20条1項違反を否定した。

　オウム真理教解散命令事件の調査官解説によれば，昭和50年以降の表現の自由に関する最高裁大法廷判決は，対立する利益を比較衡量した上で，その制限が必要で合理的なものであるかどうかを判断する利益衡量論を採用しており，信教の自由の制限についてもこれが基本的に妥当するとし，その考慮要素としてLRAの基準，世俗的目的を要求する基準，規制の手続的適正を指摘する。このようにオウム真理教解散命令事件は事例判決の体裁をとっているが，その背後には信教の自由に関する合憲性判断基準についての一定の理解が潜んでいる。[*12] 信教の自由の一般的な合憲性判断を示したものではないが，同種事件の重要な先例となろう。オウム真理教解散命令事件の判旨を反対解釈すれば，信教の自由に対する直接的・法的規制について，最高裁はより厳格な審査を要求する可能性がある。[*13]

Ⅳ　行政裁量と信教の自由──エホバの証人剣道受講拒否事件

　オウム真理教解散命令事件（判例20-3）で問題となった宗教法人法81条の解散命令制度については，信教の自由への配慮から行政裁量が否定され裁判所に解散命令の権限を与える仕組みとなっている。[*14] 一方で，行政裁量のある処分と憲法上の権利としての信教の自由との関係が問題となったのがエホバの証人剣道受講拒否事件（判例20-4）である。

　公立工業高等専門学校の学生であった原告は，格技の修得を禁ずる宗教上の

教義に基づき必修科目である体育における剣道の実技参加を拒否し，レポート等の代替措置を認めて欲しい旨の申入れをしていた。これに対して，校長は，代替措置をとらず，剣道実技の受講を拒否した原告の体育科目の単位を不認定とし，原級留置処分を行い，その翌年には退学処分を行った。エホバの証人剣道受講拒否事件は，この原級留置処分および退学処分の取消訴訟の中で，信教の自由侵害が問題とされたものである。

　最高裁は，①校長の合理的な教育裁量に依拠しながら「校長の裁量権の行使としての処分が，全く事実の基礎を欠くか又は社会観念上著しく妥当を欠き，裁量権の範囲を超え又は裁量権を濫用してされたと認められる場合に限り，違法であると判断すべきものである」とする社会観念審査を採用しつつも，②「退学処分は学生の身分をはく奪する重大な措置」であり，③「学校教育法施行規則13条3項も4個の退学事由を限定的に定めていること」から，④「慎重な配慮」に基づく審査を要するとした。

　そして，体育科目による教育目的の達成は「代替的方法によってこれを行うことも性質上可能」である一方で，「剣道実技への参加を拒否する理由は，被上告人の信仰の核心部分と密接に関連する真しなもの」であってその不利益は大きく，レポート提出等の代替措置を認めて欲しい旨繰り返し申し入れている状況では「本件各処分に至るまでに何らかの代替措置を採ることの是非，その方法，態様等について十分に考慮するべきであった」とし，「考慮すべき事項を考慮しておらず，又は考慮された事実に対する評価が明白に合理性を欠き，その結果，社会観念上著しく妥当を欠く処分をしたもの」として，原級留置処分および退学処分を違法と判断した。

　エホバの証人剣道受講拒否事件については社会観念審査を一般的判断基準で採用しつつも，係争処分の処分重大性や信仰の核心部分との関連性を考慮して，当該事案に固有の考慮要素を抽出し，要考慮事項の考慮不尽・合理性欠如という審査基準を持ち込んで審査密度を高めて判断過程統制審査を行ったものと行政法学からは評される[15]。一方で憲法学の立場からは，判決文が「本件各処分は，その内容それ自体において被上告人に信仰上の教義に反する行動を命じたものではなく，その意味では，被上告人の信教の自由を直接的に制約するものとはいえない」としていることから，信教の自由に対する直接的制約は否定

されたが，間接的制約は存在するとみて，直接的制約よりも厳格度の緩和された司法審査が行われたとみる傾向にある。エホバの証人剣道受講拒否事件については行政裁量論からアプローチする行政法学と憲法上の権利論からアプローチする憲法学に立場の対立があり，両者の理解のギャップをどのように埋めていくかは今後の課題とされている。

V　20条1項前段の地図（信教の自由）

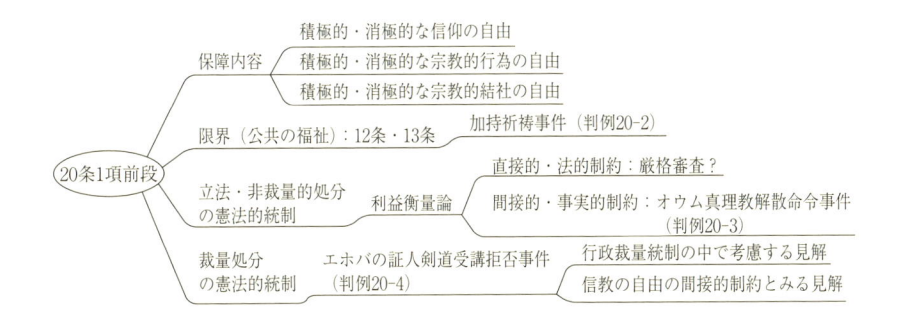

```
                      ┌ 積極的・消極的な信仰の自由
          ┌ 保障内容 ─┼ 積極的・消極的な宗教的行為の自由
          │            └ 積極的・消極的な宗教的結社の自由
          │
          ├ 限界（公共の福祉）：12条・13条 ─ 加持祈祷事件（判例20-2）
20条1項前段┤
          │ 立法・非裁量的処分              ┌ 直接的・法的制約：厳格審査？
          ├ の憲法的統制 ─ 利益衡量論 ─────┤
          │                                  └ 間接的・事実的制約：オウム真理教解散命令事件
          │                                                              （判例20-3）
          │ 裁量処分        エホバの証人剣道受講拒否事件 ┌ 行政裁量統制の中で考慮する見解
          └ の憲法的統制 ─ （判例20-4）                ─┤
                                                         └ 信教の自由の間接的制約とみる見解
```

* 1　内心の自由と行為の自由に二分する見解も成立しうるが，伝統的通説は三分説である。芦部Ⅲ122-123頁。
* 2　宗教的結社の自由から宗教団体の自律権（規則制定権，組織・運営権，懲戒権）が導かれる。併せて宗教団体内部における紛争に対する司法権による介入の可否が問題となるが，本書ではこれらの点には立ち入らない。
* 3　芦部Ⅲ125頁は，明治憲法下で特に不完全であった沿革を考慮した規定とする。
* 4　小泉首相靖国神社参拝事件（最判平成18年6月23日判時1940号122頁）も宗教的人格権について消極的な立場をとる。一方，宗教的人格権を一定の条件で認める学説として，読本126-127頁〔安西文雄執筆部分〕，木村俊夫「信教の自由」争点111頁等。
* 5　信教の自由関連の重要な下級審判例として，牧会活動事件（神戸簡判昭和50年2月20日判時768号3頁），古都保存協力税事件（京都地判昭和59年3月30日行集35巻3号353頁），日曜参観事件（東京地判昭和61年3月20日行集37巻3号347頁），アレフ観察処分事件（東京地判平成13年6月13日判時1755号3頁）等があるが，これらは以下では取り上げない。
* 6　芦部Ⅲ134-135頁。
* 7　読本121-122頁〔安西文雄執筆部分〕。
* 8　狙いうち規制については読本125-126頁〔安西文雄執筆部分〕，新基本法コンメ164頁〔阪口正二郎執筆部分〕。

* 9 信教の自由における規制類型論について判例・学説にコンセンサスはないと思われる。たとえば，規制者の意図に着目した狙いうち規制／中立的規制，規制対象に着目した直接的規制／間接的規制，規制の効果に着目した法的規制／事実的規制等の言葉遣いを区別し，前者については厳しく後者については緩やかに考えるなどの整理がありうるが，この点は今後の判例・学説の発展に委ねられる。
* 10 近藤崇晴・最判解民平成8年度(上)77-78頁。
* 11 近藤崇晴・最判解民平成8年度(上)78-79頁。
* 12 近藤崇晴・最判解民平成8年度(上)81-82頁。なお，芦部Ⅲ135-136頁は，宗教的行為の自由の制約については比較衡量のテストとも呼ばれることがある厳格度の高いLRAの基準を適用すべきであり，具体的には①公権力と争う側は自己の宗教的行為に対する「実質的な負担」（直接的強制のみならず間接的強制を含む）が証明された場合には，②規制の公共的利益の重要性と宗教的行為の自由に対する負担とを比較衡量すべきであり，この衡量に際しては世俗的利益を促進するために必要最小限度であることを考慮すべきと指摘している。
* 13 直接的・法的規制から間接的・事実的規制までのグラデーションに応じた審査基準を構想するものとして，読本121-122頁〔安西文雄執筆部分〕。
* 14 渡部蓊『逐条解説 宗教法人法〔第4次改訂版〕』（ぎょうせい，2009年）380頁。
* 15 橋本博之『行政判例と仕組み解釈』（弘文堂，2009年）164頁。亘理格「行政裁量の法的統制」髙木光＝宇賀克也編『行政法の争点』（有斐閣，2014年）120頁は，信仰の自由という優越的法益侵害の事案において中間密度型の実体法的審査が行われたものとみる。渡辺康行「憲法上の権利と行政裁量審査──判例状況の分析と今後の方向性」長谷部恭男ほか編『現代立憲主義の諸相 上』（有斐閣，2013年）325頁以下も参照。
* 16 信教の自由の間接的制約と捉える見解として小島慎司「退学処分等の当否の判断と信教の自由──剣道受講拒否事件」判プラ92頁等。本件各処分を「重大な不利益を避けるためには剣道実技の履修という自己の信仰上の教義に反する行動を採ることを余儀なくさせられるという性質を有するもの」とする判示部分から信教の自由の「制約」を肯定する余地もあるが，「制約」性は否定しつつもこれとの「緊張関係」から校長の裁量権が審査されたとみることも可能とする見解として，読本124-125頁〔安西文雄執筆部分〕。
* 17 石川健治ほか「〔座談会〕『公法訴訟』論の可能性(1)」法教391号99-101頁（2013年）。

判例一覧（第4章）

20-1	自衛隊合祀拒否訴訟・最大判昭和63年6月1日民集42巻5号277頁
	【宗教的人格権】 「私人相互間において憲法20条1項前段及び同条2項によつて保障される信教の自由の侵害があり，その態様，程度が社会的に許容し得る限度を超えるときは，場合によつては，私的自治に対する一般的制限規定である民法1条，90条や不法行為に関する諸規定等の適切な運用によつて，法的保護が図られるべきである（最高裁昭和43年(オ)第932号同48年12月12日大法廷判決・民集27巻11号1536頁参照）。しかし，

人が自己の信仰生活の静謐を他者の宗教上の行為によつて害されたとし、そのことに不快の感情を持ち、そのようなことがないよう望むことのあるのは、その心情として当然であるとしても、かかる宗教上の感情を被侵害利益として、直ちに損害賠償を請求し、又は差止めを請求するなどの法的救済を求めることができるとするならば、かえつて相手方の信教の自由を妨げる結果となるに至ることは、見易いところである。信教の自由の保障は、何人も自己の信仰と相容れない信仰をもつ者の信仰に基づく行為に対して、それが強制や不利益の付与を伴うことにより自己の信教の自由を妨害するものでない限り寛容であることを要請しているものというべきである。このことは死去した配偶者の追慕、慰霊等に関する場合においても同様である。何人かをその信仰の対象とし、あるいは自己の信仰する宗教により何人かを追慕し、その魂の安らぎを求めるなどの宗教的行為をする自由は、誰にでも保障されているからである。原審が宗教上の人格権であるとする静謐な宗教的環境の下で信仰生活を送るべき利益なるものは、これを直ちに法的利益として認めることができない性質のものである。」

| 20-2 | 加持祈祷事件・最大判昭和38年5月15日刑集17巻4号302頁 |

【信教の自由の限界——公共の福祉】
「……憲法20条1項は信教の自由を何人に対してもこれを保障することを、同2項は何人も宗教上の行為、祝典、儀式または行事に参加することを強制されないことを規定しており、信教の自由が基本的人権の一つとして極めて重要なものであることはいうまでもない。しかし、およそ基本的人権は、国民はこれを濫用してはならないのであつて、常に公共の福祉のためにこれを利用する責任を負うべきことは憲法12条の定めるところであり、また同13条は、基本的人権は、公共の福祉に反しない限り立法その他の国政の上で、最大の尊重を必要とする旨を定めており、これら憲法の規定は、決して所論のような教訓的規定というべきものではなく、従つて、信教の自由の保障も絶対無制限のものではない。」
「被告人の本件行為は、所論のように一種の宗教行為としてなされたものであつたとしても、それが前記各判決の認定したような他人の生命、身体等に危害を及ぼす違法な有形力の行使に当るものであり、これにより被害者を死に致したものである以上、被告人の右行為が著しく反社会的なものであることは否定し得ないところであつて、憲法20条1項の信教の自由の保障の限界を逸脱したものというほかはなく、これを刑法205条に該当するものとして処罰したことは、何ら憲法の右条項に反するものではない。」

| 20-3 | オウム真理教解散命令事件・最決平成8年1月30日民集50巻1号199頁 |

【信教の自由の間接的・事実的制約と合憲性判断基準】
「本件解散命令は、宗教法人法（以下「法」という。）の定めるところにより法人格を付与された宗教団体である抗告人について、法81条1項1号及び2号前段に規定する事由があるとしてされたものである。
　法は、宗教団体が礼拝の施設その他の財産を所有してこれを維持運用するなどのために、宗教団体に法律上の能力を与えることを目的とし（法1条1項）、宗教団体に法人格を付与し得ることとしている（法4条）。すなわち、法による宗教団体の規制は、専ら宗教団体の世俗的側面だけを対象とし、その精神的・宗教的側面を

第4章　信教の自由　（判例一覧）　051

対象外としているのであって、信者が宗教上の行為を行うことなどの信教の自由に介入しようとするものではない（法1条2項参照）。法81条に規定する宗教法人の解散命令の制度も、法令に違反して著しく公共の福祉を害すると明らかに認められる行為（同条1項1号）や宗教団体の目的を著しく逸脱した行為（同項2号前段）があった場合、あるいは、宗教法人ないし宗教団体としての実体を欠くに至ったような場合（同項2号後段、3号から5号まで）には、宗教団体に法律上の能力を与えたままにしておくことが不適切あるいは不必要となるところから、司法手続によって宗教法人を強制的に解散し、その法人格を失わしめることが可能となるようにしたものであり、会社の解散命令（商法58条）と同趣旨のものであると解される。

　したがって、解散命令によって宗教法人が解散しても、信者は、法人格を有しない宗教団体を存続させ、あるいは、これを新たに結成することが妨げられるわけではなく、また、宗教上の行為を行い、その用に供する施設や物品を新たに調えることが妨げられるわけでもない。すなわち、解散命令は、信者の宗教上の行為を禁止したり制限したりする法的効果を一切伴わないのである。もっとも、宗教法人の解散命令が確定したときはその清算手続が行われ（法49条2項、51条）、その結果、宗教法人に帰属する財産で礼拝施設その他の宗教上の行為の用に供していたものも処分されることになるから（法50条参照）、これらの財産を用いて信者らが行っていた宗教上の行為を継続するのに何らかの支障を生ずることがあり得る。このように、宗教法人に関する法的規制が、信者の宗教上の行為を法的に制約する効果を伴わないとしても、これに何らかの支障を生じさせることがあるとするならば、憲法の保障する精神的自由の一つとしての信教の自由の重要性に思いを致し、憲法がそのような規制を許容するものであるかどうかを慎重に吟味しなければならない。

　このような観点から本件解散命令について見ると、法81条に規定する宗教法人の解散命令の制度は、前記のように、専ら宗教法人の世俗的側面を対象とし、かつ、専ら世俗的目的によるものであって、宗教団体や信者の精神的・宗教的側面に容かいする意図によるものではなく、その制度の目的も合理的であるということができる。そして、原審が確定したところによれば、抗告人の代表役員であったD及びその指示を受けた抗告人の多数の幹部は、大量殺人を目的として毒ガスであるサリンを大量に生成することを計画した上、多数の信者を動員し、抗告人の物的施設を利用し、抗告人の資金を投入して、計画的、組織的にサリンを生成したというのであるから、抗告人が、法令に違反して、著しく公共の福祉を害すると明らかに認められ、宗教団体の目的を著しく逸脱した行為をしたことが明らかである。抗告人の右のような行為に対処するには、抗告人を解散し、その法人格を失わせることが必要かつ適切であり、他方、解散命令によって宗教団体であるオウム真理教やその信者らが行う宗教上の行為に何らかの支障を生ずることが避けられないとしても、その支障は、解散命令に伴う間接的で事実上のものであるにとどまる。したがって、本件解散命令は、宗教団体であるオウム真理教やその信者らの精神的・宗教的側面に及ぼす影響を考慮しても、抗告人の行為に対処するのに必要でやむを得ない法的規制であるということができる。また、本件解散命令は、法81条の規定に基づき、裁判所の司法審査によって発せられたものであるから、その手続の適正も担保されている。

　宗教上の行為の自由は、もとより最大限に尊重すべきものであるが、絶対無制限のものではなく、以上の諸点にかんがみれば、本件解散命令及びこれに対する即時

抗告を棄却した原決定は、憲法20条1項に違背するものではないというべきであり、このように解すべきことは、当裁判所の判例（最高裁昭和36年(あ)第485号同38年5月15日大法廷判決・刑集17巻4号302頁）の趣旨に徴して明らかである。論旨は採用することができない。」

20－4	エホバの証人剣道受講拒否事件・最判平成8年3月8日民集50巻3号469頁
	【裁量処分の信教の自由の観点からの憲法的統制】 「高等専門学校の校長が学生に対し原級留置処分又は退学処分を行うかどうかの判断は、校長の合理的な教育的裁量にゆだねられるべきものであり、裁判所がその処分の適否を審査するに当たっては、校長と同一の立場に立って当該処分をすべきであったかどうか等について判断し、その結果と当該処分とを比較してその適否、軽重等を論ずべきものではなく、校長の裁量権の行使としての処分が、全く事実の基礎を欠くか又は社会観念上著しく妥当を欠き、裁量権の範囲を超え又は裁量権を濫用してされたと認められる場合に限り、違法であると判断すべきものである（最高裁昭和28年(オ)第525号同29年7月30日第3小法廷判決・民集8巻7号1463頁、最高裁昭和28年(オ)第745号同29年7月30日第3小法廷判決・民集8巻7号1501頁、最高裁昭和42年（行ツ）第59号同49年7月19日第3小法廷判決・民集28巻5号790頁、最高裁昭和47年（行ツ）第52号同52年12月20日第3小法廷判決・民集31巻7号1101頁参照）。しかし、退学処分は学生の身分をはく奪する重大な措置であり、学校教育法施行規則13条3項も4個の退学事由を限定的に定めていることからすると、当該学生を学外に排除することが教育上やむを得ないと認められる場合に限って退学処分を選択すべきであり、その要件の認定につき他の処分の選択に比較して特に慎重な配慮を要するものである（前掲昭和49年7月19日第3小法廷判決参照）。また、原級留置処分も、学生にその意に反して1年間にわたり既に履修した科目、種目を再履修することを余儀なくさせ、上級学年における授業を受ける時期を延期させ、卒業を遅らせる上、D高専においては、原級留置処分が2回連続してされることにより退学処分にもつながるものであるから、その学生に与える不利益の大きさに照らして、原級留置処分の決定に当たっても、同様に慎重な配慮が要求されるものというべきである。そして、前記事実関係の下においては、以下に説示するとおり、本件各処分は、社会観念上著しく妥当を欠き、裁量権の範囲を超えた違法なものといわざるを得ない。 　1　公教育の教育課程において、学年に応じた一定の重要な知識、能力等を学生に共通に修得させることが必要であることは、教育水準の確保等の要請から、否定することができず、保健体育科目の履修もその例外ではない。しかし、高等専門学校においては、剣道実技の履修が必須のものとまではいい難く、体育科目による教育目的の達成は、他の体育種目の履修などの代替的方法によってこれを行うことも性質上可能というべきである。 　2　他方、前記事実関係によれば、被上告人が剣道実技への参加を拒否する理由は、被上告人の信仰の核心部分と密接に関連する真しなものであった。被上告人は、他の体育種目の履修は拒否しておらず、特に不熱心でもなかったが、剣道種目の点数として35点中のわずか2・5点しか与えられなかったため、他の種目の履修のみで体育科目の合格点を取ることは著しく困難であったと認められる。したがって、被上告人は、信仰上の理由による剣道実技の履修拒否の結果として、他の科目

では成績優秀であったにもかかわらず，原級留置，退学という事態に追い込まれたものというべきであり，その不利益が極めて大きいことも明らかである。また，本件各処分は，その内容それ自体において被上告人に信仰上の教義に反する行動を命じたものではなく，その意味では，被上告人の信教の自由を直接的に制約するものとはいえないが，しかし，被上告人がそれらによる重大な不利益を避けるためには剣道実技の履修という自己の信仰上の教義に反する行動を採ることを余儀なくさせられるという性質を有するものであったことは明白である。

上告人の採った措置が，信仰の自由や宗教的行為に対する制約を特に目的とするものではなく，教育内容の設定及びその履修に関する評価方法についての一般的な定めに従ったものであるとしても，本件各処分が右のとおりの性質を有するものであった以上，上告人は，前記裁量権の行使に当たり，当然そのことに相応の考慮を払う必要があったというべきである。また，被上告人が，自らの自由意思により，必修である体育科目の種目として剣道の授業を採用している学校を選択したことを理由に，先にみたような著しい不利益を被上告人に与えることが当然に許容されることになるものでもない。

3　被上告人は，レポート提出等の代替措置を認めて欲しい旨繰り返し申し入れていたのであって，剣道実技を履修しないまま直ちに履修したと同様の評価を受けることを求めていたものではない。これに対し，D高専においては，被上告人ら「E」である学生が，信仰上の理由から格技の授業を拒否する旨の申出をするや否や，剣道実技の履修拒否は認めず，代替措置は採らないことを明言し，被上告人及び保護者からの代替措置を採って欲しいとの要求も一切拒否し，剣道実技の補講を受けることのみを説得したというのである。本件各処分の前示の性質にかんがみれば，本件各処分に至るまでに何らかの代替措置を採ることの是非，その方法，態様等について十分に考慮するべきであったということができるが，本件においてそれがされていたとは到底いうことができない。

所論は，D高専においては代替措置を採るにつき実際的な障害があったという。しかし，信仰上の理由に基づく格技の履修拒否に対して代替措置を採っている学校も現にあるというのであり，他の学生に不公平感を生じさせないような適切な方法，態様による代替措置を採ることは可能であると考えられる。また，履修拒否が信仰上の理由に基づくものかどうかは外形的事情の調査によって容易に明らかになるであろうし，信仰上の理由に仮託して履修拒否をしようという者が多数に上るとも考え難いところである。さらに，代替措置を採ることによって，D高専における教育秩序を維持することができないとか，学校全体の運営に看過することができない重大な支障を生ずるおそれがあったとは認められないとした原審の認定判断も是認することができる。そうすると，代替措置を採ることが実際上不可能であったということはできない。

所論は，代替措置を採ることは憲法20条3項に違反するとも主張するが，信仰上の真しな理由から剣道実技に参加することができない学生に対し，代替措置として，例えば，他の体育実技の履修，レポートの提出等を求めた上で，その成果に応じた評価をすることが，その目的において宗教的意義を有し，特定の宗教を援助，助長，促進する効果を有するものということはできず，他の宗教者又は無宗教者に圧迫，干渉を加える効果があるともいえないのであって，およそ代替措置を採ることが，その方法，態様のいかんを問わず，憲法20条3項に違反するということで

きないことは明らかである。また、公立学校において、学生の信仰を調査せん索し、宗教を序列化して別段の取扱いをすることは許されないものであるが、学生が信仰を理由に剣道実技の履修を拒否する場合に、学校が、その理由の当否を判断するため、単なる怠学のための口実であるか、当事者の説明する宗教上の信条と履修拒否との合理的関連性が認められるかどうかを確認する程度の調査をすることが公教育の宗教的中立性に反するとはいえないものと解される。これらのことは、最高裁昭和46年（行ツ）第69号同52年7月13日大法廷判決・民集31巻4号533頁の趣旨に徴して明らかである。

　4　以上によれば、信仰上の理由による剣道実技の履修拒否を、正当な理由のない履修拒否と区別することなく、代替措置が不可能というわけでもないのに、代替措置について何ら検討することもなく、体育科目を不認定とした担当教員らの評価を受けて、原級留置処分をし、さらに、不認定の主たる理由及び全体成績について勘案することなく、2年続けて原級留置となったため進級等規程及び退学内規に従って学則にいう「学力劣等で成業の見込みがないと認められる者」に当たるとし、退学処分をしたという上告人の措置は、考慮すべき事項を考慮しておらず、又は考慮された事実に対する評価が明白に合理性を欠き、その結果、社会観念上著しく妥当を欠く処分をしたものと評するほかはなく、本件各処分は、裁量権の範囲を超える違法なものといわざるを得ない。」

第5章 表現の自由
21条を読む

　憲法21条　1項　集会，結社及び言論，出版その他一切の表現の自由は，これを保障する。
　　2項　検閲は，これをしてはならない。通信の秘密は，これを侵してはならない。

I　21条1項の文言解釈と概説

1　一体説と分離説

　21条1項は「集会，結社及び言論，出版その他一切の表現の自由」を保障している。「集会，結社」は「……その他一切の表現の自由」の例示に過ぎず，21条1項は「表現の自由」という一元的な権利を保障したものと読むこともできる（一体説）。他方で，「A，B及びC」という条文があった場合，法令用語上は「A and B and C」と読むのが通常であり，この法令用語の慣例に従った場合には21条1項は「集会」の自由，「結社」の自由，「言論，出版その他一切の表現の自由」の3つの憲法上の権利を定めていると解することになる（分離説，三分説）[*1]。この対立が判例において自覚的に問題とされたことはないが，判例も概ね集会の自由，結社の自由，表現の自由は言葉として使い分けているように思われる。もっとも分離説に立った場合でも，集会・結社の自由は広い意味での表現の自由に属し，相互に密接に関連することに争いはない[*2]。

2　「言論，出版その他一切の表現の自由」の文言解釈

　「言論，出版その他一切の表現の自由」の文言に忠実に解釈すれば，口頭表現を「言論」，印刷媒体による表現を「出版」，それ以外の媒体による表現を「表

現の自由」に割り当てることになろうが，憲法上このような区別をする実質的意義はないため，あらゆる媒体による表現を「表現の自由」の中で一括して読むのが普通である。*3 もっとも，表現媒体は口頭，新聞・雑誌を中心とする印刷メディア，ラジオ・テレビといった放送メディア，郵便・電話等のコモンキャリア，ケーブルテレビやインターネット等の新しいメディアと多様であり，各メディアの特性に応じた異なる憲法的配慮が要請されることがある。*4「言論，出版その他一切の表現の自由」という文言から，このような媒体特殊性に応じた憲法的配慮が要請されていると読み取ることも可能かもしれない。

3 「表現の自由」の保障範囲・保障根拠・審査基準

「表現の自由」という文言を素直に読んだ場合，表現者（情報提供者）の情報発信の自由と捉えうる。*5 しかし，通説は，「表現の自由」の保障範囲を情報収集−情報提供−情報受領という情報流通の全過程にまで及ぼし，この過程に応じて情報収集権，情報提供権，情報受領権が保障されると解している。*6 このように広範に「表現」の内容を把握した場合，「行為」との境界が曖昧になってくるが，戦争反対の意見を伝達するために徴兵カードを多数人の面前で焼却する行為のような象徴的表現も「表現」に含まれる。*7

「表現の自由」は，①言論活動を通じて自己の人格を発展させていくという自己実現の価値，②言論活動を通じて国民が民主的政治過程に参加するという自己統治の価値，③思想の自由な交換を通じて真理を発見する思想の自由市場論に支えられた「優越的人権」である（優越的人権論）。*8 優越的人権である表現の自由は経済的自由と比較して強度の保障を受けるため，その制約は厳格な審査基準に服する（二重の基準論）。表現の自由を保障するための法理として，学説では以下の各手法が提案されている。*9

(1) 表現内容規制・内容中立規制二分論

二重の基準論を前提として，表現内容規制については犯罪のせん動的表現，*10 わいせつ表現，名誉毀損的表現等の一定の「価値の低い言論（low value speech）」を除いて，真にやむを得ない利益（compelling interest）の基準や明白かつ現在の危険（clear and danger）の基準などの厳格審査基準が妥当する。真にやむを得ない利益の基準とは，真にやむを得ない利益を達成するための必要

第5章 表現の自由 057

最小限度の手段であることを審査するものである。明白かつ現在の危険の基準とは、①実質的害悪を引き起こす明白な蓋然性、②当該実質的害悪の重大性および切迫性、③当該実質的害悪を避けるのに必要不可欠な規制手段であることを審査するものである。

一方で、表現内容中立規制については立法目的が十分に重要であり、規制手段について立法目的を達成できるより制限的でない手段（Less Restrictive Alternatives）の有無を具体的に審査するLRAの基準が原則として妥当するものと解されている。

このように二重の基準論を前提としながら表現内容規制・内容中立規制二分論を用いて厳格度の異なる審査基準を適用するのが通説である。[11]

(2) 検閲・事前抑制禁止の原則

公権力が表現の自由を事前に抑制する規制は、思想の自由市場に出る前に表現を禁止し、手続保障の不十分性や広汎な抑止効果が生じ得る点で、事後規制と比較して忌避されるべきものである。[12] この趣旨を踏まえて、21条2項前段は「検閲は、これをしてはならない。」と規定し「検閲」を絶対的に禁止する。絶対的禁止の対象となる「検閲」概念については判例・学説の間で乖離がある。

通説は、「検閲」とは「公権力が外に発表されるべき思想の内容をあらかじめ審査し、不適当と認めるときは、その発表を禁止する行為」と定義し、検閲主体を行政権のみならず公権力、検閲対象を思想内容のみならず表現内容、検閲時期を発表前のみならず受領前をも広く含むものとする。[13] 一方で税関検査事件（判例21-1）は、21条2項前段について国内外の歴史的経験に照らして「公共の福祉を理由とする例外の許容（憲法12条、13条参照）をも認めない趣旨」として検閲が絶対禁止であることを述べると同時に、歴史的沿革から「行政権が主体となつて、思想内容等の表現物を対象とし、その全部又は一部の発表の禁止を目的として、対象とされる一定の表現物につき網羅的一般的に、発表前にその内容を審査した上、不適当と認めるものの発表を禁止することを、その特質として備えるものを指すと解すべき」と極めて狭く定義する。検閲主体＝行政権、検閲対象＝表現物につき網羅的一般的、検閲時期＝発表前と限定する判例の定式は、学説からは狭すぎると批判を受けている。

「検閲」概念から漏れ落ちた表現活動についても、その事前抑制は原則的に

禁止される（事前抑制禁止の原則）。北方ジャーナル事件（判例21-2）は，「表現行為に対する事前抑制は，表現の自由を保障し検閲を禁止する憲法21条の趣旨に照らし，厳格かつ明確な要件のもとにおいてのみ許容されうるものといわなければならない」とし，事前抑制を原則的に禁止した。

(3) 明確性の理論——漠然性ゆえに無効の法理と過度の広汎性ゆえに無効の法理

31条により要請される罪刑法定主義によれば，①国民に対して法規の内容につき事前の「公正な告知」を与え，②法規執行者の恣意的判断を抑制するために，刑罰法規一般に明確性が要請される。表現の自由に対する刑罰規制は，本来合憲的に行うことができる表現行為を差し控えさせる萎縮的効果を有するため，明確性の要請が強く，漠然不明確な表現規制立法は原則として文面上違憲となる（漠然性ゆえに無効の法理）。法文が明確であっても，規制範囲が過度に広汎である場合には，その存在自体がやはり表現活動に対して萎縮的効果を及ぼすため，文面上違憲となる（過度の広汎性ゆえに無効の法理）。

(4) 小 括

以上のように，表現の自由を情報流通の全過程保障とし，優越的人権論，二重の基準論，表現の自由の各法理により表現の自由の限界を設定するというのが通説である。一方で判例は「表現の自由」の保障範囲につき情報流通の全過程保障と捉えておらず，学説のような厳格な違憲審査基準を採用していない，というのが現状である。

Ⅱ 判例と低価値表現または保障程度の低い表現

1 せん動

犯罪または法令による禁止行為を引き起こす危険性を有するせん動（あおり）を処罰する立法について，最高裁は表現の自由の保障を及ぼしていない。食糧緊急措置令事件（最大判昭24年5月18日刑集3巻6号839頁）は「主要食糧ノ政府ニ対スル売渡ヲ為サザルコトヲ煽動シタル者」を処罰する食糧緊急措置令11条について「政府の政策を批判し，その失政を攻撃するに止るものではなく，国民として負担する法律上の重要な義務の不履行を慫慂し，公共の福祉を害するもの」として「言論の自由の限界を逸脱」するとした。破防法事件（最判平

成2年9月28日刑集44巻6号463頁）は，破壊活動防止法39条，40条の「せん動」罪について「右のようなせん動は，公共の安全を脅かす現住建造物等放火罪，騒擾罪等の重大犯罪をひき起こす可能性のある社会的に危険な行為であるから，公共の福祉に反し，表現の自由の保護を受けるに値しないものとして，制限を受けるのはやむを得ない」とした。

このように最高裁はせん動により犯罪行為等が引き起こされる抽象的危険があるだけでせん動的表現を表現の自由の保障対象外としているが，学説ではアメリカ連邦最高裁の採用する明白かつ現在の危険の基準やブランデンバーグ基準（暴力・違法行為の唱道が差し迫った違法行為をせん動し又は生ぜしめることに向けられ，かつ，そのような行為をせん動し又は生ぜしめる蓋然性がある場合に限り唱道を禁止できるとする基準）[*15]を採用すべきとする見解が強い[*16]。

2 わいせつ表現

刑法175条は「わいせつ」物の頒布等を処罰しており，21条適合性が問題とされてきた。チャタレイ事件（最大判昭和32年3月13日刑集11巻3号997頁）は，「性的秩序を守り，最少限度の性道徳を維持することが公共の福祉の内容をなす」として，性秩序・道徳維持を正当化根拠に21条違反を否定した。また規制対象である「わいせつ」概念について大審院判例以来の「徒らに性欲を興奮又は刺戟せしめ，且つ普通人の正常な性的羞恥心を害し，善良な性的道義観念に反するものをいう」という定義を踏襲し，わいせつか否かは「社会通念」に基づき判断し，わいせつ性の存否は「純客観的に，つまり作品自体からして判断されなければならず，作者の主観的意図によつて影響さるべきものではない」とした。

その後，悪徳の栄え事件（最大判昭和44年10月15日刑集23巻10号1239頁）は「文書の個々の章句の部分は，全体としての文書の一部として意味をもつものであるから，その章句の部分の猥褻性の有無は，文書全体との関連において判断されなければならない」とし，「わいせつ」の判断手法として全体的考察方法を採用した。また，四畳半襖の下張事件（最判昭和55年11月28日刑集34巻6号433頁）は，「文書のわいせつ性の判断にあたつては，当該文書の性に関する露骨で詳細な描写叙述の程度とその手法，右描写叙述の文書全体に占める比重，文書に

表現された思想等と右描写叙述との関連性，文書の構成や展開，さらには芸術性・思想性等による性的刺激の緩和の程度，これらの観点から該文書を全体としてみたときに，主として，読者の好色的興味にうつたえるものと認められるか否かなどの諸点を検討することが必要であり，これらの事情を総合し，その時代の健全な社会通念に照らして，それが『徒らに性欲を興奮又は刺激せしめ，かつ，普通人の正常な性的羞恥心を害し，善良な性的道義観念に反するもの』……といえるか否かを決すべきである」として全体的考察方法の具体的内容を明示した。[17] 近年のメイプルソープ事件（最判平成20年2月19日民集62巻2号445頁）は，「本件写真集における芸術性など性的刺激を緩和させる要素の存在，本件各写真の本件写真集全体に占める比重，その表現手法等の観点から写真集を全体としてみたときには，本件写真集が主として見る者の好色的興味に訴えるものと認めることは困難といわざるを得ない」とし，全体的考察方法を用いながら「わいせつ」概念該当性を否定したことで注目を集めた。

性秩序・道徳維持を正当化根拠にわいせつ文書規制を合憲とした上で，「わいせつ」該当性について全体的考察方法を用いながら社会通念に従い客観的に判断する，というのが判例の到達点である。学説では，わいせつ文書規制の正当化根拠について，①性秩序・道徳維持のほかに，②性犯罪等の防止，③受け手の見ない自由，④青少年保護等の各根拠を検討し，①②は実証的に疑わしいものであるとして排斥しつつ，③や④の論拠を重視しながら青少年に対する販売規制やゾーニング規制等を正当化し，これを超える刑法175条を過度に広汎な規制として違憲とする見解がある。[18] 刑法175条を合憲とする場合でも総合考慮で「わいせつ」性を判断する判例の手法を批判し，ハードコアポルノと準ハードコアポルノを区分して前者のみを表現の自由の保障対象外とする修正写真誌事件（最判昭和58年3月8日刑集37巻2号15頁）の伊藤正己裁判官補足意見を評価する見解も多い。[19]

3　有害表現

「わいせつ」に至らない程度の有害な性表現についても，地方自治体の青少年健全育成条例による有害図書規制が行われている。岐阜県青少年保護条例事件（判例21-3）は，「有害図書の自動販売機への収納の禁止は，青少年に対す

る関係において，憲法21条1項に違反しないことはもとより，成人に対する関係においても，有害図書の流通を幾分制約することにはなるものの，青少年の健全な育成を阻害する有害環境を浄化するための規制に伴う必要やむをえない制約」とした。伊藤正己裁判官の補足意見が「ある表現が受け手として青少年にむけられる場合には，成人に対する表現の規制の場合のように，その制約の憲法適合性について厳格な基準が適用されない」として，明白かつ現在の危険の基準，LRAの基準，事前抑制禁止の原則，明確性の原則はそのまま適用されないものとしている点が重要である。[*20]

4　名誉毀損

　名誉毀損については刑事責任（刑法230条），民事責任（民法709条）が問われるが，政府，公務員，公人批判等も規制されうるため，表現の自由との調整が必要となる。判例・学説は，刑法230条の2の免責事由を表現の自由と名誉権との調整規定とし，刑法230条の2第1項の①事実の公共性[*21]，②目的の公益性，③真実性の証明がされた場合には，刑事責任のみならず，民事上の不法行為責任も免責される，とする（署名狂やら殺人前科事件・最判昭和41年6月23日民集20巻5号1118頁。真実性の抗弁）。また，以下のいくつかの法理により表現の自由を保護することを試みている。なお，名誉権に基づき表現活動を差し止める場合には，判例は刑法230条の2を参考にしつつその要件を加重し，「その表現内容が真実でなく，又はそれが専ら公益を図る目的のものでないことが明白であつて，かつ，被害者が重大にして著しく回復困難な損害を被る虞がある」場合に限っている（北方ジャーナル事件・判例21-2）。

　①相当性の法理：夕刊和歌山時事事件（最大判昭和44年6月25日刑集23巻7号975頁）は，「行為者がその事実を真実であると誤信し，その誤信したことについて，確実な資料，根拠に照らし相当の理由があるときは，犯罪の故意がなく，名誉毀損の罪は成立しないものと解するのが相当である」とした。不法行為責任についても署名狂やら殺人前科事件（最大判昭和41年6月23日民集20巻5号1118頁）が同趣旨の判断をしている。平和神軍観察会事件（最決平成22年3月15日刑集64巻2号1頁）では，インターネット上の名誉毀損で相当性の法理の緩和ができるかが問題となったが，これは否定された。

②配信サービスの抗弁：相当性の法理を前提とすると，新聞社は自ら詳細な裏付け取材をしなければ免責されないと考えるのが素直であり，この考えを推し進めてロス疑惑共同通信事件（最判平成14年1月29日民集56巻1号185頁）は，通信社から配信を受けた記事をそのまま掲載した新聞社に免責を認める配信サービスの抗弁を認めることなく「真実と信ずるについて相当の理由」を否定した。ただし，東京女子医大病院事件（最判平成23年4月28日民集65巻3号1499頁）は，通信社と新聞社の「報道主体としての一体性を有すると評価することができるとき」には，「これを漫然と掲載したなど特段の事情のない限り」，相当性の法理が適用されるとした。通信社と新聞社の「一体性」を根拠に通信社の取材を新聞社の取材と同視することにより，相当性の法理と整合性を保ちながら免責する法律構成であると考えられる。[22]

　③公正な論評の法理：事実の適示がない意見・論評について名誉毀損罪は成立しないが，民事上の不法行為は成立しうる。この場合，意見・論評自体の真実性は問題にならないため，事実適示型を念頭においた真実性・真実相当性の抗弁と異なる表現の自由の保護法理が必要となる。[23] 長崎教師批判ビラ事件（最判平成元年12月21日民集43巻12号2252頁）は，「公共の利害に関する事項について自由に批判，論評を行うことは，もとより表現の自由の行使として尊重されるべき」とし，「その目的が専ら公益を図るものであり，かつ，その前提としている事実が主要な点において真実であることの証明があったときは，人身攻撃に及ぶなど論評としての域を逸脱したものでない限り，名誉侵害の不法行為の違法性を欠くものというべきである」とした。さらに，「意見ないし論評の前提としている事実が真実であることの証明がないとき」にも，「行為者において右事実を真実と信ずるについて相当の理由」があれば故意・過失は否定される，とした（ロス疑惑夕刊フジ事件・最判平成9年9月9日民集51巻8号3804頁）。

● 5　プライバシー侵害

　表現の自由とプライバシー権との調整の場面においても，差止請求，不法行為責任（民法709条）が問題となる。プライバシーの侵害要件は不明確である。この点，リーディングケースである宴のあと事件（東京地判昭和39年9月28日判時385号12頁）は，下級審ではあるが，プライバシー権を「私生活をみだりに公

開されないという法的保障ないし権利」と定義し、プライバシー侵害要件について①私生活上の事実または私生活上の事実らしく受け取られるおそれのあることがらであること、②一般人の感受性を基準にして当該私人の立場に立った場合公開を欲しないであろうと認められることがらであること、③一般の人々に未だ知られていないことがらであること、という3要件を定立したことがある。

　プライバシー権に基づく差止請求については、石に泳ぐ魚事件（最判平成14年9月24日判時1802号60頁）が「公共の利益に係わらない被上告人のプライバシーにわたる事項を表現内容に含む本件小説の公表により公的立場にない被上告人の名誉、プライバシー、名誉感情が侵害されたものであって、本件小説の出版等により被上告人に重大で回復困難な損害を被らせるおそれがある」として差止請求を認めたことがあるが、最高裁の判断基準は未だ明らかではない。

　損害賠償の場面における表現の自由とプライバシーの調整では、ノンフィクション逆転事件（最判平成6年2月8日民集48巻2号149頁）が「ある者の前科等にかかわる事実を実名を使用して著作物で公表したことが不法行為を構成するか否かは、その者のその後の生活状況のみならず、事件それ自体の歴史的又は社会的な意義、その当事者の重要性、その者の社会的活動及びその影響力について、その著作物の目的、性格等に照らした実名使用の意義及び必要性をも併せて判断すべきもので、その結果、前科等にかかわる事実を公表されない法的利益が優越するとされる場合には、その公表によって被った精神的苦痛の賠償を求めることができる」として比較衡量の枠組みを用いた（長良川事件・最判平成15年3月14日民集57巻3号229頁も同様の手法をとる。）。和歌山カレー毒殺事件（最判平成17年11月10日民集59巻9号2428頁）でも、「被撮影者の社会的地位、撮影された被撮影者の活動内容、撮影の場所、撮影の目的、撮影の態様、撮影の必要性等を総合考慮して、被撮影者の上記人格的利益の侵害が社会生活上受忍の限度を超えるものといえるかどうかを判断して決すべき」として比較衡量論をとる。[24]

● 6　営利的表現

　商品・サービスを広告する営利的表現が21条の保障を受けるか、その保障の

程度はどの程度かについては争いがある。あん摩師等法事件（判例21-4）は，一定の例外を除き，あん摩師等の業務または施術所に関する営利広告を原則全面禁止していたあん摩師等法について，「患者を吸引しようとするためややもすれば虚偽誇大に流れ，一般大衆を惑わす虞があり，その結果適時適切な医療を受ける機会を失わせるような結果を招来することをおそれたため」であり，「国民の保健衛生上の見地から，公共の福祉を維持するためやむをえない措置」として21条違反を否定した。法廷意見の理論構成は必ずしも明らかではない。営利的表現は経済活動の自由，職業の自由の問題であるとする見解もあるが（垂水裁判官補足意見），表現の自由の保障範囲に含まれつつも，その保障程度は政治的表現等と比較すると低いものと考えていた可能性もある。あん摩師等法事件には，真実，正当広告まで一律禁止していた点で違憲無効説をとる奥野裁判官少数意見（河村裁判官同調）が付されている。

学説では，一般の表現の自由と同等の厳格な審査基準による保護が及ぶとする見解もあるが，自己実現，自己統治または思想の自由市場論といった表現の自由の保障根拠との関連性が薄いことから保障の程度を緩和する見解が強い。また情報の受け手の自己決定を支援する権利として営利的表現を把握しつつ，情報の受け手の自律性から営利的表現の保障根拠と規制根拠を規律する見解も有力である。人権論はあくまで本人の主体的権利として理解されるべきであって情報受領者の利益を根拠に21条1項の保障を与える見解を否定し，経済的自由の問題と捉える見解も出てきている。

営利的表現の自由に厳格度の緩和された違憲審査基準を適用する場合，アメリカ連邦最高裁のセントラル・ハドソン・テストを参照し，①合法的活動に関する真実で人を誤解させない表現であること，②規制利益が実質的であること，③規制手段が規制利益を直接促進すること，④規制利益達成のための必要以上に広汎ではないことを審査すべきとすることが多い。

● 7　財産権，管理権侵害，美観風致の維持の利益との衝突

日本の判例では表現の自由と財産権・管理権が衝突した場合に，財産権・管理権を優位に置く思考がとられている。表現の自由の優越的地位というのは経済的自由よりも優越するという意味であって，表現の自由のために他者の利益

を無視してよいという意味ではない，というのがその理由のようである。判例では，「たとい思想を外部に発表するための手段であっても，その手段が他人の財産権，管理権を不当に害するごとき」は許されないとされている。電柱ビラ貼り軽犯罪法違反事件（最大判昭和45年6月17日刑集24巻6号280頁）は，はり札等を規制する軽犯罪法1条33号前段の保護法益を「主として他人の家屋その他の工作物に関する財産権，管理権」と捉えて，この判例の定式を述べて合憲とする（駅構内ビラ配布事件・最判昭59年12月18日刑集38巻12号3026頁も同様の論理をとる）。近年では，立川ビラ配布事件（判例21-5）が，自衛隊宿舎の敷地内でのビラ配布行為に対して刑法130条前段の住居侵入罪が適用された事案で「管理権者の管理権」侵害および「私的生活を営む者の私生活の平穏」侵害により同様の定式で簡単に合憲とする。葛飾ビラ配布事件（最判平成21年11月30日刑集63巻9号1765頁）も立川ビラ配布事件を踏襲する。もっとも，最高裁も財産権，管理権侵害があれば直ちに表現の自由規制が許容されると考えているわけではなく，財産権，管理権を「不当に」害する場合に限定している。駅構内ビラ配布事件の伊藤正己裁判官補足意見が，「形式的に刑罰法規に該当する行為は直ちに不当な侵害になると解するのは適当ではなく，そこでは，憲法の保障する表現の自由の価値を十分に考慮したうえで，それにもかかわらず表現の自由の行使が不当とされる場合に限つて，これを当該刑罰法規によつて処罰しても憲法に違反することにならないと解される」とし，実質的な利益衡量論の必要性を説いているのが参考になろう。

　直ちに他者の財産権，管理権侵害にならない公共物に対するビラ貼りの場合には，最高裁はやや異なる表現をとる。大阪市屋外広告物条例事件（最大判昭和43年12月18日刑集22巻13号1549頁）は「都市の美観風致を維持することは，公共の福祉を保持する所以であるから，この程度の規制は，公共の福祉のため，表現の自由に対し許された必要且つ合理的な制限と解する」とし，大分県屋外広告物事件（最判昭和62年3月3日刑集41巻2号15頁）も同趣旨の判断をしている。大分県屋外広告物事件の伊藤正己裁判官補足意見が「それぞれの事案の具体的な事情に照らし，広告物の貼付されている場所がどのような性質をもつものであるか，周囲がどのような状況であるか，貼付された広告物の数量・形状や，掲出のしかた等を総合的に考慮し，その地域の美観風致の侵害の程度と掲出さ

れた広告物にあらわれた表現のもつ価値とを比較衡量した結果，表現の価値の有する利益が美観風致の維持の利益に優越すると判断されるときに，本条例の定める刑事罰を科することは，適用において違憲となるのを免れない」として適用違憲による救済可能性を指摘している点は重要である。

8　ヘイトスピーチ（差別的表現）

　人種・民族・宗教・性等の少数者（マイノリティ）集団に対する憎悪・偏見に基づく表現——いわゆるヘイトスピーチ（差別的表現，憎悪表現とも呼ばれる。）規制の可否・限界が，とりわけ近年では注目を浴びている。ヘイトスピーチ規制の手法としては，脅迫罪，名誉毀損罪，侮辱罪等の既存の刑法に基づく刑事規制，不法行為や人格権に基づく差止請求権を裁判所が認容することによる民事規制，新規立法を行って行政機関として独立の人権委員会を設立し被害者に対する救済措置を行う行政手法等の多様な方法がありうる[*35]。しかし，特定人と関わりのない集団全体に対するヘイトスピーチの場合には，脅迫罪等による刑事規制や不法行為等の民事的救済も難しいとされており，人権委員会による強制力のある行政救済も現状では存在しない。そのため，ヘイトスピーチを現状存在する刑事・民事・行政規制の枠内でどう取り扱うかという解釈論や新規のヘイトスピーチ規制立法を行おうとする立法論において，21条1項との関係が問題となる。

　ヘイトスピーチは特定の思想表明の側面を有しうるので21条1項の「表現」に含まれると解するのが一般的であるが，マイノリティ集団に属する特定個人の人格的利益を損なうものであり（13条），差別意識を助長することにより平等権（14条1項）に抵触し，あるいは，被差別集団に沈黙を強いて反論を不可能にするという沈黙効果（silencing effect）をもたらす等により表現の自由（21条1項）との関係でも問題性を孕むという害悪を有している[*36]。ヘイトスピーチ規制の合憲性を検討するにあたっては，これらの諸害悪に照らしてわいせつ表現等と並ぶ表現内容規制の例外領域としての低価値表現とヘイトスピーチを取り扱えるか[*37]，通常の表現内容規制と同様に捉えた場合に刑事・民事・行政規制の限界はどのように設定されるか[*38]，新聞・放送・インターネットといった表現媒体の特性に応じた規制の違いがありうるか等が問題となろう[*39]。

第5章　表現の自由　067

裁判になったものとしては，京都朝鮮学園襲撃事件がある。同事件では，既存の法規制の枠内で刑事規制・民事規制・行政手法が投入された。すなわち，同事件の関係者は刑事手続により侮辱罪，器物損壊罪，威力業務妨害罪で刑罰を科されており，民事裁判では不法行為責任が認められ，法務省人権擁護局からは関係団体の代表者に対して強制力のない勧告が出された。民事裁判では，特定人に対する不法行為として損害賠償責任が認められたが，通常の不法行為責任よりも高額の無形損害の賠償を命じられており，今後の実務の参考となろう（京都地判平成25年10月7日判時2208号74頁，大阪高判平成26年7月8日判時2232号34頁，最決平成26年12月9日判例集未登載）。

III 判例と合憲性判定基準──最高裁の利益衡量論

1 昭和50年以降の判例傾向

学説では上記IIで検討したような低価値言論・保障程度の低い言論類型に該当しない場合には，二重の基準論，表現内容規制・内容中立規制二分論等の表現の自由の法理を用いて表現の自由に厳格な審査による保護を与える。一方，昭和50年以降の最高裁は，一定の利益を確保しようとする目的のために制限が必要とされる程度と，制限される自由の内容および性質，これに加えられる具体的制限の態様および程度等を具体的に比較衡量する利益衡量論を採ってきており[*40]，利益衡量が無原則，無定量にならないように「判断指標」として事案に応じて明白かつ現在の危険の基準，必要最小限度性の原則，LRAの基準等の厳格な審査基準やその精神を併せ考慮する立場である[*41]（枠付けられた利益衡量論）。また利益衡量が困難であり，あるいは，恣意的判断の可能性がない場合には，特に厳格な審査基準を考慮しないで利益衡量を行うこともある[*42]（生の利益衡量論）。代表的な判例を挙げると，次のとおりである。

2 枠付けられた利益衡量論

よど号ハイジャック記事抹消事件（判例21-6）は，「監獄内の規律及び秩序の維持のためにこれら被拘禁者の新聞紙，図書等の閲読の自由を制限する場合においても，それは，右の目的を達するために真に必要と認められる限度にと

どめられるべきもの」であり、「当該閲読を許すことにより右の規律及び秩序が害される一般的、抽象的なおそれがあるというだけでは足りず、被拘禁者の性向、行状、監獄内の管理、保安の状況、当該新聞紙、図書等の内容その他の具体的事情のもとにおいて、その閲読を許すことにより監獄内の規律及び秩序の維持上放置することのできない程度の障害が生ずる相当の蓋然性があると認められることが必要であり、かつ、その場合においても、右の制限の程度は、右の障害発生の防止のために必要かつ合理的な範囲にとどまるべきものと解する」としている。「相当の蓋然性」の判示部分は明白かつ現在の危険の基準とは異なるがその精神を考慮したものであり、「真に必要と認められる限度」や「必要かつ合理的な範囲」の判示部分は必要最小限度性の原則を考慮したものである。[*43]

　泉佐野市民会館事件（判例21-7）は、利益衡量論を前提としつつ、その判断指標として「単に危険な事態を生ずる蓋然性があるというだけでは足りず、明らかな差し迫った危険の発生が具体的に予見されることが必要である」とし、明白かつ現在の危険の基準に示唆を受けた明らかに差し迫った危険の基準を適用している。[*44]

　税関検査事件（判例21-1）は、わいせつ文書等の「単なる所持自体は処罰の対象とされていないから、最小限度の制約としては、単なる所持を目的とする輸入は、これを規制の対象から除外すべき」であるとして必要最小限度性の原則の観点から検討する姿勢を見せつつ、「いかなる目的で輸入されるかはたやすく識別され難いばかりでなく、流入した猥褻表現物を頒布、販売の過程に置くことが容易であることは見易い道理」とし「その流入を一般的に、いわば水際で阻止することもやむを得ない」とする（水際阻止論）。所持目的を問わず輸入規制をする以外の方法がないことを審査しており、これはLRAの基準を意識したものである。[*45]

　北方ジャーナル事件（判例21-2）は、既に述べたように事前抑制禁止の原則をとっている。

　税関検査事件（判例21-1）は「表現の自由を規制する法律の規定について限定解釈をすることが許されるのは、その解釈により、規制の対象となるものとそうでないものとが明確に区別され、かつ、合憲的に規制し得るもののみが規

第5章　表現の自由　　069

制の対象となることが明らかにされる場合でなければならず、また、一般国民の理解において、具体的場合に当該表現物が規制の対象となるかどうかの判断を可能ならしめるような基準をその規定から読みとることができるものでなければならない」、「かかる制約を付さないとすれば、規制の基準が不明確であるかあるいは広汎に失するため、表現の自由が不当に制限されることとなるばかりでなく、国民がその規定の適用を恐れて本来自由に行い得る表現行為までも差し控えるという効果を生むこととなるからである」として、表現の自由の萎縮的効果から明確性の理論（漠然性ゆえに無効の法理、過度の広汎性ゆえに無効の法理）を根拠付けている。

● 3 　生の利益衡量論

　成田新法事件（判例21-8）は「制限が必要とされる程度と、制限される自由の内容及び性質、これに加えられる具体的制限の態様及び程度等を較量して決めるのが相当である」とし、これ以上の「判断指標」を定立しない生の利益衡量を行った[*46]。広島市暴走族事件（判例21-9）でも特に審査基準を定立しない生の利益衡量論が採用されている[*47]。

● 4 　合理的関連性の基準

　枠付けられた利益衡量や生の利益衡量とは異なり、表現の自由の領域において合理的関連性の基準を適用しているかのような判例が存在する[*48]。昭和50年以前に出された昭和49年の猿払事件（判例21-10）は、①禁止の目的、②この目的と禁止される政治的行為との関連性、③政治的行為を禁止することにより得られる利益と禁止することにより失われる利益との均衡の3点に基づく緩やかな（合理的関連性の基準相当の）猿払基準を定立し、その後の判例に大きな影響を与える強力な磁場を形成していた（例えば、戸別訪問禁止違反事件・最判昭和56年6月15日刑集35巻4号205頁、寺西判事補事件・最大決平成10年12月1日民集52巻9号1761頁等）。

　しかし、猿払事件と同じ規定の違憲審査を行った平成24年の堀越事件（判例21-11）・世田谷事件（最判平成24年12月7日刑集66巻12号1722頁）は、上記昭和50年以降の判例傾向のうち枠付けられた利益衡量により審査を行った[*49]。すなわち

堀越事件は、「本件罰則規定の目的のために規制が必要とされる程度と、規制される自由の内容及び性質、具体的な規制の態様及び程度等を較量して決せられるべきものである」とし、総論として利益衡量論を採用しつつ、「その制限は必要やむを得ない限度にとどまり、前記の目的を達成するために必要かつ合理的な範囲のものというべきである」（必要最小限度性の原則を意識）、「本件罰則規定は、不明確なものとも、過度に広汎な規制であるともいえない」（漠然性ゆえに無効の法理、過度の広汎性ゆえに無効の法理を意識）として厳格な基準により枠付けを行った。[*50]

このように堀越事件により猿払基準は葬られたかのように見えるが、堀越事件以降においても猿払基準が適用されうるかについては検討を要する。堀越事件の調査官解説の整理[*51]を参考にすると猿払事件の2つの理解がありうる。第一は、生の利益衡量論が採用された判例と同様に、利益衡量が困難又は恣意的判断の可能性がない場合に該当するとして審査基準を切り下げているとの理解である。[*52]第二は、①立法裁量論（公務員制度に係る法令に関する立法裁量。憲法15条、73条4号等）、②対抗利益の重大性（公務員の政治的中立性の維持は国民全体の重要な利益であること）、③間接的・付随的制約論（意見表明そのものの制約をねらいとしてではなく、その行動のもたらす弊害の防止をねらいとして禁止する規制であること）の各根拠から審査基準を切り下げる理解である。このうち①が最も重要であり、戸別訪問禁止違反事件は選挙制度の立法裁量論、寺西判事補事件は裁判官の服務についての立法裁量論により説明可能とされる。堀越事件は、このいずれの論拠も妥当しないことから枠付けられた利益衡量を用いたものと思われるが、その他の領域については各論拠の個別の検討を要する。

違憲審査基準は事前に基準を定立して裁判官の恣意的判断を抑制する機能を有するものであるから、裁判官が自縄自縛を避ける観点から生の利益衡量を採用するのは背理であり、生の利益衡量論はそもそも判例から放逐していくべきであって、猿払基準の第一の理解を採るのは妥当ではない。

猿払基準の第二の理解のうち①の立法裁量論については、個別の憲法条項に基づく制度形成の立法裁量が具体的に論証されれば別論として、精神的自由、特に表現の自由に広範な立法裁量を認めるのは謙抑的であるべきである。[*53]②の対抗利益の重大性から審査基準を切り下げる思考についても、憲法学説では規

制によりインパクトを受ける人権を起点として審査基準を形成すべきであり、規制により得られる国家利益を起点に基準論を形成すべきではないとの見解が支配的である。*54 ③間接的・付随的制約論については、アメリカの判例法理を参考にして表現内容規制でも表現の自由に対する間接的・付随的規制にとどまる場合に審査基準を緩和する議論は日本でも存在するが、猿払事件のように「間接的、付随的な制約」を「意見表明そのものの制約をねらいとしてではなく、その行動のもたらす弊害の防止をねらいとして禁止する」ものと広範に捉えることは妥当ではなかろう。*56

いずれにしても生の利益衡量論や合理的関連性の基準を採用するものは判例の中でも少数であり、特別の理由がなければ枠付けられた利益衡量論が適用される、というのが判例の考え方であろう。*57

Ⅳ 判例と情報受領権・情報収集権

1 学説と判例

最高裁は送り手中心主義的な表現の自由観を有しているように思われ、学説のように情報受領権・情報収集権を包括的に21条1項の保障の下に置いているわけではない。そのため、最高裁がどのような根拠・範囲・程度で情報受領権・情報収集権に21条1項の保障を与えているのかを個別に見ていく必要がある。

2 情報摂取等の自由

よど号ハイジャック記事抹消事件（判例21-6）は、「およそ各人が、自由に、さまざまな意見、知識、情報に接し、これを摂取する機会をもつことは、その者が個人として自己の思想及び人格を形成・発展させ、社会生活の中にこれを反映させていくうえにおいて欠くことのできないものであり、また、民主主義社会における思想及び情報の自由な伝達、交流の確保という基本的原理を真に実効あるものたらしめるためにも、必要なところである」として、学説のいう自己実現・自己統治の価値と重なる根拠を挙げつつ、「これらの意見、知識、情報の伝達の媒体である新聞紙、図書等の閲読の自由が憲法上保障されるべきことは、思想及び良心の自由の不可侵を定めた憲法19条の規定や、表現の自由

を保障した憲法21条の規定の趣旨，目的から，いわばその派生原理として当然に導かれるところであり，また，すべて国民は個人として尊重される旨を定めた憲法13条の規定の趣旨に沿うゆえんでもある」として，情報摂取等の自由の一環として閲読の自由を保障する。

法廷メモ訴訟（判例21-12）は，よど号ハイジャック記事抹消事件と同様に情報摂取等の自由を21条1項の派生原理として保障した上で，筆記行為について「さまざまな意見，知識，情報に接し，これを摂取することを補助するものとしてなされる限り，筆記行為の自由は，憲法21条1項の規定の精神に照らして尊重されるべき」とした。法廷メモ訴訟は，筆記行為の自由を21条1項の直接的保障領域に置かず，その精神に照らして「尊重」されるにとどまるとし，その結果として厳格審査基準による保護を否定し，保障の程度を切り下げた。[*58]

3 報道の自由・取材の自由

付審判請求事件を審理する裁判所によるテレビフィルム提出命令の21条適合性が争点となった博多駅テレビフィルム提出命令事件（判例21-13）は，「報道機関の報道は，民主主義社会において，国民が国政に関与するにつき，重要な判断の資料を提供し，国民の『知る権利』に奉仕するものである。したがつて，思想の表明の自由とならんで，事実の報道の自由は，表現の自由を規定した憲法21条の保障のもとにあることはいうまでもない」として，報道の自由を21条の直接的保障の下に置く一方で，「このような報道機関の報道が正しい内容をもつためには，報道の自由とともに，報道のための取材の自由も，憲法21条の精神に照らし，十分尊重に値いするものといわなければならない」とし，取材の自由に対して（厳格審査ではなく）単純な利益衡量論による保護を与える。[*59] 検察官による差押処分のケースで日本テレビ事件（最決平成元年1月30日刑集43巻1号19頁），警察による差押処分のケースでTBS事件（最決平成2年7月9日刑集44巻5号421頁）が博多駅テレビフィルム提出命令事件と同じ判断枠組みを用いている。

外務省秘密電文漏洩事件（最判昭和53年5月31日刑集32巻3号457頁）では，新聞記者の公務員に対する取材行為を秘密漏示そそのかし罪（国家公務員法111条）で処罰することが，博多駅テレビフィルム提出命令事件で承認された取材の自

由に抵触しないかが問題となった。同事件は，「真に報道の目的からでたものであり，その手段・方法が法秩序全体の精神に照らし相当なものとして社会観念上是認される」場合には正当業務行為として違法性が阻却されることを示しながらも，「報道機関といえども，取材に関し他人の権利・自由を不当に侵害することのできる特権を有するものでないことはいうまでもなく，取材の手段・方法が贈賄，脅迫，強要等の一般の刑罰法令に触れる行為を伴う場合は勿論，その手段・方法が一般の刑罰法令に触れないものであつても，取材対象者の個人としての人格の尊厳を著しく蹂躙する等法秩序全体の精神に照らし社会観念上是認することのできない態様のものである場合にも，正当な取材活動の範囲を逸脱し違法性を帯びるものといわなければならない」とし，結論として正当業務行為性を否定した。

4　取材源秘匿

　刑事裁判で宣誓・証言を拒否したため証言拒絶罪（刑事訴訟法161条）で起訴された事案が問題となった石井記者事件（最大判昭和27年8月6日刑集6巻8号974頁）は，「未だいいたいことの内容も定まらず，これからその内容を作り出すための取材に関しその取材源について……証言拒絶の権利までも保障したものとは到底解することができない」とし，取材源秘匿の自由を否定した。一方で，NHK記者証言拒絶事件（判例21-14）[*60]は，民事裁判において取材源が「職業の秘密」（民事訴訟法197条1項3号）にあたりうるとし，比較衡量の判断枠組みを用いながらも取材の自由の観点から特段の事情のない限り「証人は，原則として，当該取材源に係る証言を拒絶することができると解する」と判示した。[*61]

5　政府情報公開請求権

　学説の多くは，国家に対する防御権・自由権としての表現の自由のみならず，国民の「知る権利」を保障する観点から政府情報公開請求権まで21条の保障内容に含まれると解する。ただし，学説でも，政府情報公開請求権は，政府の積極的作為を要するため，立法による具体化を必要とする抽象的権利である，という理解が一般的である。[*62]現在，国では情報公開法，地方自治体では情

報公開条例が制定されており，これらの立法と政府情報公開請求権の関係が問題となる。

ここで大阪府知事交際費公文書公開請求事件（最判平成6年1月27日民集48巻1号53頁）は，21条や知る権利に言及することなく非公開事由該当性を判断しており，最高裁の立場は明らかではない。ただし，同事件の担当調査官である千葉勝美は情報公開条例を抽象的権利たる「知る権利」を具体化・制度化したものと位置づける一方で，①具体的な情報公開請求権の内容，範囲等は立法政策の問題であることから同事件ではあえて21条や知る権利への言及がなされなかったこと，②条例を離れて21条の趣旨，目的から解釈基準を直接導くことは避けるべきであること，③条例に「知る権利」が明示されれば，その趣旨，目的を適用除外条項の解釈において考慮しうることを述べている[*63]。しかし，この①～③の解釈をとった場合，政府情報公開請求権の局面で21条が機能する場面はほとんど想定できないため，実質的には抽象的権利説と評価することは困難である。21条から導出された抽象的権利としての政府情報公開請求権は，政府の立法を義務付けないまでも現行情報公開法制の立法指針を与えると共に（①），実定化された情報公開法制に解釈基準を与え（②），法令に「知る権利」が明示されなくとも裁量処分には実効的な裁量統制を行う根拠となるよう機能させていくべきであろう（③）[*64]。

インカメラ審理事件（最決平成21年1月15日民集63巻1号46頁）では，インカメラ審理（開示対象文書を裁判所限りで直接見分する非公開審理）の許否について「民事訴訟の基本原則に反するから，明文の規定がない限り，許されない」とされたが，泉徳治裁判官・宮川光治裁判官の各補足意見が「知る権利」の具体化として情報公開法の行政文書開示請求権を捉えて，立法によるインカメラ審理導入を許容している点が注目に値する。

● 6　アクセス権

マス・メディアに対する知る権利として，一般国民がマス・メディアに対して自己の意見の発表の場を要求する権利，具体的には反論権や意見掲載請求権等を21条から導き出すことができるか。通説は，このようなアクセス権の具体的権利性は否定し，報道機関の編集の自由や批判的記事を差し控えさせる萎縮

的効果に鑑み立法でアクセス権を創設することにも消極的である。[*65]

　共産党がサンケイ新聞に無償かつ無修正の反論文掲載を求めたサンケイ新聞事件（最判昭和62年4月24日民集41巻3号490頁）では「批判的記事，ことに公的事項に関する批判的記事の掲載をちゅうちょさせ，憲法の保障する表現の自由を間接的に侵す危険につながるおそれも多分に存する」ので「不法行為が成立する場合にその者の保護を図ることは別論として，反論権の制度について具体的な成文法がないのに，反論権を認めるに等しい……反論文掲載請求権をたやすく認めることはできない」とした。また旧放送法4条（現9条1項）に基づく訂正放送請求事件（最判平成16年11月25日民集58巻8号2326頁）は「放送事業者に対し，自律的に訂正放送等を行うことを国民全体に対する公法上の義務として定めたものであって，被害者に対して訂正放送等を求める私法上の請求権を付与する趣旨の規定ではない」とし，旧放送法4条を私人に対するアクセス権付与の規定とみなかった。

V　判例と表現媒体特殊性論

1　放送の自由

　印刷メディアと異なり，放送メディアに対しては特別な規制が行われている。すなわち，放送局開設は免許制であり（電波法4条），番組編集準則（放送法4条1項）による規制（ただし同準則は倫理的規定と解される）等があり，特に番組編集準則のうち政治的公平（同項2号）や多角的論点解明義務（同項4号）は印刷メディアでは許容されない表現内容規制である。こうした強度の規制は，①電波の有限希少性，②視聴覚に訴える特殊な社会的影響力といった根拠により正当化されてきた。①についてはサンケイ新聞事件（前掲最判昭和62年4月24日）が「放送事業者は，限られた電波の使用の免許を受けた者」と言及し，②については政見放送削除事件（最判平成2年4月17日民集44巻3号547頁）が「テレビジョン放送による政見放送が直接かつ即時に全国の視聴者に到達して強い影響力を有している」と言及しており，判例にも①②の考え方が潜在している。

　しかし，多チャンネル化・デジタル化時代の放送では①電波の有限希少性の根拠は解消され，②の特殊な社会的影響力論も実証的根拠を欠いていることか

ら，放送メディアに対する特別な規制の正当化根拠に疑義が呈されている。近年では規制のない印刷メディアと公的規制を加えた放送メディアを並置することにより，相互の抑制均衡を設定し，全体として思想の自由市場を確保しようという部分規制論が唱えられるなど，放送の規制根拠の再検証が行われている。[*66]

2　インターネット上の表現の自由

　インターネットという新しい表現媒体に基づく表現の自由が，どのような根拠に基づいて，どの程度保障されるかについて，最高裁の立場は未だ明らかではない。[*67]平和神軍観察会事件（最決平成22年３月15日刑集64巻２号１頁）では，インターネット上の名誉毀損で相当性の法理の緩和ができるかが問題となったが，最高裁はこれを否定し，リアルスペースと同等の水準で表現の自由と人格権の調和を図ったことがある。しかし，インターネット上における表現の自由の特殊性を踏まえた判例法理の展開が閉ざされたわけではない。

　インターネット上ではマス・メディア等の伝統的な情報媒介者に代わり，電気通信事業者，検索エンジン事業者等の新たな種類の情報媒介者が表現の自由のインフラストラクチャとしての役割と同時に規制のゲートキーパーとしての役割を果たすようになっており，情報媒介者責任をどのように構想するかも課題である。[*68][*69]経由プロバイダ発信者情報開示事件（最判平成22年４月８日民集64巻３号676頁）が，プロバイダの発信者情報開示義務の実体的根拠について①加害行為の容易性，②被害の拡大性，③匿名・仮名の場合の被害回復の困難性という「他の情報流通手段とは異なる特徴」に着目して基礎づけている点が注目される。[*70]

Ⅵ　集会・結社の自由

1　集会の自由

　集会の自由は，表現の自由の一形態として21条１項により保障されている。成田新法事件（判例21-8）は，集会の自由の意義について「現代民主主義社会においては，集会は，国民が様々な意見や情報等に接することにより自己の思

想や人格を形成，発展させ，また，相互に意見や情報等を伝達，交流する場として必要であり，さらに，対外的に意見を表明するための有効な手段」であり，「民主主義社会における重要な基本的人権の一つとして特に尊重されなければならない」と述べる。

　もっとも，既に述べたとおり，成田新法事件や広島市暴走族事件（判例21-9）は，利益衡量が困難または恣意的判断の可能性なし等の特殊な事情を考慮したためであると思われるが，集会の自由に対して生の利益衡量論による保護を与えるにとどまった。一方で，市民会館における集会の利用拒否が問題となった泉佐野市民会館事件（判例21-7）は，利益衡量論を前提としつつも，明らかに差し迫った危険の基準により利益衡量過程を枠付けた。泉佐野市民会館事件が枠付けられた利益衡量を用いた理由は必ずしも明確ではないが，アメリカ連邦最高裁のパブリック・フォーラム論が念頭に置かれているものと考えられる。パブリック・フォーラムの法理は，①道路，公園等の伝統的パブリック・フォーラム，②公会堂，公立劇場等の指定的パブリック・フォーラム，③公立病院，軍事施設等の非パブリック・フォーラムの3類型の性質に応じて，①②類型を表現内容規制・内容中立規制二分論に基づき厳格な審査基準で規律し，③についても表現者の見解に基づく見解規制を禁止する考え方である。泉佐野市民会館事件では②指定的パブリック・フォーラムに該当するものとして厳格な審査基準が援用されたのであろう。

　また泉佐野市民会館事件では，「主催者が集会を平穏に行おうとしているのに，その集会の目的や主催者の思想，信条に反対する他のグループ等がこれを実力で阻止し，妨害しようとして紛争を起こすおそれがあることを理由に公の施設の利用を拒むことは，憲法21条の趣旨に反する」として，いわゆる敵意ある聴衆の理論を参照したが，自ら対立抗争をする主催者は「平穏な集会」を行おうとしているものではないことから，この理論を適用しなかった。一方，上尾市福祉会館事件（最判平成8年3月15日民集50巻3号549頁）は，「主催者が集会を平穏に行おうとしているのに，その集会の目的や主催者の思想，信条等に反対する者らが，これを実力で阻止し，妨害しようとして紛争を起こすおそれがあることを理由に公の施設の利用を拒むことができるのは……警察の警備等によってもなお混乱を防止することができないなど特別な事情がある場合に限ら

れる」とし，平穏な主催者であって「特別な事情」もないことから使用不許可処分を違法とした。

2　集団行動の自由

デモ行進等の集団行動の自由については「動く集会」として「集会」の文言で保障されるか，「その他一切の表現の自由」の文言で保障されるかに争いがあるが，いずれにせよ21条1項により保障される。判例では公安条例による規制と道路交通法による規制が問題とされてきた。

新潟県公安条例事件（最大判昭和29年11月24日刑集8巻11号1866頁）では，「一般的な許可制を定めてこれを事前に抑制することは，憲法の趣旨に反し許され」ないが，「特定の場所又は方法につき，合理的かつ明確な基準の下に，予じめ許可を受けしめ，又は届出をなさしめてこのような場合にはこれを禁止することができる旨の規定を条例に設けても，これをもつて直ちに憲法の保障する国民の自由を不当に制限するものと解することはできない」とし，「公共の安全に対し明らかな差迫つた危険を及ぼすことが予見されるとき」に限り規制しうる旨述べて，事前抑制禁止の原則や明白かつ現在の危険の基準に類似の基準を採用した。

しかし，60年安保闘争を時代背景とする東京都公安条例事件（最大判昭和35年7月20日刑集14巻9号1243頁）は「平穏静粛な集団であつても，時に昂奮，激昂の渦中に巻きこまれ，甚だしい場合には一瞬にして暴徒と化し，勢いの赴くところ実力によつて法と秩序を蹂躙し，集団行動の指揮者はもちろん警察力を以てしても如何ともし得ないような事態に発展する危険が存在すること，群集心理の法則と現実の経験に徴して明らかである」という集団暴徒化論に依拠し，広範な集団行動の自由の事前規制を許容した。

道路交通法違反事件（最判昭和57年11月16日刑集36巻11号908頁）は，道路の危険防止等の目的のために道交法「77条2項の規定は，道路使用の許可に関する明確かつ合理的な基準を掲げて道路における集団行進が不許可とされる場合を厳格に制限して」いること等を理由に集団行動の自由規制を合憲としている。学説では新潟県公安条例事件の基準を充たさないとする意見も強いが，目的達成のために真に必要かつ合理的な制限とみる余地もある。[75][76]

3　結社の自由

　21条1項の「結社」とは,「多数人が集会と同じく政治,経済,宗教,芸術,学術ないし社交など,さまざまな共通の目的をもって,継続的に結合すること」をいう。[77]宗教団体については20条,労働組合については28条で結社の自由が重ねて保障される。結社の自由には,結社をする自由,結社しない自由のほか,結社の自由に基づく内部統制権が含まれる。

　結社をする,しない自由の制約の典型例として弁護士会,税理士会等の強制加入団体が存在する。判例では,弁護士会強制加入制度が22条1項に違反しないものとして合憲とされたことがあるが(最判平成4年7月9日判時1441号56頁),結社の自由との関係で審査されなかった。宗教的結社の事例ではあるが,審査手法としてはオウム真理教解散命令事件(判例20-3)が参考になろう。学説では,とりわけ破壊活動防止法の解散指定制度の合憲性が論じられることが多い。[78]

Ⅶ 21条の地図

1 低価値・低保障表現

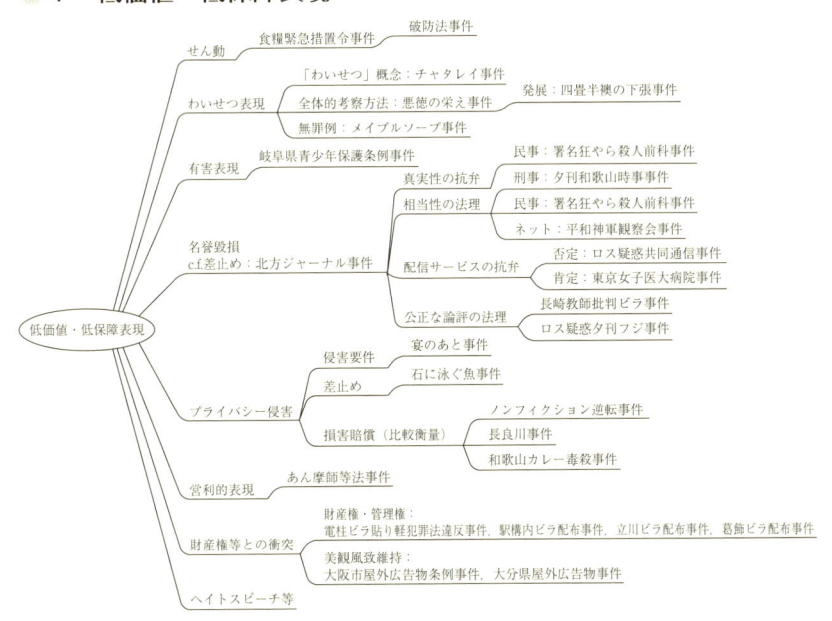

低価値・低保障表現
- せん動 ─ 食糧緊急措置令事件、破防法事件
- わいせつ表現
  - 「わいせつ」概念：チャタレイ事件
  - 全体的考察方法：悪徳の栄え事件 ─ 発展：四畳半襖の下張事件
  - 無罪例：メイプルソープ事件
- 有害表現 ─ 岐阜県青少年保護条例事件
- 名誉毀損 c.f.差止め：北方ジャーナル事件
  - 真実性の抗弁
    - 民事：署名狂やら殺人前科事件
    - 刑事：夕刊和歌山時事事件
  - 相当性の法理
    - 民事：署名狂やら殺人前科事件
    - ネット：平和神軍観察会事件
  - 配信サービスの抗弁
    - 否定：ロス疑惑共同通信事件
    - 肯定：東京女子医大病院事件
  - 公正な論評の法理
    - 長崎教師批判ビラ事件
    - ロス疑惑夕刊フジ事件
- プライバシー侵害
  - 侵害要件 ─ 宴のあと事件
  - 差止め ─ 石に泳ぐ魚事件
  - 損害賠償（比較衡量）
    - ノンフィクション逆転事件
    - 長良川事件
    - 和歌山カレー毒殺事件
- 営利的表現 ─ あん摩師等法事件
- 財産権等との衝突
  - 財産権・管理権：電柱ビラ貼り軽犯罪法違反事件、駅構内ビラ配布事件、立川ビラ配布事件、葛飾ビラ配布事件
  - 美観風致維持：大阪市屋外広告物条例事件、大分県屋外広告物事件
- ヘイトスピーチ等

2 通常の表現と審査基準

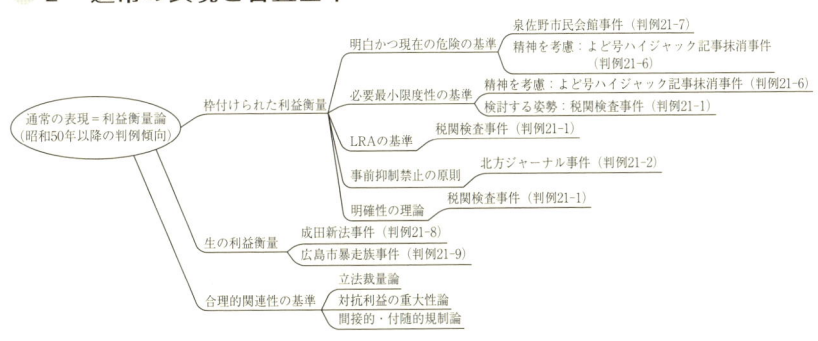

通常の表現＝利益衡量論（昭和50年以降の判例傾向）
- 枠付けられた利益衡量
  - 明白かつ現在の危険の基準
    - 泉佐野市民会館事件（判例21-7）
    - 精神を考慮：よど号ハイジャック記事抹消事件（判例21-6）
  - 必要最小限度性の基準
    - 精神を考慮：よど号ハイジャック記事抹消事件（判例21-6）
    - 検討する姿勢：税関検査事件（判例21-1）
  - LRAの基準 ─ 税関検査事件（判例21-1）
  - 事前抑制禁止の原則 ─ 北方ジャーナル事件（判例21-2）
  - 明確性の理論 ─ 税関検査事件（判例21-1）
- 生の利益衡量
  - 成田新法事件（判例21-8）
  - 広島市暴走族事件（判例21-9）
- 合理的関連性の基準
  - 立法裁量論
  - 対抗利益の重大性論
  - 間接的・付随的規制論

第5章 表現の自由　081

3　情報受領権・情報収集権

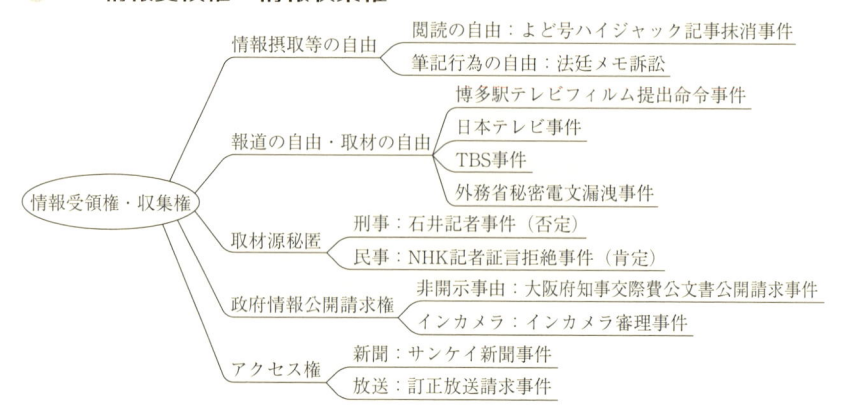

情報受領権・収集権
- 情報摂取等の自由
  - 閲読の自由：よど号ハイジャック記事抹消事件
  - 筆記行為の自由：法廷メモ訴訟
- 報道の自由・取材の自由
  - 博多駅テレビフィルム提出命令事件
  - 日本テレビ事件
  - TBS事件
  - 外務省秘密電文漏洩事件
- 取材源秘匿
  - 刑事：石井記者事件（否定）
  - 民事：NHK記者証言拒絶事件（肯定）
- 政府情報公開請求権
  - 非開示事由：大阪府知事交際費公文書公開請求事件
  - インカメラ：インカメラ審理事件
- アクセス権
  - 新聞：サンケイ新聞事件
  - 放送：訂正放送請求事件

4　集会・結社の自由

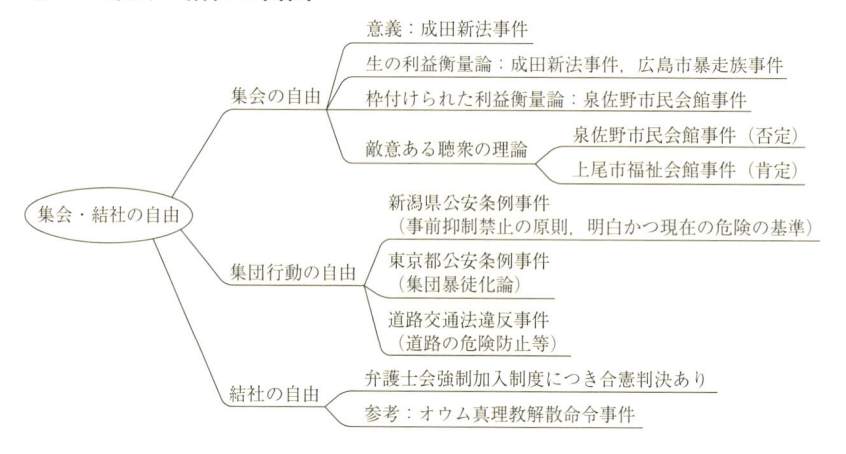

集会・結社の自由
- 集会の自由
  - 意義：成田新法事件
  - 生の利益衡量論：成田新法事件，広島市暴走族事件
  - 枠付けられた利益衡量論：泉佐野市民会館事件
  - 敵意ある聴衆の理論
    - 泉佐野市民会館事件（否定）
    - 上尾市福祉会館事件（肯定）
- 集団行動の自由
  - 新潟県公安条例事件（事前抑制禁止の原則，明白かつ現在の危険の基準）
  - 東京都公安条例事件（集団暴徒化論）
  - 道路交通法違反事件（道路の危険防止等）
- 結社の自由
  - 弁護士会強制加入制度につき合憲判決あり
  - 参考：オウム真理教解散命令事件

* 1　一体説と分離説の対立については，初宿正典＝小山剛「憲法21条が保障する権利」井上典之＝小山剛＝山元一編『憲法学説に聞く』（日本評論社，2004年）97-98頁〔初宿正典発言部分〕。なお初宿は，多くの学説は集会・結社と表現を二分する二分説を採用しているものと考えている。
* 2　注解Ⅱ5頁〔浦部法穂執筆部分〕。なお本章では「通信の秘密」は解説の対象外としている。
* 3　佐藤248頁。
* 4　アメリカや日本において印刷・放送・コモンキャリアの「三叉に分かれた」コミュニケー

ション・システムに対応した制度枠組みが形成されてきたことおよびこのようなメディア別アプローチの限界については、山口いつ子『情報法の構造』（東京大学出版会、2010年）152-153頁。
* 5　表現の自由の情報発信中心主義の発想と意義について、駒村257頁以下。
* 6　佐藤249頁。
* 7　芦部Ⅲ240頁。象徴的表現の研究として紙谷雅子「象徴的表現（1〜4・完）」北大法学論集40巻5＝6号（1990年）、41巻2号・3号・4号（1991年）、長峯信彦「象徴的表現（1〜4・完）」早稲田大学大学院法研論集67号（1993年）、69号（1994年）、70号（1994年）、早稲田法学70巻4号（1995年）。日本の判例と象徴的表現との関係を分析するものとして、森脇敦史「象徴的言論」駒村圭吾＝鈴木秀美『表現の自由Ⅰ』（尚学社、2011年）221頁。
* 8　表現の自由の原理的保障論に関する重要文献として、奥平康弘『なぜ「表現の自由」か』（東京大学出版会、1988年）。
* 9　以下の記述は、芦部195頁以下参照。
* 10　近年では表現内容規制について特定の者の見解に着目した見解規制とより広く特定の主題に着目した主題規制に分けて分析されることが多くなってきている。権限濫用による思想の自由市場の歪曲の危険性から前者について厳格審査をすべきであり、後者についても容易に見解規制に転化しうることから厳格審査をすべきであるとする見解として長谷部206頁。厳格審査の局面を原則として見解規制に限定する見解として高橋209頁。
* 11　芦部Ⅲ228頁以下。本章では表現内容規制・内容中立規制二分論の根拠、両規制の区分基準等の詳細には立ち入らない。なお、表現内容規制が表現内容中立規制よりも厳格な審査基準に服する理由について詳細な検討を加えた上で、内容規制・内容中立規制を問わず厳格審査を適用する一元論を採るものとして市川正人『表現の自由の法理』（日本評論社、2003年）215-232頁。
* 12　佐藤256頁。
* 13　芦部198頁。
* 14　最大判昭和27年1月9日刑集6巻1号4頁同旨。その後、最大判昭和30年11月30日刑集9巻12号2545頁、最大判昭和37年2月21日刑集16巻2号107頁、最大判昭和48年4月25日刑集27巻4号547頁もせん動処罰を合憲としている。
* 15　Brandenburg v. Ohio, 395 U.S. 444 (1969).
* 16　日本の最高裁がブランデンバーグ基準を採用しなかったことについては、最判平成2年9月28日集刑255号261頁、吉本徹也・最判解刑平成2年度152頁。
* 17　全体的考察方法を図画にも適用したものとして、修正写真誌事件（最判昭和58年3月8日刑集37巻2号15頁）。
* 18　学説の状況について、たとえば、注解Ⅱ54-55頁〔浦部法穂執筆部分〕、長谷部210-211頁。
* 19　読本140-141頁〔宍戸常寿執筆部分〕。
* 20　学説では、「わいせつ」表現に該当しない以上、厳格な違憲審査基準が妥当すると考える見解が強い。長谷部209頁。インターネット上の有害情報規制については鈴木秀美「インターネット上の有害情報と青少年保護」高橋和之ほか編『インターネットと法〔第4版〕』（有斐閣、2010年）138頁以下。
* 21　月刊ペン事件（最判昭和56年4月16日刑集35巻3号84頁）は、宗教団体幹部の「私生活

上の行状」でも一定の場合には刑法230条の2第1項の「公共ノ利害ニ関スル事実」に該当するものとしている。
*22　武藤貴明・最判解民平成23年度(上)430頁。
*23　ロス疑惑夕刊フジ事件（最判平成9年9月9日民集51巻8号3804頁），最判平成10年1月30日集民187号1頁，新・ゴーマニズム宣言事件（最判平成16年7月15日民集58巻5号1615頁）は証拠等をもってその存否を決することが可能か否かにより事実適示型と論評型を区分する。
*24　太田晃詳・最判解民平成17年度(下)790-792頁は，人格権・人格的利益と表現の自由の調整の局面では，①比較衡量基準，②社会の正当な関心事等の基準，③3要件基準（事実公共性，目的公益性，手段相当性）の対立がある中で①の立場をとったものとする。
*25　脇田忠・最判解刑昭和36年度32頁。
*26　佐藤255-256頁。
*27　学説の状況については芦部Ⅲ317-318頁。芦部自身は自己統治との関連性が弱いことから保障程度を若干切り下げる。
*28　橋本基弘「営利的言論の自由」争点125頁。橋本基弘の見解については同『表現の自由理論と解釈』（中央大学出版部，2014年）第Ⅱ部参照。
*29　高橋217-219頁，同「人権論の論証構造――『人権の正当化』論と『人権制限の正当化』論（3・完）」ジュリ1423号68頁以下（2011年）。ただし，高橋は，経済的自由について通常審査を適用することを前提としており，経済的自由の問題だからといって緩やかな審査基準を適用するわけではない。
*30　Central Hudson Gas & Electric Corp. v. Public Service Commission, 447 U.S. 557 (1980).
*31　芦部193頁等。
*32　最高裁は財産権等と衝突する表現活動を21条の保護範囲外に置いていることを指摘するものとして，読本147頁〔宍戸常寿執筆部分〕。宍戸は，表現の自由が財産権に常に劣後することを批判し，中間審査基準による保護を示唆する。
*33　山口裕之・最判解刑平成20年度262-263頁。
*34　山口裕之・最判解刑平成20年度267-268頁は，財産権・管理権侵害と美観風致の維持の利益侵害のケースは「言い振りが異なる」と指摘する。
*35　小谷順子「表現の自由の限界」金尚均編『ヘイト・スピーチの法的研究』（法律文化社，2014年）77-80頁。
*36　この3つの規制根拠がありうることを指摘するものとして，駒村圭吾『ジャーナリズムの法理』（嵯峨野書院，2001年）285-286頁。アメリカ憲法の文脈であるが，個人の自律的決定，修正13条の奴隷制度廃止条項，修正14条の平等，修正1条の表現の自由に対する諸害悪を検討するものとして，小谷順子「アメリカにおけるヘイトスピーチ規制」駒村圭吾＝鈴木秀美編『表現の自由　Ⅰ』（尚学社，2011年）469-471頁。
*37　差別的表現が場合により低価値表現となるとする見解として，内野正幸『差別的表現』（有斐閣，1990年）19頁。アメリカ憲法の文脈でこの可能性を指摘するものとして，小谷・前掲注36・468頁。
*38　前掲注35・77頁以下。
*39　前掲注35・83-84頁以下。
*40　最高裁の立場を素描したものとして尾形健「最高裁判例における利益衡量論」論点教室

24頁。なお，最高裁の利益衡量論に対する批判については膨大な研究が存在するが，本章では取り上げない。
＊41　昭和50年以降のこのような判例傾向を指摘する千葉勝美・最判解刑平成4年度233頁以下を初めとして多数の調査官解説がこの基準に依拠しており，実務上の影響が強い考え方である。
＊42　千葉勝美・最判解刑平成4年度243-244頁以下。
＊43　太田豊・最判解民昭和58年度275-276頁，千葉勝美・最判解刑平成4年度234-235頁。
＊44　明白かつ現在の危険の基準を採用したと理解するものとして近藤崇晴・最判解民平成7年度(上)292頁。
＊45　新村正人・最判解民昭和59年度495頁，千葉勝美・最判解刑平成4年度235-237頁。
＊46　千葉勝美・最判解刑平成4年度243-244頁。
＊47　成田新法事件と同様の利益衡量論をとったと位置づけるものとして，前田巌・最判解刑平成19年度405-406頁。
＊48　比較衡量論と合理的関連性論の対抗・緊張関係を民事・行政系裁判官・調査官と刑事系裁判官・調査官との間の人的な対抗問題として描くものとして，大久保史郎「『調査官解説』論──憲法」市川正人ほか編著『日本の最高裁判所』(日本評論社，2015年) 262-263頁。
＊49　昭和49年の猿払事件を理論的に支えた香城敏麿裁判官によるいわゆる香城解説（香城敏麿『憲法解釈の法理』39頁〔2004年，信山社〕所収）が通奏低音として実務を支配する中，成田新法事件の担当調査官である千葉勝美があえて昭和49年の猿払事件を放逐した形で昭和50年以降の表現の自由に関する合憲性判断基準を定式化し，堀越事件・世田谷事件の補足意見の中で自らの調査官解説を引用し，千葉勝美型の利益衡量論を実務に定着させた過程を描くものとして駒村416頁以下。
＊50　岩崎邦生「判解」法曹時報66巻2号291-293頁。
＊51　岩崎邦生「判解」法曹時報66巻2号286-289頁。
＊52　岩崎邦生「判解」法曹時報66巻2号286頁。
＊53　岩崎邦生「判解」法曹時報66巻2号290頁（注11）もこのような反論がありうることを指摘する。
＊54　例えば，高橋和之「審査基準論の理論的基礎(上)」ジュリ1363号69頁（2008年）。
＊55　長谷部恭男『憲法の円環』（岩波書店，2013年）第14章参照。
＊56　岩崎邦生「判解」法曹時報66巻2号289頁は，学説と猿払基準の間接的・付随的規制論に距離があることを認めつつ，「行動のもたらす弊害の防止をねらいとする規制」は，「意見表明そのものの制約をねらいとする規制」の場合に比して，失われる利益が質的・量的に小さいことから審査基準を緩和する可能性を指摘する。
＊57　岩崎邦生「判解」法曹時報66巻2号289頁。
＊58　最高裁が派生原理アプローチと尊重アプローチを区別し，後者について厳格審査ではなく比較衡量による保護を与えていることを指摘するものとして，駒村圭吾「憲法21条と比較衡量」プロセス演習208頁以下。
＊59　昭和33年の北海タイムス事件（最大決昭和33年2月17日刑集12巻2号253頁）の時点でも報道の自由に21条の保障を与え，報道の自由のための取材活動も認められていたが，その根拠は明示されていなかった。
＊60　本決定の必読の評釈として長谷部恭男『憲法の境界』（羽鳥書店，2009年）151頁以下。

*61 刑事訴訟法149条が刑事裁判における実体的真実発見の必要性がゆえに証言拒絶主体を限定列挙していることから民事訴訟法197条とは「立法の仕方」が違うので，刑事事件の石井記者事件の射程が及ばないとも解しうる（戸田久・最判解刑平成18年度(下)1014頁）。もっとも，昭和27年の石井記者事件より後の昭和44年の博多駅テレビフィルム提出命令事件において取材の自由の憲法的保護がその根拠とともに明示されたことを考えれば，石井記者事件の前提としていた取材の自由観は変化しており，このことから石井記者事件は判例変更されるべきだとの考えも成立するであろう。
*62 芦部176-177頁，佐藤280頁。
*63 千葉勝美・最判解刑平成6年度64頁以下。この考えを地方自治体の情報公開条例のみならず国の情報公開法にまで推し進めた場合，「知る権利」の明文規定のない情報公開法では各条項の解釈にあたって「知る権利」を考慮できないというロジックも成立しうる。情報公開法に基づく政府情報公開請求権が「国民主権の理念」に基づく「特権」に過ぎないものではなく，「知る権利」に基づく憲法上の権利であることを明確化する意味で情報公開法1条の目的規定の改正が要請されよう。渋谷秀樹「情報公開法改正に向けて」立教法務研究8巻66頁（2015年）以下参照。
*64 その具体的手法については，駒村264頁以下が詳細である。
*65 芦部178頁。佐藤282-283頁もアクセス権には消極の立場である。ヨーロッパの反論権法の観点から日本の表現の自由論を再検討する研究として曽我部真裕『反論権と表現の自由』（有斐閣，2013年）。
*66 部分規制論については，長谷部恭男『テレビの憲法理論』（弘文堂，1992年）93頁以下。
*67 インターネット上の表現の自由に関する概説として，高橋和之ほか編『インターネットと法〔第4版〕』（有斐閣，2010年）第1〜4章。
*68 成原慧「情報流通の媒介者と表現の自由」Nextcom 21巻62頁（2015年）。
*69 情報媒介者に着目して，情報流通過程の規律を試み，「情報法」を構想するものとして，曽我部真裕ほか『情報法概説』（弘文堂，2016年）。船橋市西図書館蔵書破棄事件（最判平成17年7月14日民集59巻6号1569頁）は，多様な文脈で読みうる判決であるが，公立図書館を「思想，意見等を公衆に伝達する公的な場」と位置づけ，リアルスペースにおける一種の情報媒介者責任を認めたものとして参考になる。
*70 市川多美子・最判解民平成22年度(上)280頁参照。
*71 そのほか皇居前広場事件（最大判昭和28年12月23日民集7巻13号1561頁）は，皇居前広場の使用許可申請拒否に関し，傍論で簡単に「管理権の適正な運用を誤ったものとは認められない」とした。
*72 近藤崇晴・最判解民平成7年度(上)295頁（注一）は「本判決がパブリック・フォーラムの法理を念頭に置いていることは疑いがない」と指摘している。
*73 赤坂正浩「集会の自由とその限界」プロセス演習250-251頁。パブリック・フォーラムの法理の研究については古くは紙谷雅子「パブリック・フォーラム」公法研究50号103頁（1988年），近年では横大道聡『現代国家における表現の自由』（弘文堂，2013年）第5章・第6章等がある。
*74 近藤崇晴・最判解民平成7年度(上)294頁。
*75 芦部219頁。
*76 読本160-161頁〔宍戸常寿執筆部分〕。

＊77　芦部219頁。
＊78　芦部220-221頁。そのほか結社の自由に基づく内部統制権の行使と構成員の権利の衝突問題や結社の内部紛争の問題については多数の判例があるが、私人間効力や司法権の限界の論点が問題となり、紙面の関係もあって本章では取り上げない。

判例一覧（第5章）

21-1	税関検査事件・最大判昭和59年12月12日民集38巻12号1308頁
	【「検閲」の意義】 「1　憲法21条2項前段は、「検閲は、これをしてはならない。」と規定する。憲法が、表現の自由につき、広くこれを保障する旨の一般的規定を同条1項に置きながら、別に検閲の禁止についてかような特別の規定を設けたのは、検閲がその性質上表現の自由に対する最も厳しい制約となるものであることにかんがみ、これについては、公共の福祉を理由とする例外の許容（憲法12条、13条参照）をも認めない趣旨を明らかにしたものと解すべきである。けだし、諸外国においても、表現を事前に規制する検閲の制度により思想表現の自由が著しく制限されたという歴史的経験があり、また、わが国においても、旧憲法下における出版法（明治26年法律第15号）、新聞紙法（明治42年法律第41号）により、文書、図画ないし新聞、雑誌等を出版直前ないし発行時に提出させた上、その発売、頒布を禁止する権限が内務大臣に与えられ、その運用を通じて実質的な検閲が行われたほか、映画法（昭和14年法律第66号）により映画フイルムにつき内務大臣による典型的な検閲が行われる等、思想の自由な発表、交流が妨げられるに至つた経験を有するのであつて、憲法21条2項前段の規定は、これらの経験に基づいて、検閲の絶対的禁止を宣言した趣旨と解されるのである。 　そして、前記のような沿革に基づき、右の解釈を前提として考究すると、憲法21条2項にいう「検閲」とは、行政権が主体となつて、思想内容等の表現物を対象とし、その全部又は一部の発表の禁止を目的として、対象とされる一定の表現物につき網羅的一般的に、発表前にその内容を審査した上、不適当と認めるものの発表を禁止することを、その特質として備えるものを指すと解すべきである。 　2　そこで、3号物件に関する税関検査が憲法21条2項にいう「検閲」に当たるか否かについて判断する。 　㈠　税関検査の結果、輸入申告にかかる書籍、図画その他の物品や輸入される郵便物中にある信書以外の物につき、それが三号物件に該当すると認めるのに相当の理由があるとして税関長よりその旨の通知がされたときは、以後これを適法に輸入する途が閉ざされること前述のとおりであつて、その結果、当該表現物に表された思想内容等は、わが国内においては発表の機会を奪われることとなる。また、表現の自由の保障は、他面において、これを受ける者の側の知る自由の保障をも伴うものと解すべきところ（最高裁昭和44年(し)第68号同年11月26日大法廷決定・刑集23巻11号1490頁、同昭和52年(オ)第927号同58年6月22日大法廷判決・民集37巻5号793頁参照）、税関長の右処分により、わが国内においては、当該表現物に表された思

内容等に接する機会を奪われ、右の知る自由が制限されることとなる。これらの点において、税関検査が表現の事前規制たる側面を有することを否定することはできない。

　しかし、これにより輸入が禁止される表現物は、一般に、国外においては既に発表済みのものであつて、その輸入を禁止したからといつて、それは、当該表現物につき、事前に発表そのものを一切禁止するというものではない。また、当該表現物は、輸入が禁止されるだけであつて、税関により没収、廃棄されるわけではないから、発表の機会が全面的に奪われてしまうというわけのものでもない。その意味において、税関検査は、事前規制そのものということはできない。

　(二) 税関検査は、関税徴収手続の一環として、これに付随して行われるもので、思想内容等の表現物に限らず、広く輸入される貨物及び輸入される郵便物中の信書以外の物の全般を対象とし、3号物件についても、右のような付随的手続の中で容易に判定し得る限りにおいて審査しようとするものにすぎず、思想内容等それ自体を網羅的に審査し規制することを目的とするものではない。

　(三) 税関検査は行政権によつて行われるとはいえ、その主体となる税関は、関税の確定及び徴収を本来の職務内容とする機関であつて、特に思想内容等を対象としてこれを規制することを独自の使命とするものではなく、また、前述のように、思想内容等の表現物につき税関長の通知がされたときは司法審査の機会が与えられているのであつて、行政権の判断が最終的なものとされるわけではない。

　以上の諸点を総合して考察すると、3号物件に関する税関検査は、憲法21条2項にいう「検閲」に当たらないものというべきである。」

【必要最小限度性の基準、LRAの基準】

「思うに、表現の自由は、憲法の保障する基本的人権の中でも特に重要視されるべきものであるが、さりとて絶対無制限なものではなく、公共の福祉による制限の下にあることは、いうまでもない。また、性的秩序を守り、最小限度の性道徳を維持することは公共の福祉の内容をなすものであつて、猥褻文書の頒布等は公共の福祉に反するものであり、これを処罰の対象とすることが表現の自由に関する憲法21条1項の規定に違反するものでないことも、明らかである（最高裁昭和28年(あ)第1713号同32年3月13日大法廷判決・刑集11巻3号997頁、同昭和39年(あ)第305号同44年10月15日大法廷判決・刑集23巻10号1239頁参照）。そして、わが国内における健全な性的風俗を維持確保する見地からするときは、猥褻表現物がみだりに国外から流入することを阻止することは、公共の福祉に合致するものであり、猥褻刊行物ノ流布及取引ノ禁止ノ為ノ国際条約（昭和11年条約第3号）1条の規定が締約国に頒布等を目的とする猥褻な物品の輸入行為等を処罰することを義務づけていることをも併せ考えると、表現の自由に関する憲法の保障も、その限りにおいて制約を受けるものというほかなく、前述のような税関検査による猥褻表現物の輸入規制は、憲法21条1項の規定に反するものではないというべきである。

　わが国内において猥褻文書等に関する行為が処罰の対象となるのは、その頒布、販売及び販売の目的をもつてする所持等であつて（刑法175条）、単なる所持自体は処罰の対象とされていないから、最小限度の制約としては、単なる所持を目的とする輸入は、これを規制の対象から除外すべき筋合いであるけれども、いかなる目的で輸入されるかはたやすく識別され難いばかりでなく、流入した猥褻表現物を頒布、販売の過程に置くことが容易であることは見易い道理であるから、猥褻表現物

の流入、伝播によりわが国内における健全な性的風俗が害されることを実効的に防止するには、単なる所持目的かどうかを区別することなく、その流入を一般的に、いわば水際で阻止することもやむを得ないものといわなければならない。

　また、このようにして猥褻表現物である書籍、図画等の輸入が一切禁止されることとなる結果、わが国内における発表の機会が奪われるとともに、国民のこれに接する機会も失われ、知る自由が制限されることとなるのは否定し難いところであるが、かかる書籍、図画等については、前述のとおり、もともとその頒布、販売は国内において禁止されており、これについての発表の自由も知る自由も、他の一般の表現物の場合に比し、著しく制限されているのであつて、このことを考慮すれば、右のような制限もやむを得ないものとして是認せざるを得ない。」

【過度の広汎性ゆえに無効の法理、漠然性ゆえに無効の法理】
「表現の自由は、前述のとおり、憲法の保障する基本的人権の中でも特に重要視されるべきものであつて、法律をもつて表現の自由を規制するについては、基準の広汎、不明確の故に当該規制が本来憲法上許容されるべき表現にまで及ぼされて表現の自由が不当に制限されるという結果を招くことがないように配慮する必要があり、事前規制的なものについては特に然りというべきである。法律の解釈、特にその規定の文言を限定して解釈する場合においても、その要請は異なるところがない。したがつて、表現の自由を規制する法律の規定について限定解釈をすることが許されるのは、その解釈により、規制の対象となるものとそうでないものとが明確に区別され、かつ、合憲的に規制し得るもののみが規制の対象となることが明らかにされる場合でなければならず、また、一般国民の理解において、具体的場合に当該表現物が規制の対象となるかどうかの判断を可能ならしめるような基準をその規定から読みとることができるものでなければならない（最高裁昭和48年(あ)第910号同50年9月10日大法廷判決・刑集29巻8号489頁参照）。けだし、かかる制約を付さないとすれば、規制の基準が不明確であるかあるいは広汎に失するため、表現の自由が不当に制限されることとなるばかりでなく、国民がその規定の適用を恐れて本来自由に行い得る表現行為までも差し控えるという効果を生ずることとなるからである。」

| 21-2 | 北方ジャーナル事件・最大判昭和61年6月11日民集40巻4号872頁 |

【「検閲」該当性】
「一定の記事を掲載した雑誌その他の出版物の印刷、製本、販売、頒布等の仮処分による事前差止めは、裁判の形式によるとはいえ、口頭弁論ないし債務者の審尋を必要的とせず、立証についても疎明で足りるとされているなど簡略な手続によるものであり、また、いわゆる満足的仮処分として争いのある権利関係を暫定的に規律するものであつて、非訟的な要素を有することを否定することはできないが、仮処分による事前差止めは、表現物の内容の網羅的一般的な審査に基づく事前規制が行政機関によりそれ自体を目的として行われる場合とは異なり、個別的な私人間の紛争について、司法裁判所により、当事者の申請に基づき差止請求権等の私法上の被保全権利の存否、保全の必要性の有無を審理判断して発せられるものであつて、右判示にいう「検閲」には当たらないものというべきである。」

【事前抑制禁止の原則】
「表現行為に対する事前抑制は、新聞、雑誌その他の出版物や放送等の表現物がそ

第5章　表現の自由　（判例一覧）　　089

の自由市場に出る前に抑止してその内容を読者ないし聴視者の側に到達させる途を閉ざし又はその到達を遅らせてその意義を失わせ、公の批判の機会を減少させるものであり、また、事前抑制たることの性質上、予測に基づくものとならざるをえないこと等から事後制裁の場合よりも広汎にわたり易く、濫用の虞があるうえ、実際上の抑止的効果が事後制裁の場合より大きいと考えられるのであつて、表現行為に対する事前抑制は、表現の自由を保障し検閲を禁止する憲法21条の趣旨に照らし、厳格かつ明確な要件のもとにおいてのみ許容されうるものといわなければならない。

　出版物の頒布等の事前差止めは、このような事前抑制に該当するものであつて、とりわけ、その対象が公務員又は公職選挙の候補者に対する評価、批判等の表現行為に関するものである場合には、そのこと自体から、一般にそれが公共の利害に関する事項であるということができ、前示のような憲法21条1項の趣旨（前記（二）参照）に照らし、その表現が私人の名誉権に優先する社会的価値を含み憲法上特に保護されるべきであることにかんがみると、当該表現行為に対する事前差止めは、原則として許されないものといわなければならない。ただ、右のような場合においても、その表現内容が真実でなく、又はそれが専ら公益を図る目的のものでないことが明白であつて、かつ、被害者が重大にして著しく回復困難な損害を被る虞があるときは、当該表現行為はその価値が被害者の名誉に劣後することが明らかであるうえ、有効適切な救済方法としての差止めの必要性も肯定されるから、かかる実体的要件を具備するときに限つて、例外的に事前差止めが許されるものというべきであり、このように解しても上来説示にかかる憲法の趣旨に反するものとはいえない。」

21-3	岐阜県青少年保護条例事件・最判平成元年9月19日刑集43巻8号785頁
	【有害表現】 「本条例の定めるような有害図書が一般に思慮分別の未熟な青少年の性に関する価値観に悪い影響を及ぼし、性的な逸脱行為や残虐な行為を容認する風潮の助長につながるものであつて、青少年の健全な育成に有害であることは、既に社会共通の認識になつているといつてよい。さらに、自動販売機による有害図書の販売は、売手と対面しないため心理的に購入が容易であること、昼夜を問わず購入ができること、収納された有害図書が街頭にさらされているため購入意欲を刺激し易いことなどの点において、書店等における販売よりその弊害が一段と大きいといわざるをえない。しかも、自動販売機業者において、前記審議会の意見聴取を経て有害図書としての指定がされるまでの間に当該図書の販売を済ませることが可能であり、このような脱法的行為に有効に対処するためには、本条例6条2項による指定方式も必要性があり、かつ、合理的であるというべきである。そうすると、有害図書の自動販売機への収納の禁止は、青少年に対する関係において、憲法21条1項に違反しないことはもとより、成人に対する関係においても、有害図書の流通を幾分制約することにはなるものの、青少年の健全な育成を阻害する有害環境を浄化するための規制に伴う必要やむをえない制約であるから、憲法21条1項に違反するものではない。」

21-4	あん摩師等法事件・最大判昭和36年2月15日刑集15巻2号347頁
	【営利的表現】 「しかし本法があん摩，はり，きゅう等の業務又は施術所に関し前記のような制限を設け，いわゆる適応症の広告をも許さないゆえんのものは，もしこれを無制限に許容するときは，患者を吸引しようとするためややもすれば虚偽誇大に流れ，一般大衆を惑わす虞があり，その結果適時適切な医療を受ける機会を失わせるような結果を招来することをおそれたためであつて，このような弊害を未然に防止するため一定事項以外の広告を禁止することは，国民の保健衛生上の見地から，公共の福祉を維持するためやむをえない措置として是認されなければならない。」
21-5	立川ビラ配布事件・最判平成20年4月11日刑集62巻5号1217頁
	【表現の自由と財産権，管理権侵害】 「確かに，表現の自由は，民主主義社会において特に重要な権利として尊重されなければならず，被告人らによるその政治的意見を記載したビラの配布は，表現の自由の行使ということができる。しかしながら，憲法21条1項も，表現の自由を絶対無制限に保障したものではなく，公共の福祉のため必要かつ合理的な制限を是認するものであって，たとえ思想を外部に発表するための手段であっても，その手段が他人の権利を不当に害するようなものは許されないというべきである（最高裁昭和59年(あ)第206号同年12月18日第3小法廷判決・刑集38巻12号3026頁参照）。本件では，表現そのものを処罰することの憲法適合性が問われているのではなく，表現の手段すなわちビラの配布のために「人の看守する邸宅」に管理権者の承諾なく立ち入ったことを処罰することの憲法適合性が問われているところ，本件で被告人らが立ち入った場所は，防衛庁の職員及びその家族が私的生活を営む場所である集合住宅の共用部分及びその敷地であり，自衛隊・防衛庁当局がそのような場所として管理していたもので，一般に人が自由に出入りすることのできる場所ではない。たとえ表現の自由の行使のためとはいっても，このような場所に管理権者の意思に反して立ち入ることは，管理権者の管理権を侵害するのみならず，そこで私生活を営む者の私生活の平穏を侵害するものといわざるを得ない。したがって，本件被告人らの行為をもって刑法130条前段の罪に問うことは，憲法21条1項に違反するものではない。」
21-6	よど号ハイジャック記事抹消事件・最大判昭和58年6月22日民集37巻5号793頁
	【情報摂取等の自由――閲読の自由】 「本件において問題とされているのは，東京拘置所長のした本件新聞記事抹消処分による上告人らの新聞紙閲読の自由の制限が憲法に違反するかどうか，ということである。そこで検討するのに，およそ各人が，自由に，さまざまな意見，知識，情報に接し，これを摂取する機会をもつことは，その者が個人として自己の思想及び人格を形成・発展させ，社会生活の中にこれを反映させていくうえにおいて欠くことのできないものであり，また，民主主義社会における思想及び情報の自由な伝達，交流の確保という基本的原理を真に実効あるものたらしめるためにも，必要なところである。それゆえ，これらの意見，知識，情報の伝達の媒体である新聞紙，図書等の閲読の自由が憲法上保障されるべきことは，思想及び良心の自由の不可侵

を定めた憲法19条の規定や、表現の自由を保障した憲法21条の規定の趣旨、目的から、いわばその派生原理として当然に導かれるところであり、また、すべて国民は個人として尊重される旨を定めた憲法13条の規定の趣旨に沿うゆえんでもあると考えられる。」

【表現の自由の合憲性判断基準——相当の蓋然性基準】
「しかしながら、このような閲読の自由は、生活のさまざまな場面にわたり、極めて広い範囲に及ぶものであつて、もとより上告人らの主張するようにその制限が絶対に許されないものとすることはできず、それぞれの場面において、これに優越する公共の利益のための必要から、一定の合理的制限を受けることがあることもやむをえないものといわなければならない。そしてこのことは、閲読の対象が新聞紙である場合でも例外ではない。この見地に立つて考えると、本件におけるように、未決勾留により監獄に拘禁されている者の新聞紙、図書等の閲読の自由についても、逃亡及び罪証隠滅の防止という勾留の目的のためのほか、前記のような監獄内の規律及び秩序の維持のために必要とされる場合にも、一定の制限を加えられることはやむをえないものとして承認しなければならない。しかしながら、未決勾留は、前記刑事司法上の目的のために必要やむをえない措置として一定の範囲で個人の自由を拘束するものであり、他方、これにより拘禁される者は、当該拘禁関係に伴う制約の範囲外においては、原則として一般市民としての自由を保障されるべき者であるから、監獄内の規律及び秩序の維持のためにこれら被拘禁者の新聞紙、図書等の閲読の自由を制限する場合においても、それは、右の目的を達するために真に必要と認められる限度にとどめられるべきものである。したがつて、右の制限が許されるためには、当該閲読を許すことにより右の規律及び秩序が害される一般的、抽象的なおそれがあるというだけでは足りず、被拘禁者の性向、行状、監獄内の管理、保安の状況、当該新聞紙、図書等の内容その他の具体的事情のもとにおいて、その閲読を許すことにより監獄内の規律及び秩序の維持上放置することのできない程度の障害が生ずる相当の蓋然性があると認められることが必要であり、かつ、その場合においても、右の制限の程度は、右の障害発生の防止のために必要かつ合理的な範囲にとどまるべきものと解するのが相当である。

ところで、監獄法31条2項は、在監者に対する文書、図画の閲読の自由を制限することができる旨を定めるとともに、制限の具体的内容を命令に委任し、これに基づき監獄法施行規則86条1項はその制限の要件を定め、更に所論の法務大臣訓令及び法務省矯正局長依命通達は、制限の範囲、方法を定めている。これらの規定を通覧すると、その文言上はかなりゆるやかな要件のもとで制限を可能としているようにみられるけれども、上に述べた要件及び範囲内でのみ閲読の制限を許す旨を定めたものと解するのが相当であり、かつ、そう解することも可能であるから、右法令等は、憲法に違反するものではないとしてその効力を承認することができるというべきである。」

| 21-7 | 泉佐野市民会館事件・最判平成7年3月7日民集49巻3号687頁 |

【表現の自由と利益衡量論】
「このような観点からすると、集会の用に供される公共施設の管理者は、当該公共施設の種類に応じ、また、その規模、構造、設備等を勘案して、公共施設としての使命を十分達成せしめるよう適正にその管理権を行使すべきであって、これらの点か

らみて利用を不相当とする事由が認められないにもかかわらずその利用を拒否し得るのは、利用の希望が競合する場合のほかは、施設をその集会のために利用させることによって、他の基本的人権が侵害され、公共の福祉が損なわれる危険がある場合に限られるものというべきであり、このような場合には、その危険を回避し、防止するために、その施設における集会の開催が必要かつ合理的な範囲で制限を受けることがあるといわなければならない。そして、右の制限が必要かつ合理的なものとして肯認されるかどうかは、基本的には、基本的人権としての集会の自由の重要性と、当該集会が開かれることによって侵害されることのある他の基本的人権の内容や侵害の発生の危険性の程度等を較量して決せられるべきものである。本件条例七条による本件会館の使用の規制は、このような較量によって必要かつ合理的なものとして肯認される限りは、集会の自由を不当に侵害するものではなく、また、検閲に当たるものではなく、したがって、憲法21条に違反するものではない。

　以上のように解すべきことは、当裁判所大法廷判決（最高裁昭和27年(オ)1150号同28年12月23日判決・民集7巻13号1561頁、最高裁昭和57年（行ツ）第156号同59年12月12日判決・民集38巻12号1308頁、最高裁昭和56年(オ)第609号同61年6月11日判決・民集40巻4号872頁、最高裁昭和61年（行ツ）第11号平成4年7月1日判決・民集46巻5号437頁）の趣旨に徴して明らかである。

　そして、このような較量をするに当たっては、集会の自由の制約は、基本的人権のうち精神的自由を制約するものであるから、経済的自由の制約における以上に厳格な基準の下にされなければならない（最高裁昭和43年（行ツ）第120号同50年4月30日大法廷判決・民集29巻4号572頁参照）。」

【表現の自由と利益衡量論──明らかに差し迫った危険の基準】
「3　本件条例7条1号は、「公の秩序をみだすおそれがある場合」を本件会館の使用を許可してはならない事由として規定しているが、同号は、広義の表現を採っているとはいえ、右のような趣旨からして、本件会館における集会の自由を保障することの重要性よりも、本件会館で集会が開かれることによって、人の生命、身体又は財産が侵害され、公共の安全が損なわれる危険を回避し、防止することの必要性が優越する場合をいうものと限定して解すべきであり、その危険性の程度としては、前記各大法廷判決の趣旨によれば、単に危険な事態を生ずる蓋然性があるというだけでは足りず、明らかな差し迫った危険の発生が具体的に予見されることが必要であると解するのが相当である（最高裁昭和26年(あ)第3188号同29年11月24日大法廷判決・刑集8巻11号1866頁参照）。そう解する限り、このような規制は、他の基本的人権に対する侵害を回避し、防止するために必要かつ合理的なものとして、憲法21条に違反するものではなく、また、地方自治法244条に違反するものでもないというべきである。

　そして、右事由の存在を肯認することができるのは、そのような事態の発生が許可権者の主観により予測されるだけではなく、客観的な事実に照らして具体的に明らかに予測される場合でなければならないことはいうまでもない。

　なお、右の理由で本件条例7条1号に該当する事由があるとされる場合には、当然に同条3号の「その他会館の管理上支障があると認められる場合」にも該当するものと解するのが相当である。」

【敵意ある聴衆の理論】
「また、主催者が集会を平穏に行おうとしているのに、その集会の目的や主催者の

思想, 信条に反対する他のグループ等がこれを実力で阻止し, 妨害しようとして紛争を起こすおそれがあることを理由に公の施設の利用を拒むことは, 憲法21条の趣旨に反するところである。しかしながら, 本件集会の実質上の主催者と目されるG派は, 関西新空港建設反対運動の主導権をめぐって他のグループと過激な対立抗争を続けており, 他のグループの集会を攻撃して妨害し, 更には人身に危害を加える事件も引き起こしていたのであって, これに対し他のグループから報復, 襲撃を受ける危険があったことは前示のとおりであり, これを被上告人が警察に依頼するなどしてあらかじめ防止することは不可能に近かったといわなければならず, 平穏な集会を行おうとしている者に対して一方的に実力による妨害がされる場合と同一に論ずることはできないのである。」

21-8	成田新法事件・最大判平成4年7月1日民集46巻5号437頁

【集会の自由の保障根拠, 生の利益衡量論】

「現代民主主義社会においては, 集会は, 国民が様々な意見や情報等に接することにより自己の思想や人格を形成, 発展させ, また, 相互に意見や情報等を伝達, 交流する場として必要であり, さらに, 対外的に意見を表明するための有効な手段であるから, 憲法21条1項の保障する集会の自由は, 民主主義社会における重要な基本的人権の一つとして特に尊重されなければならないものである。

　しかしながら, 集会の自由といえどもあらゆる場合に無制限に保障されなければならないものではなく, 公共の福祉による必要かつ合理的な制限を受けることがあるのはいうまでもない。そして, このような自由に対する制限が必要かつ合理的なものとして是認されるかどうかは, 制限が必要とされる程度と, 制限される自由の内容及び性質, これに加えられる具体的制限の態様及び程度等を較量して決めるのが相当である (最高裁昭和52年(オ)第927号同58年6月22日大法廷判決・民集37巻5号793頁参照)。」

「そこで検討するに, 本法3条1項1号に基づく工作物使用禁止命令により保護される利益は, 新空港若しくは航空保安施設等の設置, 管理の安全の確保並びに新空港及びその周辺における航空機の航行の安全の確保であり, それに伴い新空港を利用する乗客等の生命, 身体の安全の確保も図られるのであって, これらの安全の確保は, 国家的, 社会経済的, 公益的, 人道的見地から極めて強く要請されるところのものである。他方, 右工作物使用禁止命令により制限される利益は, 多数の暴力主義的破壊活動者が当該工作物を集合の用に供する利益にすぎない。しかも, 前記本法制定の経緯に照らせば, 暴力主義的破壊活動等を防止し, 前記新空港の設置, 管理等の安全を確保することには高度かつ緊急の必要性があるというべきであるから, 以上を総合して較量すれば, 規制区域内において暴力主義的破壊活動者による工作物の使用を禁止する措置を採り得るとすることは, 公共の福祉による必要かつ合理的なものであるといわなければならない。」

21-9	広島市暴走族事件・最判平成19年9月18日刑集61巻6号601頁

【生の利益衡量論】

「このような本条例の全体から読み取ることができる趣旨, さらには本条例施行規則の規定等を総合すれば, 本条例が規制の対象としている「暴走族」は, 本条例2条7号の定義にもかかわらず, 暴走行為を目的として結成された集団である本来的

な意味における暴走族の外には、服装、旗、言動などにおいてこのような暴走族に類似し社会通念上これと同視することができる集団に限られるものと解され、したがって、市長において本条例による中止・退去命令を発し得る対象も、被告人に適用されている「集会」との関係では、本来的な意味における暴走族及び上記のようなその類似集団による集会が、本条例16条1項1号、17条所定の場所及び態様で行われている場合に限定されると解される。

そして、このように限定的に解釈すれば、本条例16条1項1号、17条、19条の規定による規制は、広島市内の公共の場所における暴走族による集会等が公衆の平穏を害してきたこと、規制に係る集会であっても、これを行うことを直ちに犯罪として処罰するのではなく、市長による中止命令等の対象とするにとどめ、この命令に違反した場合に初めて処罰すべきものとするという事後的かつ段階的規制によっていること等にかんがみると、その弊害を防止しようとする規制目的の正当性、弊害防止手段としての合理性、この規制により得られる利益と失われる利益との均衡の観点に照らし、いまだ憲法21条1項、31条に違反するとまではいえないことは、最高裁昭和44年(あ)第1501号同49年11月6日大法廷判決・刑集28巻9号393頁、最高裁昭和61年(行ツ)第11号平成4年7月1日大法廷判決・民集46巻5号437頁の趣旨に徴して明らかである。」

| 21-10 | 猿払事件・最大判昭和49年11月6日刑集28巻9号393頁 |

【猿払基準】
「憲法21条の保障する表現の自由は、民主主義国家の政治的基盤をなし、国民の基本的人権のうちでもとりわけ重要なものであり、法律によってもみだりに制限することができないものである。そして、およそ政治的行為は、行動としての面をもつほかに、政治的意見の表明としての面をも有するものであるから、その限りにおいて、憲法21条による保障を受けるものであることも、明らかである。」
「公務のうちでも行政の分野におけるそれは、憲法の定める統治組織の構造に照らし、議会制民主主義に基づく政治過程を経て決定された政策の忠実な遂行を期し、もっぱら国民全体に対する奉仕を旨とし、政治的偏向を排して運営されなければならないものと解されるのであつて、そのためには、個々の公務員が、政治的に、一党一派に偏することなく、厳に中立の立場を堅持して、その職務の遂行にあたることが必要となるのである。すなわち、行政の中立的運営が確保され、これに対する国民の信頼が維持されることは、憲法の要請にかなうものであり、公務員の政治的中立性が維持されることは、国民全体の重要な利益にほかならないというべきである。したがって、公務員の政治的中立性を損うおそれのある公務員の政治的行為を禁止することは、それが合理的で必要やむをえない限度にとどまるものである限り、憲法の許容するところであるといわなければならない。」
「国公法102条1項及び規則による公務員に対する政治的行為の禁止が右の合理的で必要やむをえない限度にとどまるものか否かを判断するにあたつては、禁止の目的、この目的と禁止される政治的行為との関連性、政治的行為を禁止することにより得られる利益と禁止することにより失われる利益との均衡の3点から検討することが必要である。

そこで、まず、禁止の目的及びこの目的と禁止される行為との関連性について考えると、もし公務員の政治的行為のすべてが自由に放任されるときは、おのずから公

務員の政治的中立性が損われ、ためにその職務の遂行ひいてはその属する行政機関の公務の運営に党派的偏向を招くおそれがあり、行政の中立的運営に対する国民の信頼が損われることを免れない。また、公務員の右のような党派的偏向は、逆に政治的党派の行政への不当な介入を容易にし、行政の中立的運営が歪められる可能性が一層増大するばかりでなく、そのような傾向が拡大すれば、本来政治的中立を保ちつつ一体となつて国民全体に奉仕すべき責務を負う行政組織の内部に深刻な政治的対立を醸成し、そのため行政の能率的で安定した運営は阻害され、ひいては議会制民主主義の政治過程を経て決定された国の政策の忠実な遂行にも重大な支障をきたすおそれがあり、このようなおそれは行政組織の規模の大きさに比例して拡大すべく、かくては、もはや組織の内部規律のみによつてはその弊害を防止することができない事態に立ち至るのである。したがつて、このような弊害の発生を防止し、行政の中立的運営とこれに対する国民の信頼を確保するため、公務員の政治的中立性を損うおそれのある政治的行為を禁止することは、まさしく憲法の要請に応え、公務員を含む国民全体の共同利益を擁護するための措置にほかならないのであつて、その目的は正当なものというべきである。また、右のような弊害の発生を防止するため、公務員の政治的中立性を損うおそれがあると認められる政治的行為を禁止することは、禁止目的との間に合理的な関連性があるものと認められるのであつて、たとえその禁止が、公務員の職種・職務権限、勤務時間の内外、国の施設の利用の有無等を区別することなく、あるいは行政の中立的運営を直接、具体的に損う行為のみに限定されていないとしても、右の合理的な関連性が失われるものではない。

　次に、利益の均衡の点について考えてみると、民主主義国家においては、できる限り多数の国民の参加によつて政治が行われることが国民全体にとつて重要な利益であることはいうまでもないのであるから、公務員が全体の奉仕者であることの一面のみを強調するあまり、ひとしく国民の一員である公務員の政治的行為を禁止することによつて右の利益が失われることとなる消極面を軽視することがあつてはならない。しかしながら、公務員の政治的中立性を損うおそれのある行動類型に属する政治的行為を、これに内包される意見表明そのものの制約をねらいとしてではなく、その行動のもたらす弊害の防止をねらいとして禁止するときは、同時にそれにより意見表明の自由が制約されることにはなるが、それは、単に行動の禁止に伴う限度での間接的、付随的な制約に過ぎず、かつ、国公法102条1項及び規則の定める行動類型以外の行為により意見を表明する自由までをも制約するものではなく、他面、禁止により得られる利益は、公務員の政治的中立性を維持し、行政の中立的運営とこれに対する国民の信頼を確保するという国民全体の共同利益なのであるから、得られる利益は、失われる利益に比してさらに重要なものというべきであり、その禁止は利益の均衡を失するものではない。

　以上の観点から本件で問題とされている規則5項3号、6項13号の政治的行為をみると、その行為は、特定の政党を支持する政治的目的を有する文書を掲示し又は配布する行為であつて、政治的偏向の強い行動類型に属するものにほかならず、政治的行為の中でも、公務員の政治的中立性の維持を損うおそれが強いと認められるものであり、政治的行為の禁止目的との間に合理的な関連性をもつものであることは明白である。また、その行為の禁止は、もとよりそれに内包される意見表明そのものの制約をねらいとしたものではなく、行動のもたらす弊害の防止をねらいとしたものであつて、国民全体の共同利益を擁護するためのものであるから、その禁止

により得られる利益とこれにより失われる利益との間に均衡を失するところがあるものとは，認められない。したがつて，国公法102条1項及び規則5項3号，6項13号は，合理的で必要やむをえない限度を超えるものとは認められず，憲法21条に違反するものということはできない。」

21-11	堀越事件・最判平成24年12月7日刑集66巻12号1337頁

【表現の自由と利益衡量論】
「そこで，進んで本件罰則規定が憲法21条1項，31条に違反するかを検討する。この点については，本件罰則規定による政治的行為に対する規制が必要かつ合理的なものとして是認されるかどうかによることになるが，これは，本件罰則規定の目的のために規制が必要とされる程度と，規制される自由の内容及び性質，具体的な規制の態様及び程度等を較量して決せられるべきものである（最高裁昭和52年(オ)第927号同58年6月22日大法廷判決・民集37巻5号793頁等）。そこで，まず，本件罰則規定の目的は，前記のとおり，公務員の職務の遂行の政治的中立性を保持することによって行政の中立的運営を確保し，これに対する国民の信頼を維持することにあるところ，これは，議会制民主主義に基づく統治機構の仕組みを定める憲法の要請にかなう国民全体の重要な利益というべきであり，公務員の職務の遂行の政治的中立性を損なうおそれが実質的に認められる政治的行為を禁止することは，国民全体の上記利益の保護のためであって，その規制の目的は合理的であり正当なものといえる。他方，本件罰則規定により禁止されるのは，民主主義社会において重要な意義を有する表現の自由としての政治活動の自由ではあるものの，前記アのとおり，禁止の対象とされるものは，公務員の職務の遂行の政治的中立性を損なうおそれが実質的に認められる政治的行為に限られ，このようなおそれが認められない政治的行為や本規則が規定する行為類型以外の政治的行為が禁止されるものではないから，その制限は必要やむを得ない限度にとどまり，前記の目的を達成するために必要かつ合理的な範囲のものというべきである。そして，上記の解釈の下における本件罰則規定は，不明確なものとも，過度に広汎な規制であるともいえないと解される。なお，このような禁止行為に対しては，服務規律違反を理由とする懲戒処分のみではなく，刑罰を科すことをも制度として予定されているが，これは，国民全体の上記利益を損なう影響の重大性等に鑑みて禁止行為の内容，態様等が懲戒処分等では対応しきれない場合も想定されるためであり，あり得べき対応というべきであって，刑罰を含む規制であることをもって直ちに必要かつ合理的なものであることが否定されるものではない。

　以上の諸点に鑑みれば，本件罰則規定は憲法21条1項，31条に違反するものではないというべきであり，このように解することができることは，当裁判所の判例（最高裁昭和44年(あ)第1501号同49年11月6日大法廷判決・刑集28巻9号393頁，最高裁昭和52年(オ)第927号同58年6月22日大法廷判決・民集37巻5号793頁，最高裁昭和57年（行ツ）第156号同59年12月12日大法廷判決・民集38巻12号1308頁，最高裁昭和56年(オ)第609号同61年6月11日大法廷判決・民集40巻4号872頁，最高裁昭和61年（行ツ）第11号平成4年7月1日大法廷判決・民集46巻5号437頁，最高裁平成10年（分ク）第1号同年12月1日大法廷決定・民集52巻9号1761頁）の趣旨に徴して明らかである。」

21-12　法廷メモ訴訟・最大判平成元年3月8日民集43巻2号89頁

【情報摂取等の自由——筆記行為の自由】
「　三1　憲法21条1項の規定は，表現の自由を保障している。そうして，各人が自由にさまざまな意見，知識，情報に接し，これを摂取する機会をもつことは，その者が個人として自己の思想及び人格を形成，発展させ，社会生活の中にこれを反映させていく上において欠くことのできないものであり，民主主義社会における思想及び情報の自由な伝達，交流の確保という基本的原理を真に実効あるものたらしめるためにも必要であつて，このような情報等に接し，これを摂取する自由は，右規定の趣旨，目的から，いわばその派生原理として当然に導かれるところである（最高裁昭和52年(オ)第927号同58年6月22日大法廷判決・民集37巻5号793頁参照）。市民的及び政治的権利に関する国際規約（以下「人権規約」という。）19条2項の規定も，同様の趣旨にほかならない。
　　2　筆記行為は，一般的には人の生活活動の一つであり，生活のさまざまな場面において行われ，極めて広い範囲に及んでいるから，そのすべてが憲法の保障する自由に関係するものということはできないが，さまざまな意見，知識，情報に接し，これを摂取することを補助するものとしてなされる限り，筆記行為の自由は，憲法21条1項の規定の精神に照らして尊重されるべきであるといわなければならない。
　　　裁判の公開が制度として保障されていることに伴い，傍聴人は法廷における裁判を見聞することができるのであるから，傍聴人が法廷においてメモを取ることは，その見聞する裁判を認識，記憶するためになされるものである限り，尊重に値し，故なく妨げられてはならないものというべきである。
　　四　もつとも，情報等の摂取を補助するためにする筆記行為の自由といえども，他者の人権と衝突する場合にはそれとの調整を図る上において，又はこれに優越する公共の利益が存在する場合にはそれを確保する必要から，一定の合理的制限を受けることがあることはやむを得ないところである。しかも，右の筆記行為の自由は，憲法21条1項の規定によつて直接保障されている表現の自由そのものとは異なるものであるから，その制限又は禁止には，表現の自由に制約を加える場合に一般に必要とされる厳格な基準が要求されるものではないというべきである。
　　　これを傍聴人のメモを取る行為についていえば，法廷は，事件を審理，裁判する場，すなわち，事実を審究し，法律を適用して，適正かつ迅速な裁判を実現すべく，裁判官及び訴訟関係人が全神経を集中すべき場であつて，そこにおいて最も尊重されなければならないのは，適正かつ迅速な裁判を実現することである。傍聴人は，裁判官及び訴訟関係人と異なり，その活動を見聞する者であつて，裁判に関与して何らかの積極的な活動をすることを予定されている者ではない。したがつて，公正かつ円滑な訴訟の運営は，傍聴人がメモを取ることに比べれば，はるかに優越する法益であることは多言を要しないところである。してみれば，そのメモを取る行為がいささかでも法廷における公正かつ円滑な訴訟の運営を妨げる場合には，それが制限又は禁止されるべきことは当然であるというべきである。適正な裁判の実現のためには，傍聴それ自体をも制限することができるとされているところでもある（刑訴規則202条，123条2項参照）。
　　　メモを取る行為が意を通じた傍聴人によつて一斉に行われるなど，それがデモンストレーションの様相を呈する場合などは論外としても，当該事件の内容，証人，

被告人の年齢や性格, 傍聴人と事件との関係等の諸事情によつては, メモを取る行為そのものが, 審理, 裁判の場にふさわしくない雰囲気を醸し出したり, 証人, 被告人に不当な心理的圧迫などの影響を及ぼしたりすることがあり, ひいては公正かつ円滑な訴訟の運営が妨げられるおそれが生ずる場合のあり得ることは否定できない。

　しかしながら, それにもかかわらず, 傍聴人のメモを取る行為が公正かつ円滑な訴訟の運営を妨げるに至ることは, 通常はあり得ないのであつて, 特段の事情のない限り, これを傍聴人の自由に任せるべきであり, それが憲法21条1項の規定の精神に合致するものということができる。」

21－13	博多駅テレビフィルム提出命令事件・最大決昭和44年11月26日刑集23巻11号1490頁
	【報道の自由, 取材の自由】 「報道機関の報道は, 民主主義社会において, 国民が国政に関与するにつき, 重要な判断の資料を提供し, 国民の「知る権利」に奉仕するものである。したがつて, 思想の表明の自由とならんで, 事実の報道の自由は, 表現の自由を規定した憲法21条の保障のもとにあることはいうまでもない。また, このような報道機関の報道が正しい内容をもつためには, 報道の自由とともに, 報道のための取材の自由も, 憲法21条の精神に照らし, 十分尊重に値いするものといわなければならない。」 【取材の自由の限界──利益衡量論】 「しかし, 取材の自由といつても, もとより何らの制約を受けないものではなく, たとえば公正な裁判の実現というような憲法上の要請があるときは, ある程度の制約を受けることのあることも否定することができない。 　本件では, まさに, 公正な刑事裁判の実現のために, 取材の自由に対する制約が許されるかどうかが問題となるのであるが, 公正な刑事裁判を実現することは, 国家の基本的要請であり, 刑事裁判においては, 実体的真実の発見が強く要請されることもいうまでもない。このような公正な刑事裁判の実現を保障するために, 報道機関の取材活動によつて得られたものが, 証拠として必要と認められるような場合には, 取材の自由がある程度の制約を蒙ることとなつてもやむを得ないところというべきである。しかしながら, このような場合においても, 一面において, 審判の対象とされている犯罪の性質, 態様, 軽重および取材したものの証拠としての価値, ひいては, 公正な刑事裁判を実現するにあたつての必要性の有無を考慮するとともに, 他面において, 取材したものを証拠として提出させられることによつて報道機関の取材の自由が妨げられる程度およびこれが報道の自由に及ぼす影響の度合その他諸般の事情を比較衡量して決せられるべきであり, これを刑事裁判の証拠として使用することがやむを得ないと認められる場合においても, それによつて受ける報道機関の不利益が必要な限度をこえないように配慮されなければならない。」
21－14	NHK記者証言拒絶事件・最決平成18年10月3日民集60巻8号2647頁
	【取材源秘匿】 「ここにいう「職業の秘密」とは, その事項が公開されると, 当該職業に深刻な影響を与え以後その遂行が困難になるものをいうと解される (最高裁平成11年 (許) 第20号同12年3月10日第1小法廷決定・民集54巻3号1073頁参照)。もっとも, ある秘密が上記の意味での職業の秘密に当たる場合においても, そのことから直ちに

第5章　表現の自由　（判例一覧）　099

証言拒絶が認められるものではなく，そのうち保護に値する秘密についてのみ証言拒絶が認められると解すべきである。そして，保護に値する秘密であるかどうかは，秘密の公表によって生ずる不利益と証言の拒絶によって犠牲になる真実発見及び裁判の公正との比較衡量により決せられるというべきである。

報道関係者の取材源は，一般に，それがみだりに開示されると，報道関係者と取材源となる者との間の信頼関係が損なわれ，将来にわたる自由で円滑な取材活動が妨げられることとなり，報道機関の業務に深刻な影響を与え以後その遂行が困難になると解されるので，取材源の秘密は職業の秘密に当たるというべきである。そして，当該取材源の秘密が保護に値する秘密であるかどうかは，当該報道の内容，性質，その持つ社会的な意義・価値，当該取材の態様，将来における同種の取材活動が妨げられることによって生ずる不利益の内容，程度等と，当該民事事件の内容，性質，その持つ社会的な意義・価値，当該民事事件において当該証言を必要とする程度，代替証拠の有無等の諸事情を比較衡量して決すべきことになる。

そして，この比較衡量にあたっては，次のような点が考慮されなければならない。

すなわち，報道機関の報道は，民主主義社会において，国民が国政に関与するにつき，重要な判断の資料を提供し，国民の知る権利に奉仕するものである。したがって，思想の表明の自由と並んで，事実報道の自由は，表現の自由を規定した憲法21条の保障の下にあることはいうまでもない。また，このような報道機関の報道が正しい内容を持つためには，報道の自由とともに，報道のための取材の自由も，憲法21条の精神に照らし，十分尊重に値するものといわなければならない（最高裁昭和44年(し)第68号同年11月26日大法廷決定・刑集23巻11号1490頁参照）。取材の自由の持つ上記のような意義に照らして考えれば，取材源の秘密は，取材の自由を確保するために必要なものとして，重要な社会的価値を有するというべきである。そうすると，当該報道が公共の利益に関するものであって，その取材の手段，方法が一般の刑罰法令に触れるとか，取材源となった者が取材源の秘密の開示を承諾しているなどの事情がなく，しかも，当該民事事件が社会的意義や影響のある重大な民事事件であるため，当該取材源の秘密の社会的価値を考慮してもなお公正な裁判を実現すべき必要性が高く，そのために当該証言を得ることが必要不可欠であるといった事情が認められない場合には，当該取材源の秘密は保護に値すると解すべきであり，証人は，原則として，当該取材源に係る証言を拒絶することができると解するのが相当である。」

第6章 職業の自由
22条1項を読む

　憲法22条　1項　何人も，公共の福祉に反しない限り，居住，移転及び職業選択の自由を有する。

I　22条1項のうち「職業選択の自由」に係る部分の文言と解釈

1　リーディングケースとしての薬事法違憲判決

　22条1項の「職業選択の自由」および「公共の福祉に反しない限り」の文言を解釈するにあたって，強力なガイドラインとなるのが薬事法違憲判決（判例22-1）である。以下2および3では薬事法違憲判決を引用しながら「職業選択の自由」および「公共の福祉に反しない限り」の文言の解釈を解説する。[*1]

2　「職業選択の自由」の解釈

　22条1項は「職業選択の自由」を保障している。（狭義の）職業選択の自由とは，「職業の開始，継続，廃止」の自由である。「職業は，人が自己の生計を維持するためにする継続的活動であるとともに，分業社会においては，これを通じて社会の存続と発展に寄与する社会的機能分担の活動たる性質を有し，各人が自己のもつ個性を全うすべき場として，個人の人格的価値とも不可分の関連を有するもの」であり，社会的・経済的性質を有するのみならず，「個人の人格的価値」に根拠をもつ。[*2] この「職業」の性格，意義に照らして，22条1項の「職業選択の自由」の中には，「選択した職業の遂行自体，すなわちその職業活動の内容，態様においても，原則として自由」であるという職業活動の自由の保障が含まれるものと解されている。[*3]

3　「公共の福祉に反しない限り」の解釈

　22条1項は，精神的自由の条項と異なり，「公共の福祉に反しない限り」と規定し職業の自由の規制根拠を定めている。これは，「職業」は，「本質的に社会的な，しかも主として経済的な活動であつて，その性質上，社会的相互関連性が大きいもの」であるため，精神的自由と比較してより強い公権力による規制を受けることを明らかにするものである。

　職業の自由の規制目的は「国民経済の円満な発展や社会公共の便宜の促進，経済的弱者の保護等の社会政策及び経済政策上の積極的なもの」（積極目的）から「社会生活における安全の保障や秩序の維持等の消極的なもの」（消極目的）まで多様であり，規制態様も「あるいは特定の職業につき私人による遂行を一切禁止してこれを国家又は公共団体の専業とし，あるいは一定の条件をみたした者にのみこれを認め，更に，場合によつては，進んでそれらの者に職業の継続，遂行の義務を課し，あるいは職業の開始，継続，廃止の自由を認めながらその遂行の方法又は態様について規制する等，それぞれの事情に応じて各種各様の形をとる」。そのため22条1項の「公共の福祉」の範囲内の制限かは，「具体的な規制措置について，規制の目的，必要性，内容，これによって制限される職業の自由の性質，内容及び制限の程度を検討し，これらを比較考量したうえで慎重に決定され」，その判断は「第一次的には立法府の権限と責務」であって立法府の合理的裁量が働く（利益衡量論＋立法府の合理的裁量論）。ただし，この「合理的裁量の範囲については，事の性質上おのずから広狭がありうるのであつて，裁判所は，具体的な規制の目的，対象，方法等の性質と内容に照らして，これを決すべき」である，とされる（事の性質論）。

4　小　　括

　22条1項で保障される「職業選択の自由」——すなわち職業の自由（狭義の職業選択の自由＋職業活動の自由）は，「公共の福祉」の範囲内で，立法府の合理的裁量に基づく規制に服するが，この合理的裁量の範囲は「事の性質」に照らして決定される。では，いかなる場合に立法府の合理的裁量の範囲内で，いかなる場合にその合理的裁量を超えるのか。「事の性質」に照らして，より具体的な審査基準を決定する必要がある。[*4]

Ⅱ 職業の自由に関する審査基準

1 職業選択の自由規制＋消極目的規制——薬事法違憲判決の定式

　伝統的な学説は，消極目的規制には「厳格な合理性の基準」，積極目的規制には「明白性の原則」が妥当するという規制目的二分論を重要な指標としつつ，規制態様も加味して審査基準を決定する立場を採用していた[*5]。いわば規制目的→規制態様の順序で考慮を行い審査基準を決定するのが学説であった。しかし，薬事法違憲判決（判例22-1）は，規制態様→規制目的の順序で検討を行い，違憲審査基準の決定を行っており，この点で伝統的学説とは異なる立場に立っている[*6]。

　第一に，「一般に許可制は，単なる職業活動の内容及び態様に対する規制を超えて，狭義における職業の選択の自由そのものに制約を課するもので，職業の自由に対する強力な制限」であり，職業活動の自由に対する操業規制にとどまらず，狭義の職業選択の自由そのものに対する「強力な制限」である場合には，「原則として，重要な公共の利益のために必要かつ合理的な措置であることを要」する，という厳格な合理性の基準の水準の審査基準を適用する（薬事法違憲判決第1基準）。

　第二に，「社会政策ないしは経済政策上の積極的な目的のための措置ではなく，自由な職業活動が社会公共に対してもたらす弊害を防止するための消極的，警察的措置である場合」には，「許可制に比べて職業の自由に対するよりゆるやかな制限である職業活動の内容及び態様に対する規制によつては右の目的を十分に達成することができないと認められることを要する」とし，消極目的規制の場合には重ねてLRAの基準を適用する（薬事法違憲判決第2基準）。

　薬事法違憲判決の判決文を文言どおり忠実に理解した場合，薬事法違憲判決第1基準は消極目的でも積極目的でも狭義の職業選択の自由に対する強度の制約が認められれば適用され，さらに消極目的規制であれば第2基準も適用されることとなろう[*7]。

2　職業選択の自由規制＋積極目的規制——小売市場判決

　昭和50年の薬事法違憲判決（判例22-1）は薬局開設の距離制限規定を狭義の職業選択の自由そのものに対する制約と判断したが，昭和47年の小売市場判決（判例22-2）は700メートルの距離制限に関して「立法府がその裁量権を逸脱し，当該法的規制措置が著しく不合理であることの明白である場合」に限り違憲とする明白性の原則を適用している。薬事法違憲判決第1基準が消極目的・積極目的規制の如何を問わずに適用されるのであるとすれば，小売市場判決で明白性の原則が適用されていることと整合しないように思われる。

　小売市場判決は明白性の原則を適用する根拠として挙げているのは，「法的規制措置の必要の有無や法的規制措置の対象・手段・態様などを判断するにあたつては，その対象となる社会経済の実態についての正確な基礎資料が必要であり，具体的な法的規制措置が現実の社会経済にどのような影響を及ぼすか，その利害得失を洞察するとともに，広く社会経済政策全体との調和を考慮する等，相互に関連する諸条件についての適正な評価と判断が必要であつて，このような評価と判断の機能は，まさに立法府の使命とするところであり，立法府こそがその機能を果たす適格を具えた国家機関であるというべき」である，という点である。これは立法府と司法府の機能的な権限分配論を根拠とするものである。

　薬事法違憲判決と小売市場判決を仮に整合的に理解するのであれば，狭義の職業選択の自由の規制であっても，積極目的規制のような「立法府こそがその機能を果たす適格を具えた国家機関」といえるような場合には，違憲審査基準が緩和される，と理解されることになる。[*8]

3　職業活動の自由の規制——西陣ネクタイ訴訟

　積極目的規制かつ職業活動の自由規制が問題となった事件として，西陣ネクタイ訴訟（判例22-3）がある。同事件は明白性の原則を適用している。

　消極目的規制かつ職業活動の自由規制の場合に，判例がいかなる審査基準を適用するかは明らかではない。薬事法違憲判決第1基準によれば緩やかな審査基準が適用されるようにも思えるが，学説では審査密度は比較的に緩やかとなるとしつつ，衛生法的な観点からの合理性について立法事実に基づく審査を要

求するものもある。[*9]

Ⅲ　規制態様論をめぐる問題

　薬事法違憲判決（判例22-1）は狭義の職業選択の自由の規制／職業活動の自由の規制という規制二分論の大枠を示したが，薬事法違憲判決はよりきめ細やかな規制態様論を採用していると解釈する余地がある。

　薬事法違憲判決に大きな影響を与えたドイツ薬局判決は，[*10]①職業遂行の自由の規制，②当該職業を希望する者の意思・努力・能力次第で充足しうる許可の主観的要件（資格等）による職業選択それ自体に対する制限，③個人的性質・能力では如何ともし難い許可の客観的要件による職業選択それ自体に対する制限を分け，①→③の順番で合憲性審査基準が厳格化していく立場をとった（三段階理論）。

　日本の薬事法違憲判決は，「許可制の採用自体」のみならず「個々の許可条件」ごとの合憲性審査を要請しており，薬局の構造設備・薬剤師の数（薬事法6条1項1号），許可申請者の人的欠格事由（同項2号）については「いずれも不良医薬品の供給の防止の目的に直結する事項であり，比較的容易にその必要性と合理性を肯定しうる」とする一方で，距離制限規定（同法6条2項）については「適正配置上の観点から不許可の道を開くこととした趣旨，目的を明らかにし，このような許可条件の設定とその目的との関連性，及びこのような目的を達成する手段としての必要性と合理性を検討し，この点に関する立法府の判断がその合理的裁量の範囲を超えないかどうかを判断する」とし，前者の主観的要件と比較すると後者の客観的要件について，より厳格に審査する姿勢を打ち出している。[*11]

　司法書士の資格制に関する合憲性が問題となった司法書士法事件（判例22-4）は，「登記制度が国民の権利義務等社会生活上の利益に重大な影響を及ぼすもの」であって，「公共の福祉に合致した合理的なもの」として，簡単な理由付けで合憲の判断を下している。司法書士の資格制は，狭義の職業選択の自由に対する規制であり，かつ「国民の権利義務等社会生活上の利益に重大な影響を及ぼす」という消極目的規制であり，薬事法違憲判決の定式によれば厳格な審

査基準が適用され，その合憲性はきめ細やかに審査される必要があるはずである。しかし，司法書士の資格制は，ドイツの三段階理論でいえば②の主観的要件に基づく規制であって，日本の薬事法違憲判決がドイツの三段階理論の影響を受けているとすれば，やや緩やかな審査基準が暗黙の前提とされた可能性がある。司法書士法事件の調査官解説も，消極目的規制ではあるが，資格制度による規制であることから，合憲性審査基準を緩和している。[*12][*13]

　このような三段階理論的な判例の解釈に対しては，積極目的規制について審査基準を緩和する小売市場判決等と整合しないばかりでなく，「前もって設定された基準に照らして，所与の規制態様が権利の制約を正当化するに足りる合理性・必要性を備えているかを判定」する審査基準論の思考様式と矛盾する旨の指摘がある。[*14]少なくとも三段階理論を基礎として判例を理解した場合には，積極目的規制の場合に審査基準を緩和する合理的理由を探求する必要があろう。

Ⅳ　規制目的論をめぐる問題

1　消極目的・積極目的の認定──主たる目的

　小売市場判決（判例22-2）と薬事法違憲判決（判例22-1）の形作る最高裁の審査基準の枠組みは，当該規制立法が消極目的／積極目的のいずれであるかを明確に認定できなければ機能しない。しかし，現実の立法を見ると，消極目的と積極目的が混在しており，両者を必ずしも明確に区分できないことがある。

　薬事法違憲判決においても，「国民の生命及び健康に対する危険の防止」という消極目的と「薬局等の過当競争及びその経営の不安定化の防止」という積極目的が混在していた。しかし，薬事法違憲判決は，改正法律案を提出した提案者の提案理由，薬事法の性格および規定全体を考慮し，「適正配置規制は，主として国民の生命及び健康に対する危険の防止という消極的，警察的目的のための規制措置であり，そこで考えられている薬局等の過当競争及びその経営の不安定化の防止も，それ自体が目的ではなく，あくまでも不良医薬品の供給の防止のための手段であるにすぎない」と，消極目的を主たる目的として認定した。

　消極目的・積極目的が混在している立法において，最高裁の審査枠組みを十

分に機能させるためには、まずこのような「主たる目的」の認定という手法が存在する。薬事法違憲判決は裁判官のフリーハンドによりこの「主たる目的」を認定しているわけではなく、あくまで法律案の提案理由、薬事法の性格および規定全体の検討を通じて「主たる目的」を認定している点には留意が必要である。

2　規制目的の転換論

　薬事法違憲判決（判例22-1）では法律案の提案理由に基づき主たる規制目的が認定されたが、裁判所による規制目的の認定は法律案の提案理由に拘束されるものではなく、立法が現実に果たしている役割・機能からいわば事後的にその目的を立法事実として抽出し、認定することが許容される。[*15]

　たとえば、公衆浴場距離制限事件（最大判昭和30年1月26日刑集9巻1号89頁）は公衆浴場の距離制限規定を消極目的規制と認定しつつ22条1項違反を否定したが、その後、最高裁は同規定の積極目的性を認定し、明白性の原則を適用するに至っている（最判平成元年1月20日刑集43巻1号1頁、最判平成元年3月7日集民156号299頁）。

3　規制目的の複合化論

　法律案の提案理由、当該立法の性格および諸規定、当該立法の現実の役割・機能等の諸事情を総合したとしても、消極目的と積極目的のいずれが主たるものか認定できない事態というのも論理的には想定しうる。有力な学説は建築規制や公害規制のように消極目的と積極目的が併存する立法が増加しつつあるとして、規制目的二分論の限界を指摘する。[*16]

4　第3の規制目的論

　規制目的二分論は規制目的が消極目的と積極目的のいずれかに認定できることを想定しているが、消極目的にも積極目的にも該当しない立法目的が存在しうる。このことが問題となったのが、税収確保目的に基づく酒類販売免許制の合憲性が問題となった酒類販売免許制判決（判例22-5）である。

　同判決は、最初に許可制という規制態様に照らして薬事法違憲判決（判例22-

第6章　職業の自由　107

1）の第１基準を引用し「原則として，重要な公共の利益のために必要かつ合理的な措置であることを要する」としたが，「租税法の定立については，国家財政，社会経済，国民所得，国民生活等の実態についての正確な資料を基礎とする立法府の政策的，技術的な判断にゆだねるほかはなく，裁判所は，基本的にはその裁量的判断を尊重せざるを得ない」という租税領域の立法裁量論に依拠して，薬事法違憲判決第２基準の適用判断に入ることなく，「著しく不合理なものでない限り」22条１項違反にならないという緩やかな審査基準を適用した。

酒類販売免許制判決の調査官解説によれば，同判決は薬事法違憲判決の厳格な合理性の基準か小売市場判決の明白性の原則かといった硬直的な二分論的思考方法を採用せず，「当該規制立法が，どこまで立法事実に踏込んだ司法判断がされるべき分野に属するのか，換言すれば，立法事実の把握，ひいては規制措置の必要性と合理性についての立法裁量をどの程度尊重すべき分野に属するのかを検討することこそが重要」[17]である，という（立法事実把握可能性アプローチ）[18]。この立法事実把握可能性アプローチは，その後の判例でも影響力をもっていくことになる。[19]

V　職業の自由と立法事実論

薬事法違憲判決（判例22-１）は「競争の激化―経営の不安定―法規違反という因果関係に立つ不良医薬品の供給の危険が，薬局等の段階において，相当程度の規模で発生する可能性があるとすることは，単なる観念上の想定にすぎず，確実な根拠に基づく合理的な判断とは認めがたい」として立法事実を精査し，違憲判決を下した点にも特徴がある。

アメリカでは経済的規制立法について，権力分立原則を背景とした司法の自己制限を根拠として，立法の基礎となる立法事実の存在の推定を行う合憲性推定の原則が適用されている。[20]小売市場判決（判例22-２）は，この合憲性推定原則を働かせ，立法事実の精査を行っていないものと推察される。[21]ここで経済規制立法の事案である薬事法違憲判決でも合憲性推定原則が働き，立法事実の精査をすることができないのではないか，との疑問が生ずる。薬事法違憲判決は

この問題について明示的に判断していないが、同判決の調査官解説は、立法事実の中には「広範複雑で裁判所の手に負えないものや、かなり微妙で裁判所の判断に親しまないものが少なくないが、他方、特別の広い専門的調査や立入った審議を経なければならないというようなものではない、比較的常識的な判断に親しむものもある」等の理由から「一律に論じることはできない」とした上で、本件は「健全な常識からすれば合理的根拠をもつとは思われないような立法事実の主張に対しては、その主張にそう特段の根拠資料が見出されないかぎり、そのような主張事実の存在を肯定して当該立法の合理性を肯定することはできないという見地から判断」している、という。既に言及した立法事実把握可能性アプローチは、この薬事法違憲判決の考え方の延長線上にあるものである。[*22]

アメリカ流の精神的自由／経済的自由規制の二分論に基づくリジットな合憲性推定の原則でいくのか、日本流のスライディング・スケール的な立法事実把握可能性アプローチでいくのかは今後検討されるべきであろう。[*23]

VI 職業の自由の検討視点

職業の自由については薬事法違憲判決（判例22-1）が最も強力な論証の定式を提供しているが、その他の判例をも併せ見ると、薬事法違憲判決の論理は必ずしも一貫しているわけではない。伝統的な学説の唱える規制目的二分論、ドイツ流の三段階理論、アメリカ流の合憲性推定の原則、日本流の立法事実把握可能性アプローチ等の様々な考え方がせめぎ合っており、立場によって判例の解釈も様々となる。

判例を整合的に理解しようとした場合、人格的理由、機能論的理由（権限分配的理由）、政治学的理由の3つの見地による整理がありうる。

第一は、薬事法違憲判決が職業の人格的価値を基礎として職業の自由の正当化を行っていることから、人格的価値に対する介入強度に応じてドイツの三段階理論により基本的には審査基準を決定しつつも、「職業選択の直接規制である許可制に対して、風当たりが強くなりすぎる傾向が生ずる」ので「人格的アプローチのバイアスを緩和する」ために積極目的規制の比例原則の適用を緩和する、という説明である（人格的理由）。[*24]

第二は,「消極規制の場合は,立法事実の把握の面において裁判所にとって比較的容易であるということのほか,手段に関し必要最小限にとどまるかどうかの判断が可能である」のに対し,「積極規制の場合は,典型的には,国際的な視野も含めて国としてどのような戦略的視点に立って,いかなる産業をどのように保護・規制するのかといった事柄にかかわり,裁判所として必要最小限度性の基準を用いにくいとの事情」があるとして,裁判所の審査能力ないし機能論的（権限分配的）観点から違憲審査基準の厳格度を決定する立場である（機能論的理由）[*25]。

　第三は,民主的政治過程の維持という観点から違憲審査を捉え,裁判所の任務を「経済規制立法が適切な情報の下で公正かつ透明に行われる環境を整えること」に求め,薬事法違憲判決のように「国会が特定の業界の保護立法をあたかも国民一般の福祉に貢献する消極的警察規制であるかのように装って制定した場合には,裁判所は目的と手段との関連性を立ち入って審査し,合理的関連性が無い場合には違憲無効とすべき」である一方で,小売市場判決（判例22-2）のように「国会が正面から特定の業界の保護をうたって法律を制定した場合,それは国会が本来果たすべき交渉と妥協による利害調整の結果であるから,裁判所が立ち入った審査を行う必要はない」として,実際の政治力学に基づき規制目的二分論を再構成する見解がある（政治学的理由）[*26]。すなわち,消極目的規制立法の場合,消極目的を偽装して特定の業界保護立法を通過させるケースが多いため消極目的と手段との実質的関連性を審査する必要があるが,積極目的規制立法の場合には特定の業界保護立法であることが政治過程で既に検証されているがゆえに裁判所としては緩やかな審査をすれば足りる,という発想である。

　近年の有力学説が提案するこれら3つの論拠について,判例がどのような反応を見せていくかを注視する必要があろう。

Ⅶ　22条1項の地図（職業の自由）

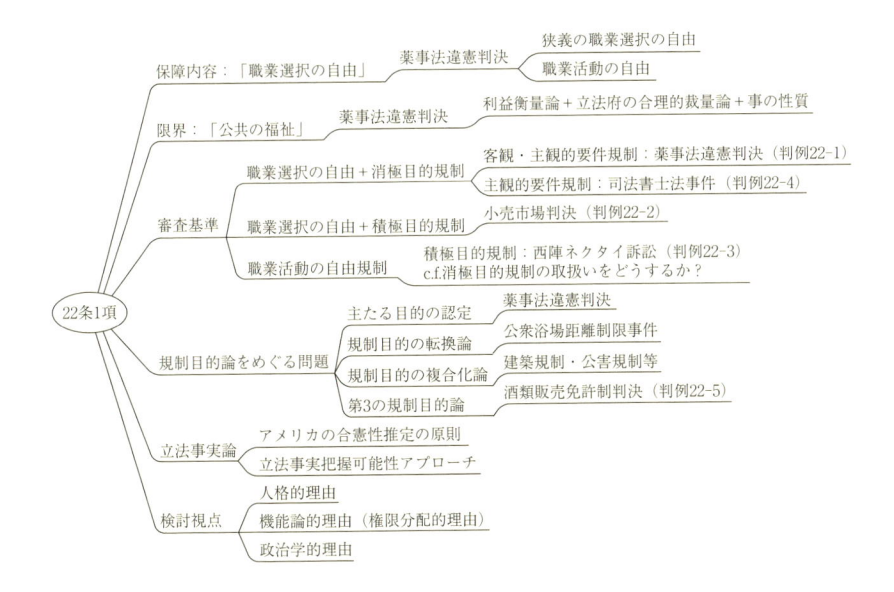

```
22条1項
├─ 保障内容：「職業選択の自由」── 薬事法違憲判決 ┬─ 狭義の職業選択の自由
│                                              └─ 職業活動の自由
├─ 限界：「公共の福祉」── 薬事法違憲判決 ── 利益衡量論＋立法府の合理的裁量論＋事の性質
├─ 審査基準 ┬─ 職業選択の自由＋消極目的規制 ┬─ 客観的・主観的要件規制：薬事法違憲判決（判例22-1）
│          │                              └─ 主観的要件規制：司法書士法事件（判例22-4）
│          ├─ 職業選択の自由＋積極目的規制 ── 小売市場判決（判例22-2）
│          └─ 職業活動の自由規制 ── 積極目的規制：西陣ネクタイ訴訟（判例22-3）
│                                  c.f.消極目的規制の取扱いをどうするか？
├─ 規制目的論をめぐる問題 ┬─ 主たる目的の認定 ── 薬事法違憲判決
│                        ├─ 規制目的の転換論 ── 公衆浴場距離制限事件
│                        ├─ 規制目的の複合化論 ── 建築規制・公害規制等
│                        └─ 第3の規制目的論 ── 酒類販売免許制判決（判例22-5）
├─ 立法事実論 ┬─ アメリカの合憲性推定の原則
│            └─ 立法事実把握可能性アプローチ
└─ 検討視点 ┬─ 人格的理由
            ├─ 機能論的理由（権限分配的理由）
            └─ 政治学的理由
```

* 1　居住，移転の自由は本章の解説の対象外としている。
* 2　岡田与好『独占と営業の自由』（木鐸社，1975年）は，営業の自由を「人権」ではなく「公序」と捉える見解を提示したが，薬事法違憲判決の立場は職業の自由を客観的法原理ではなく個人の人格的価値との関係で主観的権利として把握するものである。
* 3　薬事法違憲判決のいう「職業活動の自由」は，学説では「営業の自由」と位置づけられているものであるが，薬事法違憲判決では「営業の自由」という文言は使われていない。「職業活動の自由」と「営業の自由」では日本語としても法学的にも意味内容が異なる可能性がある。「職業遂行の自由」と「営業の自由」を漫然と同視することに警鐘を鳴らすものとして，赤坂正浩「職業遂行の自由と営業の自由の概念──ドイツ法を手がかりに」立教法学91巻142頁（2015年）。
* 4　判例は「事の性質」に応じて比例原則の厳格度を設定し，事案を処理しているものと捉えるものとして，石川健治「法制度の本質と比例原則の適用」プロセス演習311頁。
* 5　芦部228頁。
* 6　小山剛「経済的自由の限界」論点探究220頁。
* 7　綿引万里子・最判解民平成4年度581-582頁。
* 8　小山剛「経済的自由の限界」論点探究217頁。
* 9　駒村圭吾「宿泊拒否の禁止とホスピタリティの公法学──憲法22条の審査枠組みと規制

目的二分論の居場所」法学教室334号39頁（2008年）。
*10　BVGE Bd.7.S.377. ドイツ憲法判例研究会編『ドイツの憲法判例〔第2版〕』（信山社，2003年）272頁以下〔野中俊彦執筆部分〕参照。
*11　小山剛「経済的自由の限界」論点探究216頁。
*12　この可能性を示唆するものとして，松本哲治「森林法事件判決」論ジュリ1号61頁（2012年）。
*13　福崎伸一郎・最判解刑平成12年度8頁。
*14　長谷部251-252頁。
*15　原田國男・最判解刑平成元年度13頁。
*16　芦部228頁等。この場合，同見解は規制態様を加味して審査基準を決定する。
*17　綿引万里子・最判解民平成4年度583頁。
*18　酒類販売免許制判決の園部逸夫裁判官補足意見も同旨。立法事実把握可能性アプローチに対しては，先取りした結論に合わせて基準を変えることになるとの批判がある。長谷部恭男「判批」法協111巻9号1425頁（1994年）。
*19　杉原則彦・最判解民平成14年度(上)193-194頁。
*20　芦部信喜「合憲性推定の原則と立法事実の司法審査」同『憲法訴訟の理論』（有斐閣，1973年）131頁。
*21　富澤達・最判解民昭和50年度216頁（注十七）。
*22　綿引万里子・最判解民平成4年度588頁（注三）。園部逸夫「経済規制立法に関する違憲審査覚書」芦部信喜先生古稀祝賀『現代立憲主義の展開(下)』（有斐閣，1993年）187頁以下も参照。
*23　日本の立法事実論に相当するドイツにおける議論では，立法者による「事実の確定」と「将来の予測」を連続しつつも別のものと捉え，立法者の予測の問題については，①一般的平等条項等については明白性統制，②経済的・租税領域等については主張可能性の統制，③個人権保護の場合は強度の内容的統制が行われるという3つの統制尺度が使い分けられている，との指摘があり，今後はドイツの議論にも注視する必要がある。宍戸常寿「立法の『質』と議会による将来予測」西原博史編『立法学のフロンティア2　立法システムの再構築』（ナカニシヤ出版，2014年）67-69頁。②の主張可能性の統制を掘り下げた研究として，山本真敬「ドイツ連邦憲法裁判所における主張可能性の統制(Vertretbarkeitskontrolle)に関する一考察（1～2・完）」早稲田大学大学院法研論集151号383頁（2014年）・155号301頁（2015年）。
*24　判例を人格的アプローチ的に理解した上でその課題を検討するものとして，石川健治「営業の自由とその規制」争点151頁。なお，薬事法違憲判決は巧妙に論点回避を行っているが，このような人格の価値に基づく職業の自由を突き詰めると，法人に対して人格的アプローチおよびこれを基礎とする三段階理論の適用が可能か，という点が争点として浮上しうる。これを指摘するものとして，前掲注9・41頁。
*25　佐藤303頁。
*26　長谷部248-249頁。

判例一覧（第6章）

22-1	薬事法違憲判決・最大判昭和50年4月30日民集29巻4号572頁

【22条1項の保障内容——狭義の職業選択の自由＋職業活動の自由】
「1　憲法22条1項の職業選択の自由と許可制
　㈠　憲法22条1項は，何人も，公共の福祉に反しないかぎり，職業選択の自由を有すると規定している。職業は，人が自己の生計を維持するためにする継続的活動であるとともに，分業社会においては，これを通じて社会の存続と発展に寄与する社会的機能分担の活動たる性質を有し，各人が自己のもつ個性を全うすべき場として，個人の人格的価値とも不可分の関連を有するものである。右規定が職業選択の自由を基本的人権の一つとして保障したゆえんも，現代社会における職業のもつ右のような性格と意義にあるものということができる。そして，このような職業の性格と意義に照らすときは，職業は，ひとりその選択，すなわち職業の開始，継続，廃止において自由であるばかりでなく，選択した職業の遂行自体，すなわちその職業活動の内容，態様においても，原則として自由であることが要請されるのであり，したがつて，右規定は，狭義における職業選択の自由のみならず，職業活動の自由の保障をも包含しているものと解すべきである。」

【職業の自由の限界——公共の福祉・利益衡量・立法府の合理的裁量・事の性質】
「㈡　もつとも，職業は，前述のように，本質的に社会的な，しかも主として経済的な活動であつて，その性質上，社会的相互関連性が大きいものであるから，職業の自由は，それ以外の憲法の保障する自由，殊にいわゆる精神的自由に比較して，公権力による規制の要請がつよく，憲法22条1項が「公共の福祉に反しない限り」という留保のもとに職業選択の自由を認めたのも，特にこの点を強調する趣旨に出たものと考えられる。このように，職業は，それ自身のうちになんらかの制約の必要性が内在する社会的活動であるが，その種類，性質，内容，社会的意義及び影響がきわめて多種多様であるため，その規制を要求する社会的理由ないし目的も，国民経済の円満な発展や社会公共の便宜の促進，経済的弱者の保護等の社会政策及び経済政策上の積極的なものから，社会生活における安全の保障や秩序の維持等の消極的なものに至るまで千差万別で，その重要性も区々にわたるのである。そしてこれに対応して，現実に職業の自由に対して加えられる制限も，あるいは特定の職業につき私人による遂行を一切禁止してこれを国家又は公共団体の専業とし，あるいは一定の条件をみたした者にのみこれを認め，更に，場合によつては，進んでそれらの者に職業の継続，遂行の義務を課し，あるいは職業の開始，継続，廃止の自由を認めながらその遂行の方法又は態様について規制する等，それぞれの事情に応じて各種各様の形をとることとなるのである。それ故，これらの規制措置が憲法22条1項にいう公共の福祉のために要求されるものとして是認されるかどうかは，これを一律に論ずることができず，具体的な規制措置について，規制の目的，必要性，内容，これによつて制限される職業の自由の性質，内容及び制限の程度を検討し，これらを比較考量したうえで慎重に決定されなければならない。この場合，右のよ

うな検討と考量をするのは，第一次的には立法府の権限と責務であり，裁判所としては，規制の目的が公共の福祉に合致するものと認められる以上，そのための規制措置の具体的内容及びその必要性と合理性については，立法府の判断がその合理的裁量の範囲にとどまるかぎり，立法政策上の問題としてその判断を尊重すべきものである。しかし，右の合理的裁量の範囲については，事の性質上おのずから広狭がありうるのであつて，裁判所は，具体的な規制の目的，対象，方法等の性質と内容に照らして，これを決すべきものといわなければならない。

【職業の自由と審査基準——職業選択の自由＋消極目的規制】
　（三）　職業の許可制は，法定の条件をみたし，許可を与えられた者のみにその職業の遂行を許し，それ以外の者に対してはこれを禁止するものであつて，右に述べたように職業の自由に対する公権力による制限の一態様である。このような許可制が設けられる理由は多種多様で，それが憲法上是認されるかどうかも一律の基準をもつて論じがたいことはさきに述べたとおりであるが，一般に許可制は，単なる職業活動の内容及び態様に対する規制を超えて，狭義における職業の選択の自由そのものに制約を課するもので，職業の自由に対する強力な制限であるから，その合憲性を肯定しうるためには，原則として，重要な公共の利益のために必要かつ合理的な措置であることを要し，また，それが社会政策ないしは経済政策上の積極的な目的のための措置ではなく，自由な職業活動が社会公共に対してもたらす弊害を防止するための消極的，警察的措置である場合には，許可制に比べて職業の自由に対するよりゆるやかな制限である職業活動の内容及び態様に対する規制によつては右の目的を十分に達成することができないと認められることを要するもの，というべきである。そして，この要件は，許可制そのものについてのみならず，その内容についても要求されるのであつて，許可制の採用自体が是認される場合であつても，個々の許可条件については，更に個別的に右の要件に照らしてその適否を判断しなければならないのである。」

【客観的要件規制と主観的要件規制の区別】
「そこで進んで，許可条件に関する基準をみると，薬事法６条（この規定は薬局の開設に関するものであるが，同法26条２項において本件で問題となる医薬品の一般販売業に準用されている。）は，１項１号において薬局の構造設備につき，１号の２において薬局において薬事務に従事すべき薬剤師の数につき，２号において許可申請者の人的欠格事由につき，それぞれ許可の条件を定め，２項においては，設置場所の配置の適正の観点から許可をしないことができる場合を認め，４項においてその具体的内容の規定を都道府県の条例に譲つている。これらの許可条件に関する基準のうち，同条１項各号に定めるものは，いずれも不良医薬品の供給の防止の目的に直結する事項であり，比較的容易にその必要性と合理性を肯定しうるものである（前掲各最高裁大法廷判決参照）のに対し，２項に定めるものは，このような直接の関連性をもつておらず，本件において上告人が指摘し，その合憲性を争つているのも，専らこの点に関するものである。それ故，以下において適正配置上の観点から不許可の道を開くこととした趣旨，目的を明らかにし，このような許可条件の設定とその目的との関連性，及びこのような目的を達成する手段としての必要性と合理性を検討し，この点に関する立法府の判断がその合理的裁量の範囲を超えないかどうかを判断することとする。

【主たる目的の認定】
「薬事法6条2項、4項の適正配置規制に関する規定は、昭和38年7月12日法律第135号「薬事法の一部を改正する法律」により、新たな薬局の開設等の許可条件として追加されたものであるが、右の改正法律案の提案者は、その提案の理由として、一部地域における薬局等の乱設による過当競争のために一部業者に経営の不安定を生じ、その結果として施設の欠陥等による不良医薬品の供給の危険が生じるのを防止すること、及び薬局等の一部地域への偏在の阻止によって無薬局地域又は過少薬局地域への薬局の開設等を間接的に促進することの2点を挙げ、これらを通じて医薬品の供給（調剤を含む。以下同じ。）の適正をはかることがその趣旨であると説明しており、薬事法の性格及びその規定全体との関係からみても、この2点が右の適正配置規制の目的であるとともに、その中でも前者がその主たる目的をなし、後者は副次的、補充的目的であるにとどまると考えられる。」

【立法事実の精査】
「ところで、薬局の開設等について地域的制限が存在しない場合、薬局等が偏在し、これに伴い一部地域において業者間に過当競争が生じる可能性があることは、さきに述べたとおりであり、このような過当競争の結果として一部業者の経営が不安定となるおそれがあることも、容易に想定されるところである。被上告人は、このような経営上の不安定は、ひいては当該薬局等における設備、器具等の欠陥、医薬品の貯蔵その他の管理上の不備をもたらし、良質な医薬品の供給をさまたげる危険を生じさせると論じている。確かに、観念上はそのような可能性を否定することができない。しかし、果たして実際上どの程度にこのような危険があるかは、必ずしも明らかにされてはいないのである。被上告人の指摘する医薬品の乱売に際して不良医薬品の販売の事実が発生するおそれがあったとの点も、それがどの程度のものであったか明らかでないが、そこで挙げられている大都市の一部地域における医薬品の乱売のごときは、主としていわゆる現金問屋又はスーパーマーケットによる低価格販売を契機として生じたものと認められることや、一般に医薬品の乱売については、むしろその製造段階における一部の過剰生産とこれに伴う激烈な販売合戦、流通過程における営業政策上の行態等が有力な要因として競合していることが十分に想定されることを考えると、不良医薬品の販売の現象を直ちに一部薬局等の経営不安定、特にその結果としての医薬品の貯蔵その他の管理上の不備等に直結させることは、決して合理的な判断とはいえない。殊に、常時行政上の監督と法規違反に対する制裁を背後に控えている一般の薬局等の経営者、特に薬剤師が経済上の理由のみからあえて法規違反の挙に出るようなことは、きわめて異例に属すると考えられる。このようにみてくると、競争の激化—経営の不安定—法規違反という因果関係に立つ不良医薬品の供給の危険が、薬局等の段階において、相当程度の規模で発生する可能性があるとすることは、単なる観念上の想定にすぎず、確実な根拠に基づく合理的な判断とは認めがたいといわなければならない。なお、医薬品の流通の機構や過程の欠陥から生じる経済上の弊害について対策を講じる必要があるとすれば、それは流通の合理化のために流通機構の最末端の薬局等をどのように位置づけるか、また不当な取引方法による弊害をいかに防止すべきか、等の経済政策的問題として別途に検討されるべきものであって、国民の保健上の目的からされている本件規制とは直接の関係はない。」

「以上のとおり、薬局の開設等の許可基準の一つとして地域的制限を定めた薬事

	6条2項，4項（これらを準用する同法26条2項）は，不良医薬品の供給の防止等の目的のために必要かつ合理的な規制を定めたものということができないから，憲法22条1項に違反し，無効である。」
22-2	小売市場判決・最大判昭和47年11月22日刑集26巻9号586頁
	【職業選択の自由＋積極目的規制】 「本法3条1項は，政令で指定する市の区域内の建物については，都道府県知事の許可を受けた者でなければ，小売市場（一の建物であつて，十以上の小売商──その全部又は一部が政令で定める物品を販売する場合に限る。──の店舗の用に供されるものをいう。）とするため，その建物の全部又は一部をその店舗の用に供する小売商に貸し付け，又は譲り渡してはならないと定め，これを受けて，同法施行令1条および別表1は，「政令で指定する市」を定め，同法施行令2条および別表2は，「政令で定める物品」として，野菜，生鮮魚介類を指定している。そして，本法5条は，右許可申請のあつた場合の許可基準として，1号ないし5号の不許可事由を列記し，本法22条1号は，本法3条1項の規定に違反した者につき罰則を設けている。このように，本法所定の市の区域内で，本法所定の形態の小売市場を開設経営しようとする者は，本法所定の許可を受けることを要するものとし，かつ，本法5条各号に掲げる事由がある場合には，右許可をしない建前になつているから，これらの規定が小売市場の開設経営をしょうとする者の自由を規制し，その営業の自由を制限するものであることは，所論のとおりである。 　そこで，右の営業の自由に対する制限が憲法22条1項に牴触するかどうかについて考察することとする。 　憲法22条1項は，国民の基本的人権の一つとして，職業選択の自由を保障しており，そこで職業選択の自由を保障するというなかには，広く一般に，いわゆる営業の自由を保障する趣旨を包含しているものと解すべきであり，ひいては，憲法が，個人の自由な経済活動を基調とする経済体制を一応予定しているものということができる。しかし，憲法は，個人の経済活動につき，その絶対かつ無制限の自由を保障する趣旨ではなく，各人は，「公共の福祉に反しない限り」において，その自由を享有することができるにとどまり，公共の福祉の要請に基づき，その自由に制限が加えられることのあることは，右条項自体の明示するところである。 　おもうに，右条項に基づく個人の経済活動に対する法的規制は，個人の自由な経済活動からもたらされる諸々の弊害が社会公共の安全と秩序の維持の見地から看過することができないような場合に，消極的に，かような弊害を除去ないし緩和するために必要かつ合理的な規制である限りにおいて許されるべきことはいうまでもない。のみならず，憲法の他の条項をあわせ考察すると，憲法は，全体として，福祉国家的理想のもとに，社会経済の均衡のとれた調和的発展を企図しており，その見地から，すべての国民にいわゆる生存権を保障し，その一環として，国民の勤労権を保障する等，経済的劣位に立つ者に対する適切な保護政策を要請していることは明らかである。このような点を総合的に考察すると，憲法は，国の責務として積極的な社会経済政策の実施を予定しているものということができ，個人の経済活動の自由に関する限り，個人の精神的自由等に関する場合と異なつて，右社会経済政策の実施の一手段として，これに一定の合理的規制措置を講ずることは，もともと，憲法が予定し，かつ，許容するところと解するのが相当であり，国は，積極的に，

国民経済の健全な発達と国民生活の安定を期し、もつて社会経済全体の均衡のとれた調和的発展を図るために、立法により、個人の経済活動に対し、一定の規制措置を講ずることも、それが右目的達成のために必要かつ合理的な範囲にとどまる限り、許されるべきであつて、決して、憲法の禁ずるところではないと解すべきである。もつとも、個人の経済活動に対する法的規制は、決して無制限に許されるべきものではなく、その規制の対象、手段、態様等においても、自ら一定の限界が存するものと解するのが相当である。

ところで、社会経済の分野において、法的規制措置を講ずる必要があるかどうか、その必要があるとしても、どのような対象について、どのような手段・態様の規制措置が適切妥当であるかは、主として立法政策の問題として、立法府の裁量的判断にまつほかはない。というのは、法的規制措置の必要の有無や法的規制措置の対象・手段・態様などを判断するにあたつては、その対象となる社会経済の実態についての正確な基礎資料が必要であり、具体的な法的規制措置が現実の社会経済にどのような影響を及ぼすか、その利害得失を洞察するとともに、広く社会経済政策全体との調和を考慮する等、相互に関連する諸条件についての適正な評価と判断が必要であつて、このような評価と判断の機能は、まさに立法府の使命とするところであり、立法府こそがその機能を果たす適格を具えた国家機関であるというべきであるからである。したがつて、右に述べたような個人の経済活動に対する法的規制措置については、立法府の政策的技術的な裁量に委ねるほかはなく、裁判所は、立法府の右裁量的判断を尊重するのを建前とし、ただ、立法府がその裁量権を逸脱し、当該法的規制措置が著しく不合理であることの明白である場合に限つて、これを違憲として、その効力を否定することができるものと解するのが相当である。」

| 22-3 | 西陣ネクタイ訴訟・最判平成2年2月6日訟月36巻12号2242頁 |

【職業活動の自由＋積極目的規制】
「国会議員の立法行為は、立法の内容が憲法の一義的な文言に違反しているにもかかわらずあえて当該立法を行うというように、容易に想定し難いような例外的な場合でない限り、国家賠償法1条1項の適用上、違法の評価を受けるものでないことは、当裁判所の判例とするところであり（昭和53年(オ)第1240号同60年11月21日第1小法廷判決・民集39巻7号1512頁）、また、積極的な社会経済政策の実施の一手段として、個人の経済活動に対し一定の合理的規制措置を講ずることは、憲法が予定し、かつ、許容するところであるから、裁判所は、立法府がその裁量権を逸脱し、当該規制措置が著しく不合理であることの明白な場合に限って、これを違憲としてその効力を否定することができるというのが、当裁判所の判例とするところである（昭和45年(あ)第23号同47年11月22日大法廷判決・刑集26巻9号586頁）。」
「昭和51年法律第15号による改正後の繭糸価格安定法12条の13の2及び12条の13の3は、原則として、当分の間、当時の日本蚕糸事業団等でなければ生糸を輸入することができないとするいわゆる生糸の一元輸入措置の実施、及び所定の輸入生糸を同事業団が売り渡す際の売渡方法、売渡価格等の規制について規定しており、営業の自由に対し制限を加えるものではあるが、以上の判例の趣旨に照らしてみれば右各法条の立法行為が国家賠償法1条1項の適用上例外的に違法の評価を受けるものではないとした原審の判断は、正当として是認することができる。」

22-4	司法書士法事件・最判平成12年2月8日刑集54巻2号1頁
	【職業選択の自由の主観的要件規制】 「司法書士法の右各規定は，登記制度が国民の権利義務等社会生活上の利益に重大な影響を及ぼすものであることなどにかんがみ，法律に別段の定めがある場合を除き，司法書士及び公共嘱託登記司法書士協会以外の者が，他人の嘱託を受けて，登記に関する手続について代理する業務及び登記申請書類を作成する業務を行うことを禁止し，これに違反した者を処罰することにしたものであって，右規制が公共の福祉に合致した合理的なもので憲法22条1項に違反するものでないことは，当裁判所の判例（最高裁昭和33年(あ)第411号同34年7月8日大法廷判決・刑集13巻7号1132頁，最高裁昭和43年（行ツ）第120号同50年4月30日大法廷判決・民集29巻4号572頁）の趣旨に徴し明らかである。」
22-5	酒類販売免許制判決・最判平成4年12月15日民集46巻9号2829頁
	【職業選択の自由＋租税目的規制】 「憲法22条1項は，狭義における職業選択の自由のみならず，職業活動の自由の保障をも包含しているものと解すべきであるが，職業の自由は，それ以外の憲法の保障する自由，殊にいわゆる精神的自由に比較して，公権力による規制の要請が強く，憲法の右規定も，特に公共の福祉に反しない限り，という留保を付している。しかし，職業の自由に対する規制措置は事情に応じて各種各様の形をとるため，その憲法22条1項適合性を一律に論ずることはできず，具体的な規制措置について，規制の目的，必要性，内容，これによって制限される職業の自由の性質，内容及び制限の程度を検討し，これらを比較考量した上で慎重に決定されなければならない。そして，その合憲性の司法審査に当たっては，規制の目的が公共の福祉に合致するものと認められる以上，そのための規制措置の具体的内容及び必要性と合理性については，立法府の判断がその合理的裁量の範囲にとどまる限り，立法政策上の問題としてこれを尊重すべきであるが，右合理的裁量の範囲については，事の性質上おのずから広狭があり得る。ところで，一般に許可制は，単なる職業活動の内容及び態様に対する規制を超えて，狭義における職業選択の自由そのものに制約を課するもので，職業の自由に対する強力な制限であるから，その合憲性を肯定し得るためには，原則として，重要な公共の利益のために必要かつ合理的な措置であることを要するものというべきである（最高裁昭和43年（行ツ）第120号同50年4月30日大法廷判決・民集29巻4号572頁参照）。」 「また，憲法は，租税の納税義務者，課税標準，賦課徴収の方法等については，すべて法律又は法律の定める条件によることを必要とすることのみを定め，その具体的内容は，法律の定めるところにゆだねている（30条，84条）。租税は，今日では，国家の財政需要を充足するという本来の機能に加え，所得の再分配，資源の適正配分，景気の調整等の諸機能をも有しており，国民の租税負担を定めるについて，財政・経済・社会政策等の国政全般からの総合的な政策判断を必要とするばかりでなく，課税要件等を定めるについて，極めて専門技術的な判断を必要とすることも明らかである。したがって，租税法の定立については，国家財政，社会経済，国民所得，国民生活等の実態についての正確な資料を基礎とする立法府の政策的，技術的な判断にゆだねるほかなく，裁判所は，基本的にはその裁量的判断を尊重せざ

を得ないものというべきである（最高裁昭和55年（行ツ）第15号同60年３月27日大法廷判決・民集39巻２号247頁参照）。」
「以上のことからすると，租税の適正かつ確実な賦課徴収を図るという国家の財政目的のための職業の許可制による規制については，その必要性と合理性についての立法府の判断が，右の政策的，技術的な裁量の範囲を逸脱するもので，著しく不合理なものでない限り，これを憲法22条１項の規定に違反するものということはできない。」

第7章 学問の自由

23条を読む

憲法23条　学問の自由は，これを保障する。

I 「学問の自由」の制度趣旨

　23条のように「学問の自由」を保障する規定は明治憲法にはなく，諸外国でも学問の自由を独自の条文で保障する例は多くないが，明治憲法下において日本では京大滝川事件[*1]（昭和8年）や天皇機関説事件[*2]（昭和10年）等の学問が弾圧された歴史がある。23条の趣旨は，これらの歴史的経緯を踏まえて，個人の人権としての学問の自由のみならず，特に大学における学問の自由を保障し，これを担保するための制度的保障として大学の自治を保障する点にある。[*3]

　学問の自由が普遍的な個人の「人権」か，大学人の「特権」かという点には争いがある。[*4] 現代社会では企業の研究所の研究員等の非大学人によっても学問研究が行われている実情に照らせば，学問の自由をすべての個人が享有する人権であることをベースとしながら，大学所属の研究者の学問の自由の保障範囲・程度を強めるべきである。東大ポポロ事件[*5]（判例23-1）も，「同条が学問の自由はこれを保障すると規定したのは，一面において，広くすべての国民に対してそれらの自由を保障するとともに，他面において，大学が学術の中心として深く真理を探究することを本質とすることにかんがみて，特に大学におけるそれらの自由を保障することを趣旨としたものである」として，一般国民に学問の自由が保障されると解しつつ，大学における学問の自由に強度の保障を与えている。

120

II 「学問の自由」の保障内容と限界

1 23条で保障される権利

23条で保障される「学問の自由」には，①学問研究の自由，②研究結果発表の自由，③教授（教育）の自由が含まれるとするのが判例・通説である。

2 学問研究の自由

通説によれば，学問研究の自由における「研究」とは「真理の探究・発見を目的とし新しい認識を追求して行われる」ものであり，「学問的活動の基本であり中核」である[*6]。この意味の学問研究は内面的精神活動として思想の自由（19条）の一部を構成し，「あらゆる公権力，研究者の属する機関の設置者・管理者および一切の外部の社会的権力から自由・独立な立場で行わなければならない」。しかし，近年の科学技術の発展により学問研究の自由は調査・実験等の外面的活動を伴うようになり，産業技術研究による環境汚染・破壊の危険，電子工業・情報技術研究によるプライバシー侵害の危険，遺伝子技術・医療技術研究による生命・健康に対する危険等，他者の権利や利益との衝突可能性が生じてきた。そのため，学説では，研究者各自の自主規制により危害防止を図れない例外的場合には，研究の自由と対立する人権または重要な法的利益（プライバシー権，人格権または生命・健康に対する権利）を保護するために不可欠な，必要最小限度の法律による規制を課すことが許容されるものと解されている[*7]。

東大ポポロ事件（判例23-1）も，「学問的研究の自由」の保障を認めつつ「公共の福祉による制限を免れるものではない」として公共の福祉による制約可能性を認めている。なお，合憲性判断基準に関する判例の立場は明らかになっていない。

3 研究結果発表の自由

発表されない研究はほとんど無意味であるから，研究結果発表の自由が保障されることについては判例・学説ともに認めている。学説では「社会科学の名にかくれて教壇から政治的宣伝を行ったり，性科学の名を僭称して猥褻な文書

第7章　学問の自由　　121

を頒布したりすること」は保障されないと解されている。*8 また学問の自由は真理探究のための作用であるから実社会生活の政治的社会的活動は保障の対象外とする学説があり、*9 東大ポポロ事件（判例23-1）も「学生の集会が真に学問的な研究またはその結果の発表のためのものでなく、実社会の政治的社会的活動に当る行為をする場合には、大学の有する特別の学問の自由と自治は享有しない」とした。ただし、基本的には大学における研究は「真理探究のため」と推定すべきであり、研究結果発表の自由については表現の自由に準じた保護が与えられるべきであると説かれている。*10

4 大学における教授の自由と教師の教育の自由

　大学における教授の自由について、東大ポポロ事件（判例23-1）は「教育ないし教授の自由は、学問の自由と密接な関係を有するけれども、必ずしもこれに含まれるものではない」とした上で、特に大学における自由を保障したという23条の趣旨および学校教育法52条が「大学は、学術の中心として、広く知識を授けるとともに、深く専門の学芸を教授研究」することを目的とするとしていることに照らして、「大学において教授その他の研究者がその専門の研究の結果を教授する自由……すなわち、教授その他の研究者は、その研究の結果を大学の講義または演習において教授する自由を保障される」とし、教授の自由の保障を大学人に限定するかのような判示をしていた。

　その後、旭川学テ事件（判例23-2）は「学問の自由を保障した憲法23条により、学校において現実に子どもの教育の任にあたる教師は、教授の自由を有し、公権力による支配、介入を受けないで自由に子どもの教育内容を決定することができるとする見解も、採用することができない」としつつ、「専ら自由な学問的探求と勉学を旨とする大学教育に比してむしろ知識の伝達と能力の開発を主とする普通教育の場においても、例えば教師が公権力によつて特定の意見のみを教授することを強制されないという意味において、また、子どもの教育が教師と子どもとの間の直接の人格的接触を通じ、その個性に応じて行われなければならないという本質的要請に照らし、教授の具体的内容及び方法につきある程度自由な裁量が認められなければならないという意味においては、一定の範囲における教授の自由が保障されるべきことを肯定できないではない」

とした。もっとも，①「大学教育の場合には，学生が一応教授内容を批判する能力を備えていると考えられるのに対し，普通教育においては，児童生徒にこのような能力がなく，教師が児童生徒に対して強い影響力，支配力を有すること」，②「普通教育においては，子どもの側に学校や教師を選択する余地が乏し」いこと，③「教育の機会均等をはかる上からも全国的に一定の水準を確保すべき強い要請があること」等の理由から教師の教育の自由は大学の教授の自由とは異なる制限に服する（旭川学テ事件）。

Ⅲ 大学の自治

1 学問の自由と大学の自治の関係

東大ポポロ事件（判例23-1）は「大学における学問の自由を保障するために伝統的に大学の自治が認められている」，「大学の学問の自由と自治は，大学が学術の中心として深く真理を探求し，専門の学芸を教授研究することを本質とすることに基づく」と述べて，大学の自治を23条に基づき保障する。学説でも，学問の自由と大学の自治は密接不可分であり，学問の自由に奉仕するものとして大学の自治が構想され，その内容の核心が明確であることから，大学の自治は制度的保障として23条により保障されるものと考えられている。[*11]

2 大学の自治の内容

東大ポポロ事件（判例23-1）によれば，大学の自治には，①「大学の教授その他の研究者の人事」の自治，②「大学の施設と学生の管理」の自治の2つが含まれる。有力説は大学の自治に予算管理の自治（財政自主権）を含ませる。[*12]

東大ポポロ事件は①について「大学の学長，教授その他の研究者が大学の自主的判断に基づいて選任される」とし，②について「大学の施設と学生の管理についてもある程度で認められ，これらについてある程度で大学に自主的な秩序維持の権能が認められている」とする。

3 大学の自治の主体

大学の自治の担い手は伝統的には教授その他の研究者からなる教授会または

評議会と考えられてきたが，1960年代の学生紛争を契機として学生を自治の主体と位置づけられるかが問題となってきた。

東大ポポロ事件（判例23-1）は，「大学の学問の自由と自治は，大学が学術の中心として深く真理を探求し，専門の学芸を教授研究することを本質とすることに基づくから，直接には教授その他の研究者の研究，その結果の発表，研究結果の教授の自由とこれらを保障するための自治とを意味すると解される。大学の施設と学生は，これらの自由と自治の効果として，施設が大学当局によつて自治的に管理され，学生も学問の自由と施設の利用を認められる」とし，学生を専ら営造物利用者と考える。裁判例（仙台高判昭和46年5月28日判時645号55頁）では，学生を大学における不可欠の構成員と位置づけて「大学自治の運営について要望し，批判し，あるいは反対する当然の権利を有し，教員団においても，十分これに耳を傾けるべき責務を負う」とするものがあり，学説にも教授とは異なる役割・地位を有するものとして学生を捉える見解[*13]がある。

Ⅳ　23条の地図（学問の自由）

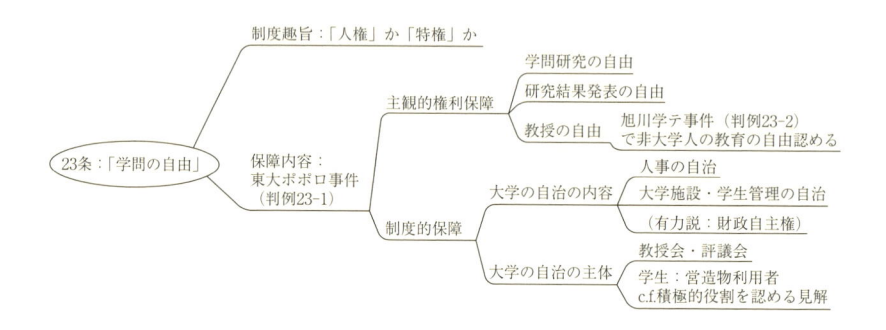

```
                    制度趣旨:「人権」か「特権」か
                                      ┌ 学問研究の自由
                                      ├ 研究結果発表の自由
                    主観的権利保障 ─ 教授の自由 ─ 旭川学テ事件（判例23-2）
                                                  で非大学人の教育の自由認める
23条:「学問の自由」─ 保障内容:
      東大ポポロ事件                  ┌ 人事の自治
      （判例23-1）                    │ 大学施設・学生管理の自治
                                      │ 大学の自治の内容
                    制度的保障 ──┤  （有力説:財政自主権）
                                      │                 ┌ 教授会・評議会
                                      └ 大学の自治の主体 ─ 学生:営造物利用者
                                                          c.f.積極的役割を認める見解
```

* 1　刑法学者の滝川幸辰教授の主張が共産主義的であるとして罷免されたのに対して佐々木惣一らの教授団が抵抗したが，弾圧された事件。
* 2　美濃部達吉教授が天皇は法人である国家の最高機関であるとする国家法人説を唱えたところ，「国体」に反するとして弾圧された事件。
* 3　芦部168頁。
* 4　学問の自由が「自由」か「特権」かについては，宍戸177-179頁，読本165-167頁〔宍戸

常寿執筆部分〕，新基本法コンメ205頁以下〔松田浩執筆部分〕。
* 5 宍戸179頁。
* 6 本段落の学説紹介は，芦部Ⅲ208-209頁に依拠した。
* 7 学問研究の自由の制約に法律の根拠を要求するものとして戸波江二「学問の自由と科学技術の発展」ジュリ1192号118頁（2001年）があるが，法令ではなく自主規制によるべきという説（長谷部恭男『憲法の理性』〔東大出版会，2006年〕160-161頁）や自主規制が許容されることを前提としつつ法規制の可能性を探求する説（新基本法コンメ207頁〔松田浩執筆部分〕，中山茂樹「臨床研究と学問の自由」曽我部真裕＝赤坂幸一『憲法改革の理念と展開　下巻』239-340頁）が多い。
* 8 法学協会編『註解日本国憲法　上巻』（有斐閣，1953年）461頁。
* 9 佐藤幸治『憲法〔第3版〕』（青林書院，1995年）510頁，注解Ⅱ121頁〔中村睦男執筆部分〕。
* 10 芦部Ⅲ211-212頁。注解Ⅱ121頁〔中村睦男執筆部分〕も参照。
* 11 芦部Ⅲ223頁。
* 12 芦部171頁。
* 13 芦部172-173頁，新基本法コンメ210頁〔松田浩執筆部分〕。

判例一覧（第7章）

23-1	東大ポポロ事件・最大判昭和38年5月22日刑集17巻4号370頁
	【23条の保障内容──学問の自由と大学の自治】 「……同条の学問の自由は，学問的研究の自由とその研究結果の発表の自由とを含むものであつて，同条が学問の自由はこれを保障すると規定したのは，一面において，広くすべての国民に対してそれらの自由を保障するとともに，他面において，大学が学術の中心として深く真理を探究することを本質とすることにかんがみて，特に大学におけるそれらの自由を保障することを趣旨としたものである。教育ないし教授の自由は，学問の自由と密接な関係を有するけれども，必ずしもこれに含まれるものではない しかし 大学については 憲法の右の趣旨と，これに沿って学校教育法52条が「大学は，学術の中心として，広く知識を授けるとともに，深く専門の学芸を教授研究」することを目的とするとしていることとに基づいて，大学において教授その他の研究者がその専門の研究の結果を教授する自由は，これを保障されると解するのを相当とする。すなわち，教授その他の研究者は，その研究の結果を大学の講義または演習において教授する自由を保障されるのである。そして，以上の自由は，すべて公共の福祉による制限を免れるものではないが，大学における自由は，右のような大学の本質に基づいて，一般の場合よりもある程度で広く認められると解される。 　大学における学問の自由を保障するために 伝統的に大学の自治が認められている。この自治はとくに大学の教授その他の研究者の人事に関して認められ 大学の学長，教授その他の研究者が大学の自主的判断に基づいて選任される。また，大学の施設と学生の管理についてもある程度認められ，これらについてある程度で大

学に自主的な秩序維持の権能が認められている。
　このように，大学の学問の自由と自治は，大学が学術の中心として深く真理を探求し，専門の学芸を教授研究することを本質とすることに基づくから，直接には教授その他の研究者の研究，その結果の発表，研究結果の教授の自由とこれらを保障するための自治とを意味すると解される。大学の施設と学生は，これらの自由と自治の効果として，施設が大学当局によって自治的に管理され，学生も学問の自由と施設の利用を認められるのである。もとより，憲法23条の学問の自由は，学生も一般の国民と同じように享有する。しかし，大学の学生としてそれ以上に学問の自由を享有し，また大学当局の自治的管理による施設を利用できるのは，大学の本質に基づき，大学の教授その他の研究者の有する特別な学問の自由と自治の効果としてである。
　大学における学生の集会も，右の範囲において自由と自治を認められるものであって，大学の公認した学内団体であるとか，大学の許可した学内集会であるとかいうことのみによって，特別な自由と自治を享有するものではない。学生の集会が真に学問的な研究またはその結果の発表のためのものでなく，実社会の政治的社会的活動に当る行為をする場合には，大学の有する特別の学問の自由と自治は享有しないといわなければならない。また，その集会が学生のみのものでなく，とくに一般の公衆の入場を許す場合には，むしろ公開の集会と見なされるべきであり，すくなくともこれに準じるものというべきである。
　本件のA劇団B演劇発表会は，原審の認定するところによれば，いわゆる反植民地闘争デーの一環として行なわれ，演劇の内容もいわゆる松川事件に取材し，開演に先き立って右事件の資金カンパが行なわれ，さらにいわゆる渋谷事件の報告もなされた。これらはすべて実社会の政治的社会的活動に当る行為にほかならないのであって，本件集会はそれによってもはや真に学問的な研究と発表のためのものでなくなるといわなければならない。……そうして見れば，本件集会は，真に学問的な研究と発表のためのものでなく，実社会の政治的社会的活動であり，かつ公開の集会またはこれに準じるものであって，大学の学問の自由と自治は，これを享有しないといわなければならない。したがって，本件の集会に警察官が立ち入ったことは，大学の学問の自由と自治を犯すものではない。」

| 23-2 | 旭川学テ事件・最大判昭和51年5月21日刑集30巻5号615頁 |

【下級教育機関の教師による教育の自由】
「　2　憲法と子どもに対する教育権能
　㈠　憲法中教育そのものについて直接の定めをしている規定は憲法26条であるが，同条は，1項において，「すべて国民は，法律の定めるところにより，その能力に応じて，ひとしく教育を受ける権利を有する。」と定め，2項において，「すべて国民は，法律の定めるところにより，その保護する子女に普通教育を受けさせる義務を負ふ。義務教育は，これを無償とする。」と定めている。この規定は，福祉国家の理念に基づき，国が積極的に教育に関する諸施設を設けて国民の利用に供する責務を負うことを明らかにするとともに，子どもに対する基礎的教育である普通教育の絶対的必要性にかんがみ，親に対し，その子女に普通教育を受けさせる義務を課し，かつ，その費用を国において負担すべきことを宣言したものであるが，この規定の背後には，国民各自が，一個の人間として，また，一市民として，成長，

発達し、自己の人格を完成、実現するために必要な学習をする固有の権利を有すること、特に、みずから学習することのできない子どもは、その学習要求を充足するための教育を自己に施すことを大人一般に対して要求する権利を有するとの観念が存在していると考えられる。換言すれば、子どもの教育は、教育を施す者の支配的権能ではなく、何よりもまず、子どもの学習をする権利に対応し、その充足をはかりうる立場にある者の責務に属するものとしてとらえられているのである。

しかしながら、このように、子どもの教育が、専ら子どもの利益のために、教育を与える者の責務として行われるべきものであるということからは、このような教育の内容及び方法を、誰がいかにして決定すべく、また、決定することができるかという問題に対する一定の結論は、当然には導き出されない。すなわち、同条が、子どもに与えるべき教育の内容は、国の一般的な政治的意思決定手続によって決定されるべきか、それともこのような政治的意思の支配、介入から全く自由な社会的、文化的領域内の問題として決定、処理されるべきかを、直接一義的に決定していると解すべき根拠は、どこにもみあたらないのである。

(二) 次に、学問の自由を保障した憲法23条により、学校において現実に子どもの教育の任にあたる教師は、教授の自由を有し、公権力による支配、介入を受けないで自由に子どもの教育内容を決定することができるとする見解も、採用することができない。確かに、憲法の保障する学問の自由は、単に学問研究の自由ばかりでなく、その結果を教授する自由をも含むと解されるし、更にまた、専ら自由な学問的探求と勉学を旨とする大学教育に比してむしろ知識の伝達と能力の開発を主とする普通教育の場においても、例えば教師が公権力によって特定の意見のみを教授することを強制されないという意味において、また、子どもの教育が教師と子どもとの間の直接の人格的接触を通じ、その個性に応じて行われなければならないという本質的要請に照らし、教授の具体的内容及び方法につきある程度自由な裁量が認められなければならないという意味においては、一定の範囲における教授の自由が保障されるべきことを肯定できないではない。しかし、大学教育の場合には、学生が一応教授内容を批判する能力を備えていると考えられるのに対し、普通教育においては、児童生徒にこのような能力がなく、教師が児童生徒に対して強い影響力、支配力を有することを考え、また、普通教育においては、子どもの側に学校や教師を選択する余地が乏しく、教育の機会均等をはかる上からも全国的に一定の水準を確保すべき強い要請があること等に思いをいたすときは、普通教育における教師に完全な教授の自由を認めることは、とうてい許されないところといわなければならない。もとより、教師間における討議や親を含む第三者からの批判によって、教授の自由にもおのずから抑制が加わることは確かであり、これに期待すべきところも少なくないけれども、それによって右の自由の濫用等による弊害が効果的に防止されるという保障はなく、憲法が専ら右のような社会的自律作用による抑制のみに期待していると解すべき合理的根拠は、全く存しないのである。

(三) 思うに、子どもはその成長の過程において他からの影響によって大きく左右されるいわば可塑性をもつ存在であるから、子どもにどのような教育を施すかは、その子どもが将来どのような大人に育つかに対して決定的な役割をはたすものである。それ故、子どもの教育の結果に利害と関心をもつ関係者が、それぞれその教育の内容及び方法につき深甚な関心を抱き、それぞれの立場からその決定、実施に対する支配権ないしは発言権を主張するのは、極めて自然な成行きということができ

る。子どもの教育は，前述のように，専ら子どもの利益のために行われるべきものであり，本来的には右の関係者らがその目的の下に一致協力して行うべきものであるけれども，何が子どもの利益であり，また，そのために何が必要であるかについては，意見の対立が当然に生じうるのであつて，そのために教育内容の決定につき矛盾，対立する主張の衝突が起こるのを免れることができない。憲法がこのような矛盾対立を一義的に解決すべき一定の基準を明示的に示していないことは，上に述べたとおりである。そうであるとすれば，憲法の次元におけるこの問題の解釈としては，右の関係者らのそれぞれの主張のよつて立つ憲法上の根拠に照らして各主張の妥当すべき範囲を画するのが，最も合理的な解釈態度というべきである。
　そして，この観点に立つて考えるときは，まず親は，子どもに対する自然的関係により，子どもの将来に対して最も深い関心をもち，かつ，配慮をすべき立場にある者として，子どもの教育に対する一定の支配権，すなわち子女の教育の自由を有すると認められるが，このような親の教育の自由は，主として家庭教育等学校外における教育や学校選択の自由にあらわれるものと考えられるし，また，私学教育における自由や前述した教師の教授の自由も，それぞれ限られた一定の範囲においてこれを肯定するのが相当であるけれども，それ以外の領域においては，一般に社会公共的な問題について国民全体の意思を組織的に決定，実現すべき立場にある国は，国政の一部として広く適切な教育政策を樹立，実施すべく，また，しうる者として，憲法上は，あるいは子ども自身の利益の擁護のため，あるいは子どもの成長に対する社会公共の利益と関心にこたえるため，必要かつ相当と認められる範囲において，教育内容についてもこれを決定する権能を有するものと解さざるをえず，これを否定すべき理由ないし根拠は，どこにもみいだせないのである。もとより，政党政治の下で多数決原理によつてされる国政上の意思決定は，さまざまな政治的要因によつて左右されるものであるから，本来人間の内面的価値に関する文化的な営みとして，党派的な政治的観念や利害によつて支配されるべきでない教育にそのような政治的影響が深く入り込む危険があることを考えるときは，教育内容に対する右のごとき国家的介入についてはできるだけ抑制的であることが要請されるし，殊に個人の基本的自由を認め，その人格の独立を国政上尊重すべきものとしている憲法の下においては，子どもが自由かつ独立の人格として成長することを妨げるような国家的介入，例えば，誤つた知識や一方的な観念を子どもに植えつけるような内容の教育を施すことを強制するようなことは，憲法26条，13条の規定上からも許されないと解することができるけれども，これらのことは，前述のような子どもの教育内容に対する国の正当な理由に基づく合理的な決定権能を否定する理由となるものではないといわなければならない。」

第8章 生存権

25条を読む

憲法25条 1項 すべて国民は，健康で文化的な最低限度の生活を営む権利を有する。
　2項 国は，すべての生活部面について，社会福祉，社会保障及び公衆衛生の向上及び増進に努めなければならない。

I　25条の文言解釈

1　「健康で文化的な最低限度の生活を営む権利」の権利性

　25条1項は「健康で文化的な最低限度の生活を営む権利」――いわゆる生存権を定めているが，その権利性については4つの考え方が存在する。
　①プログラム規定説は，25条は国の政治的・道徳的な責務を課したプログラム（政策的目標）を規定したものに過ぎず，立法または行政を規律する法的基準ではないとする。②抽象的権利説は，25条は国に対する具体的な給付等を求める請求権（具体的権利）を規定したものではないが，国民が「健康で文化的な最低限度の生活」のための立法その他の措置を要求する抽象的権利を保障しており，当該抽象的権利は立法による具体化を要するが，具体化立法については25条による憲法的規律が及び，当該立法に基づく行政処分に対しても25条による憲法的規律が及ぶものと考える。③具体的権利説は，生存権を実現するための具体化立法を国がしない場合，国民は立法不作為の違憲確認訴訟を提起できるとする（具体的権利説という名称であるが，個々の国民が国に対する具体的給付を求める請求権までもが保障されるとは主張していない）．④「ことばどおり」の具体的権利説は，「健康で文化的な最低限度の生活」はある程度，客観的に確定可能であって，憲法に基づき直接，国に対する具体的な給付請求を求めうると

図表8-1　25条の法的性格と憲法的規律の関係

学説	憲法的規律
プログラム規定説	立法または行政の生存権による規律なし
抽象的権利説	生存権の具体化立法または当該立法に基づく行政処分に憲法的規律
具体的権利説	立法不作為の違憲確認訴訟まで可
「ことばどおり」の具体的権利説	憲法に基づく具体的給付請求まで可

解する。

　現在の判例・通説は抽象的権利説を支持している。食糧管理法事件（判例25-1）は，25条1項について「すべての国民が健康で文化的な最低限度の生活を営み得るよう国政を運営すべきことを国家の責務として宣言した」ものであって，「この規定により直接に個々の国民は，国家に対して具体的，現実的にかかる権利を有するものではない」とし，プログラム規定説的な理解を示した。しかし，朝日訴訟（判例25-2）は食糧管理法事件を引用して「すべての国民が健康で文化的な最低限度の生活を営み得るように国政を運営すべきことを国の責務として宣言したにとどまり，直接個々の国民に対して具体的権利を賦与したものではない」としつつも，「現実の生活条件を無視して著しく低い基準を設定する等憲法および生活保護法の趣旨・目的に反し，法律によって与えられた裁量権の限界をこえた場合または裁量権を濫用した場合には，違法な行為として司法審査の対象となる」とし，生活保護法に基づく行政処分について25条による憲法的規律の可能性を認めた。堀木訴訟（判例25-3）も，食糧管理法事件を引用して生存権の具体的権利性を否定しつつ，「著しく合理性を欠き明らかに裁量の逸脱・濫用と見ざるをえないような場合」には生存権の具体化立法が違憲になるとした。このように朝日訴訟および堀木訴訟は，生存権の具体化立法およびそれに基づく行政処分に25条の憲法的統制が及ぶことを明らかにしたため，判例は抽象的権利説を採用しているものと解されている。

● 2　「健康で文化的な最低限度の生活」の文言解釈

　具体的権利説や「ことばどおり」の具体的権利説は「健康で文化的な最低限

度の生活」の客観的意味・水準を裁判所により確定可能であり，その確定された「健康で文化的な最低限度の生活」と立法・行政との乖離を審理しうることを前提とする。しかし，この考え方に対しては立法または行政の第一次的判断権の行使を待たずに裁判所が給付金額を客観的に決定しうるのか，という問題が指摘されている。[*1]

　堀木訴訟（判例25-3）は，「健康で文化的な最低限度の生活」について，①「きわめて抽象的・相対的な概念であつて，その具体的内容は，その時々における文化の発達の程度，経済的・社会的条件，一般的な国民生活の状況等との相関関係において判断決定されるべきものである」こと（概念の抽象性・相対性論），②「国の財政事情を無視することができ」ないこと（財政事情論），③「高度の専門技術的な考察とそれに基づいた政策的判断を必要とする」こと（専門的・政策的判断論），から「健康で文化的な最低限度の生活」の内容・水準について客観的に（裁判所により）確定できない，との立場に立っている。

　「健康で文化的な最低限度の生活」の文言が裁判所により客観的に確定できるのであれば，生存権の具体化立法について厳格な審査基準を適用し，あるいは，具体的な給付請求権を認める余地が出てくるが，立法または行政の第一次的判断権の行使によりその内容・水準を決定する必要があるとすれば広範な立法裁量論・行政裁量論と結びつくこととなる。

● 3　25条1項と2項の関係

　25条1項は個人の側の「権利」を定め，同2項は「国は，すべての生活部面について，社会福祉，社会保障及び公衆衛生の向上及び増進に努めなければならない」として国側の政策的目標を定めている。この1項と2項の規範的重畳関係をいかに理解するかが問題となる。

　堀木訴訟（判例25-3）の最高裁判決は25条1項・2項を一体的に捉えた上で，「国権の作用に対し，一定の目的を設定しその実現のための積極的な発動を期待するという性質のもの」と位置づけ，生存権の具体化立法全般について広範な立法裁量論を引き出しており，これが現在の判例の趨勢といえよう（一体論）。

　これに対して，堀木訴訟の第2審判決（大阪高判昭和50年11月10日判時795号3

頁）は，1項を救貧施策（生活保護法による公的扶助），2項を防貧施策（障害福祉年金，児童扶養手当等）に関する規定と解釈する1項・2項分離論を採用し，1項問題については厳格な審査の可能性を留保しつつも，2項の防貧施策については広範な立法裁量に委ねるアプローチを採用した。堀木訴訟の第2審判決の1項・2項分離論は生存権の具体化立法全般を広範な裁量論に委ねることに抗して，1項問題について厳格な司法審査の可能性を留保しようとした点で高く評価されているが，1項問題を救貧施策＝生活保護法による公的扶助に狭く限った点は批判されている。*2

いずれにしても，判例・通説の抽象的権利説の立場からすると，立法裁量・行政裁量を前提として，いかに裁量統制を行っていくかが課題となる。

4　25条の問題領域

25条が具体的に問題となる場面を区分すると，①国家による生存権の侵害排除を求める生存権の自由権的側面を主張する場面，②25条の具体化立法を前提として当該立法の合憲性を争う場面，③25条の具体化立法に基づく行政処分の合憲性・合法性を争う場面，④立法不作為違憲確認訴訟や国に対する給付請求訴訟を提起する場面が存在する。④類型は具体的権利説または「ことばどおり」の具体的権利説を採用する場合に生じるものである。以下では①〜③類型について概観する。

II　生存権の自由権的側面

生存権の法的性格に関するプログラム規定説，抽象的権利説，具体的権利説等の対立は生存権の請求権的側面に関するものである。これらの考え方とは独立して，国家が生存権の実現を阻害する立法・処分を行う場合，生存権の自由権的側面に抵触し，当該立法・処分は違憲となるかどうかが問題となる。

総評サラリーマン税金訴訟第1審判決（東京地判昭和55年3月26日行集31巻3号673頁）は「国家は国民自らの手による健康で文化的な最低限度の生活を維持することを阻害してはならないのであって，これを阻害する立法，処分等は憲法の右条項に違反し無効といわなければならない」とし，25条の自由権的側面

を認めた（東京高判昭和57年12月6日判時1062号25頁も同旨）。これに対して，総評サラリーマン税金訴訟最高裁判決（判例25-4）は，堀木訴訟（判例25-3）を引用の上，「憲法25条の規定の趣旨にこたえて具体的にどのような立法措置を講ずるかの選択決定は，立法府の広い裁量にゆだねられており，それが著しく合理性を欠き明らかに裁量の逸脱・濫用と見ざるをえないような場合を除き，裁判所が審査判断するのに適しない事柄である」とし，25条の自由権的側面を無視し，請求権的側面のみ判断を行った。[*3]

学説でも，生存権の自由権的側面は，13条や適正手続条項等の近代的な憲法原則により処理すべきであって，25条の問題として取り扱うべき理由はない，と指摘する見解がある。[*4]

Ⅲ 判例における25条の立法裁量論

1 堀木訴訟

堀木訴訟（判例25-3）は，視力障害者として障害福祉年金を受給していた者が児童扶養手当法に基づく受給資格認定の請求を行ったところ，併給禁止規定に該当するとして児童扶養手当が不支給とされた事案で，当該併給禁止規定の合憲性が争われた事件である。前述のとおり，堀木訴訟は，25条1項・2項一体論を採用した上で，①「健康で文化的な最低限度の生活」の概念の抽象性・相対性論，②財政事情論，③専門的・政策的判断論を展開し，「著しく合理性を欠き明らかに裁量の逸脱・濫用と見ざるをえないような場合」に限り違憲とする基準を採用した。

2 塩見訴訟

塩見訴訟（判例25-5）は，幼少のとき罹患した麻疹により失明し廃疾状態にあった外国籍の者がその後日本人の夫と婚姻し日本国籍に帰化し，障害福祉年金の受給権を有するとして裁定請求を行ったところ，廃疾認定日（失明をした日）に日本国籍を有していなかったことを理由に却下処分を受けたため，当該処分の取消訴訟を提起した事件である。同事件では，国民年金法の国籍要件および同法施行後に日本国籍取得者に対して同年金を支給しないことの25条適合

性が争われた。

塩見訴訟は，堀木訴訟（判例25-3）を引用して「著しく合理性を欠き明らかに裁量の逸脱・濫用と見ざるをえないような場合」に限り25条違反になると述べた後，「制度発足時の経過的な救済措置の一環として設けられた全額国庫負担の無拠出制の年金であつて，立法府は，その支給対象者の決定について，もともと広範な裁量権を有している」こと，「社会保障上の施策において在留外国人をどのように処遇するかについては，国は，特別の条約の存しない限り，当該外国人の属する国との外交関係，変動する国際情勢，国内の政治・経済・社会的諸事情等に照らしながら，その政治的判断によりこれを決定することができるのであり，その限られた財源の下で福祉的給付を行うに当たり，自国民を在留外国人より優先的に扱うことも，許される」ことから，「法81条1項の障害福祉年金の支給対象者から在留外国人を除外することは，立法府の裁量の範囲に属する事柄と見るべきである」とした。

すなわち無拠出制年金制度であることおよび政治的裁量論を根拠として，堀木訴訟以上に広い立法裁量を肯定したものである。[*5]

3　不法在留者緊急医療扶助事件

不法在留者であることを理由とした生活保護申請の却下処分の25条適合性が争われた不法在留者緊急医療扶助事件（判例25-6）は，堀木訴訟（判例25-3）等を踏襲し，「不法残留者を保護の対象に含めるかどうかが立法府の裁量の範囲に属することは明らか」とし，やはり広範な立法裁量論を適用した。[*6]

4　学生無年金訴訟

学生等を国民年金の強制加入被保険者とせず，障害福祉年金・障害基礎年金の支給対象としていなかった国民年金法の規定の25条適合性が争われた学生無年金訴訟（判例25-7）は，「国民年金制度は，憲法25条の趣旨を実現するために設けられた社会保障上の制度であるところ，同条の趣旨にこたえて具体的にどのような立法措置を講じるかの選択決定は，立法府の広い裁量にゆだねられており，それが著しく合理性を欠き明らかに裁量の逸脱，濫用とみざるを得ないような場合を除き，裁判所が審査判断するのに適しない事柄であるといわな

ければならない」として広範な立法裁量論を展開した。[*7]

5 判例の限界──立法裁量の縮減

判例はいずれも広範な立法裁量論を適用したが，学説では立法裁量論を縮減するための手法が以下のとおり提案されている。

(1) 25条の「中核」

判例は25条の保障領域全般を広範な立法裁量論に服させる傾向にあるが，25条の保障の中核（コア）に抵触する場合には立法裁量を縮減させて，違憲審査基準の厳格度を高める見解が想定しうる。

既に述べた1項・2項分離論は，25条を救貧施策に関する1項問題と防貧施策に関する2項問題に分離した上で，1項問題に対して厳格な審査基準を適用する可能性を留保するものである。学説では，25条1項・2項を一体的に捉えたとしても，25条には「人間としてのぎりぎりの最低限度の生活の保障を求める権利」と「より快適な生活の保障を求める権利」の双方が含まれるとした上で，前者に関しては立法裁量の幅を狭める見解が提案されている。[*8] 近年では，25条は「法的統制の密度に濃淡・段階を持ちながら，重層的な規律構造を有」し，目的設定および目的実現手段の双方について立法府の依拠した事実の真摯な検討が必要とされるとする見解も唱えられている。[*9]

このように法律構成は様々であるが，25条の中核的保障に抵触する場合には立法裁量が縮減すると解する見解が有力となりつつある。

(2) 平等原則による立法裁量の縮減

生存権の具体化立法に関して，判例は25条適合性の審査に加えて，平等原則（14条）違反の有無を重ねて審査することはあるが，いずれも合理的根拠の基準を適用して緩やかな審査基準の下で合憲とする傾向にある（堀木訴訟・判例25－3，不法在留者緊急医療扶助事件・判例25-6，学生無年金訴訟・判例25-7等）。

学説では平等原則に関して，①比較の対象，②差別の基礎，③権利の性格，④目的・手段審査の4段階のプロセスで合憲性を判定する手法が提案されている（第2章Ⅱ参照）。生存権の具体化立法についても②差別の基礎が14条後段列挙事由に該当する場合にはより厳格な違憲審査基準が適用され，または③生存権が「生きる権利そのもの」であることから生存権具体化立法については「厳

第8章 生存権 135

格な合理性の基準」が一般に適用される[*10]、とする見解がある。

(3) 制度後退禁止原則，判断過程統制審査——司法と立法の関係性

ひとたび生存権の具体化立法がなされた場合に，その給付水準を引き下げる場合には立法裁量が縮減すると考える制度後退禁止原則により立法裁量統制を行うことも考えられる。

まず25条1項の抽象的権利説は社会通念としての「健康で文化的な最低限度の生活」を基礎とする立法内容を指示しており，「制度の切り下げに当たっては，そのような切り下げが『社会通念』に合致するものであることが，国側により裁判上論証されなければ」ならない、として25条1項から制度後退禁止原則を導出する見解がある[*11]。また、25条2項は社会福祉，社会保障および公衆衛生の「向上および増進に努める」と規定していることから，「向上および増進に努める」という文言に明白に反すること——すなわち合理的理由のない制度後退を禁止することを憲法上の規範として導くことができるとする見解もある[*12]。

25条1項または2項に基づく制度後退禁止原則を唱える見解に対しては，「法律でひとたび抽象的な権利の内容が具体化されたならばその法律は憲法と一体化し，憲法的効力を持つに至ると解するのは妥当ではなく，制度を後退させるかどうかは，制度を向上させるかどうかと同様に，立法府の裁量的判断にゆだねられる。憲法25条が禁止するのは，健康で文化的な最低限度の生活の水準を下回ることだけである」，「今日の立法府は過去の立法府の政治的判断に拘束されないとすれば……制度後退それ自体に必要性・合理性を求めるのは筋違いであり，判断過程の審査による裁量統制」を検討すべきと批判する学説がある[*13]。近年では，25条の実体的意義を追求するアプローチではなく，政治部門の第一次的判断権を尊重しつつ，政治部門による裁量権行使の際，「問題となる法令または政策が，公正または適切な審議過程を経て形成されたものであるかどうか」を問う手法（appropriate deliberation tests）を参考にしつつ判断過程統制審査を適用する見解が有力となっている[*14]。

ただし，行政処分に関する判断過程統制審査手法は日本でもそれなりに成熟しているが，立法裁量に対する判断過程統制審査の手法は未成熟の段階であり，その具体的審査方法は今後の判例・学説に委ねられているといえよう[*15]。

Ⅳ　判例における25条に係る行政処分の合憲性・合法性

1　朝日訴訟——広範な行政裁量論

　朝日訴訟（判例25-2）では日用品費月額600円という保護基準およびそれに基づく保護変更決定の25条適合性が争われた。朝日訴訟は，「健康で文化的な最低限度の生活なるものは，抽象的な相対的概念」であって，「厚生大臣の合目的的な裁量」に委ねられ，「現実の生活条件を無視して著しく低い基準を設定する等憲法および生活保護法の趣旨・目的に反し，法律によつて与えられた裁量権の限界をこえた場合または裁量権を濫用した場合」には当該行為は違法になるとし，広範な行政裁量論の下で原告の訴えを退けた。

2　中嶋訴訟——解釈問題と仕組み解釈

　中嶋訴訟（判例25-8）は，生活保護受給者の学資保険の満期返戻金を収入認定して保護受給額の減額処分をした行政処分の合法性が争われた事件である。中嶋訴訟は，生活保護法の関連する諸規定を検討して「生活保護法の趣旨目的」を抽出し，「生活保護法の趣旨目的にかなった目的と態様で保護金品等を原資としてされた貯蓄等は，収入認定の対象とすべき資産には当たらない」という解釈論を展開して，学資保険の満期返戻金は生活保護法4条1項の「資産」または8条1項の「金銭又は物品」に当たらないとした。

　中嶋訴訟は裁量問題ではなく生活保護法の解釈問題として処理している点で，朝日訴訟とは手法が異なる[*16]。立法府は事柄の性質上，「資産」等を不確定概念とせざるを得ず，その具体的判断は行政府に委ねられるが，司法府は生活保護法の諸規定の仕組み解釈を通じて収入認定対象外の「資産」を解釈問題として析出する方法で行政府の行為を統制したものと考えられる[*17]。

　なお，判例は生活保護法の仕組み解釈を通じて実定法内在的な解釈を行ったが，憲法学説では25条の「健康で文化的な最低限度の生活」の合理的解釈により行政裁量を外在的に統制する手法が提案されている[*18]。

3 　老齢加算廃止訴訟──判断過程統制審査

　老齢加算廃止訴訟（判例25-9）は，生活保護法の保護基準の改定により，70歳以上の高齢者に上乗せ支給されていた老齢加算が廃止され，これに伴い老齢加算相当額について保護費減額の保護変更決定を受けた者が，当該決定の取消訴訟を提起した事件である。同事件は，「主として老齢加算の廃止に至る判断の過程及び手続に過誤，欠落があるか否か等の観点から，統計等の客観的な数値等との合理的関連性や専門的知見との整合性の有無等について審査されるべき」，「本件改定に基づく生活扶助額の減額が被保護者の上記のような期待的利益の喪失を通じてその生活に看過し難い影響を及ぼすか否か等の観点から，本件改定の被保護者の生活への影響の程度やそれが上記の激変緩和措置等によって緩和される程度等について上記の統計等の客観的な数値等との合理的関連性等を含めて審査されるべき」と述べ，いわゆる判断過程統制審査の手法を用いた。

　老齢加算廃止訴訟が判断過程統制審査を用いた理由について判決文では明示的に言及されていないが，調査官解説によれば，「本件改定を行った厚生労働大臣の判断については，異質かつ多元的な諸利益を評価して比較衡量するという優れて専門技術的かつ政策的な判断」であって「裁量の幅は広い」が，「保護基準が憲法25条1項を具体化したものであることや老齢加算が維持されることに対する被保護者の信頼は一般に無視し得ないものである」ことから判断過程統制審査に踏み込んだとされている。[19]

4 　憲法学による行政裁量統制あるいは適用違憲

　朝日訴訟は広範な行政裁量論を展開したが，中嶋訴訟（判例25-8）は仕組み解釈を通じた法令解釈の手法により，老齢加算廃止訴訟（判例25-9）は25条の趣旨に鑑みた判断過程統制審査の手法により行政府の行為を統制しようとしている。

　憲法学でも25条の理念に照らして行政判断の他事考慮や過大考慮等を審理する判断過程統制審査を行う方法は高く評価されている。[20]また，生活実態等の個別具体的な審査を通じて，端的に適用違憲とする方法も提案されている。[21]

V　25条の地図（生存権の問題領域）

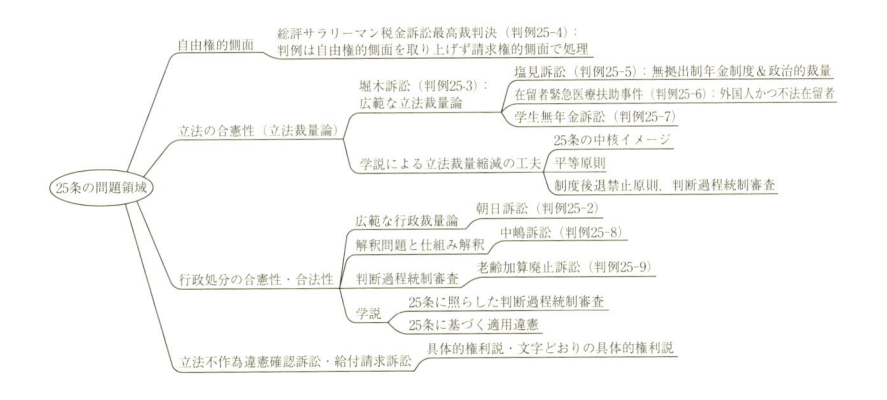

```
                           総評サラリーマン税金訴訟最高裁判決（判例25-4）：
              自由権的側面   判例は自由権的側面を取り上げず請求権的側面で処理
                           
                           堀木訴訟（判例25-3）：
                           広範な立法裁量論      塩見訴訟（判例25-5）：無拠出制年金制度＆政治的裁量
              立法の合憲性（立法裁量論）         在留者緊急医療扶助事件（判例25-6）：外国人かつ不法在留者
                                              学生無年金訴訟（判例25-7）
                                              25条の中核イメージ
                           学説による立法裁量縮減の工夫  平等原則
25条の問題領域                                        制度後退禁止原則，判断過程統制審査
                                      朝日訴訟（判例25-2）
                           広範な行政裁量論
                           解釈問題と仕組み解釈  中嶋訴訟（判例25-8）
              行政処分の合憲性・合法性         老齢加算廃止訴訟（判例25-9）
                           判断過程統制審査
                           学説     25条に照らした判断過程統制審査
                                   25条に基づく適用違憲
                                   具体的権利説・文字どおりの具体的権利説
              立法不作為違憲確認訴訟・給付請求訴訟
```

＊1　中村睦男「社会権再考」季刊企業と法創造 6 巻 4 号68頁（2010年）。
＊2　注解 II 159頁〔中村睦男執筆部分〕。
＊3　生存権の自由権的側面を判例が無視してきたことについては，井上225-226頁。
＊4　奥平康弘「健康で文化的な最低限度の生活を営む権利」奥平康弘＝杉原泰雄編『憲法学 3』（有斐閣，1977年）54-57頁。
＊5　生存権に係る立法裁量論に加えて外国人の処遇に関わる政治的判断論という「二重の意味」での立法裁量論を肯定したものと位置づける見解として，中村睦男「判批」佐藤進ほか編『社会保障判例百選〔第 2 版〕』10-11頁。
＊6　外国人であり，かつ，不法在留者にまで生存権保障が及ぶかという論点もあるが，本章では割愛する。なお，永住外国人生活保護訴訟（最判26年 7 月18日判例集未登載）は，永住外国人について生活保護法の保護対象にないことを示している。
＊7　武田美和子・最判解民平成19年度(下)636-637頁も，25条適合性の判断枠組みについて堀木訴訟を踏襲したものと位置づける。
＊8　注解 II 159頁〔中村睦男執筆部分〕。
＊9　尾形健『福祉国家と憲法構造』（有斐閣，2011年）139頁以下。
＊10　芦部132頁。単に25条の問題を14条に切り替えただけで審査基準が厳しくなるわけではなく，14条の問題に視点を切り替えることで審査基準が厳格化する理由を検証する必要がある。駒村187頁参照。
＊11　棟居快行「生存権と『制度後退禁止原則』をめぐって」佐藤幸治先生古希記念『国民主権と法の支配(下)』（成文堂，2008年）373頁以下。
＊12　内野正幸『憲法解釈の論理と体系』（日本評論社，1991年）154-155頁。
＊13　小山124頁。
＊14　尾形健「『生活への権利』はいかなる意味で権利か」長谷部恭男編『講座　人権論の再

定位3　人権の射程』(法律文化社, 2010年) 258頁, 前掲注9・155-157頁以下。
* 15　具体的審査方法の検討として山本龍彦「立法裁量の統制――判断過程審査を中心に」論点教室46頁以下。平成16年の参議院議員定数不均衡事件 (最大判平成16年1月14日民集58巻1号56頁) の補足意見2は「結論に至るまでの裁量権行使の態様が, 果たして適正なものであったかどうか」, たとえば, 旧弊追従, 考慮不尽, 他事考慮, 衡量不均衡を審査すべきとして, 判断過程統制審査の対立法的応用を行っており, 参考になる。
* 16　解釈問題か裁量問題かは連続的である側面もあるが, 分けて捉えていくべきであろう。曽和俊文＝金子正史編『事例研究　行政法〔第2版〕』(日本評論社, 2011年) 173-174頁〔曽和俊文執筆部分〕。法律問題と裁量問題の概念や区別基準に関する研究として, 小早川光郎「裁量問題と法律問題」法学協会編『法学協会百周年記念論文集　第二巻』(有斐閣, 1983年) 331頁。
* 17　中嶋訴訟と仕組み解釈については, 日野辰哉「要件裁量・法解釈・性質決定」法教360号14頁 (2010年)。杉原則彦・最判解民平成16年度(上)205頁以下も裁量問題ではなく, 生活保護法の趣旨目的に照らして収入認定の対象とすべき資産に該当するか否かを検討するアプローチをとっている。須藤陽子「判批」法教289号148-149頁 (2004年) も本判決は裁量権逸脱・濫用の判断枠組みを採用しておらず「法律の解釈問題」で判断したものと捉える。
* 18　駒村184頁。
* 19　岡田幸人「判解」法曹時報65巻10号225-227頁 (2013年)。
* 20　宍戸173-174頁, 駒村184-186頁。前掲注9・157-161頁も参照。
* 21　宍戸174頁, 葛西まゆ子「司法による生存権保障と憲法訴訟」ジュリ1400号116頁 (2010年)。

判例一覧 (第8章)

25-1	食糧管理法事件・最大判昭和23年9月29日刑集2巻10号1235頁
	【生存権の法的性質――プログラム規定説】
	「憲法第25条第2項において,「国は, すべての生活部面について, 社会福祉, 社会保障及び公衆衛生の向上及び増進に努めなければならない」と規定しているのは, 前述の社会生活の推移に伴う積極主義の政治である社会的施設の拡充増進に努力すべきことを国家の任務の一つとして宣言したものである。そして, 同条第1項は, 同様に積極主義の政治として, すべての国民が健康で文化的な最低限度の生活を営み得るよう国政を運営すべきことを国家の責務として宣言したものである。それは, 主として社会的立法の制定及びその実施によるべきであるが, かかる生活水準の確保向上もまた国家の任務の一つとせられたのである。すなわち, 国家は, 国民一般に対して概括的にかかる責務を負担しこれを国政上の任務としたのであるけれども, 個々の国民に対して具体的, 現実的にかかる義務を有するのではない。言い換えれば, この規定により直接に個々の国民は, 国家に対して具体的, 現実的にかかる権利を有するものではない。社会的立法及び社会的施設の創造拡充に従って, 始めて個々の国民の具体的, 現実的の生活権は設定充実せられてゆくのである。さ

	れば、上告人が、右憲法の規定から直接に現実的な生活権が保障せられ、不足食糧の購入運搬は生活権の行使であるから、これを違法なりとする食糧管理法の規定は憲法違反であると論ずるのは、同条の誤解に基く論旨であつて採用することを得ない。」
25－2	朝日訴訟・最大判昭和42年5月24日民集21巻5号1043頁
	【生存権の法的性質――抽象的権利説（広範な行政裁量）】 「憲法25条1項は、「すべて国民は、健康で文化的な最低限度の生活を営む権利を有する。」と規定している。この規定は、すべての国民が健康で文化的な最低限度の生活を営み得るように国政を運営すべきことを国の責務として宣言したにとどまり、直接個々の国民に対して具体的権利を賦与したものではない（昭和23年(れ)第205号、同年9月29日大法廷判決、刑集2巻10号1235頁参照）。具体的権利としては、憲法の規定の趣旨を実現するために制定された生活保護法によって、はじめて与えられているというべきである。生活保護法は、「この法律の定める要件」を満たす者は、「この法律による保護」を受けることができると規定し（2条参照）、その保護は、厚生大臣の設定する基準に基づいて行なうものとしているから（8条1項参照）、右の権利は、厚生大臣が最低限度の生活水準を維持するにたりると認めて設定した保護基準による保護を受け得ることにあると解すべきである。もとより、厚生大臣の定める保護基準は、法8条2項所定の事項を遵守したものであることを要し、結局には憲法の定める健康で文化的な最低限度の生活を維持するにたりるものでなければならない。しかし、健康で文化的な最低限度の生活なるものは、抽象的な相対的概念であり、その具体的内容は、文化の発達、国民経済の進展に伴つて向上するのはもとより、多数の不確定的要素を綜合考量してはじめて決定できるものである。したがつて、何が健康で文化的な最低限度の生活であるかの認定判断は、いちおう、厚生大臣の合目的的な裁量に委されており、その判断は、当不当の問題として政府の政治責任が問われることはあつても、直ちに違法の問題を生ずることはない。ただ、現実の生活条件を無視して著しく低い基準を設定する等憲法および生活保護法の趣旨・目的に反し、法律によって与えられた裁量権の限界をこえた場合または裁量権を濫用した場合には、違法な行為として司法審査の対象となることをまぬかれない。」
25－3	堀木訴訟・最大判昭和57年7月7日民集36巻7号1235頁
	【生存権の法的性質――抽象的権利説（広範な立法裁量）】 「憲法25条1項は「すべて国民は、健康で文化的な最低限度の生活を営む権利を有する。」と規定しているが、この規定が、いわゆる福祉国家の理念に基づき、すべての国民が健康で文化的な最低限度の生活を営みうるよう国政を運営すべきことを国の責務として宣言したものであること、また、同条2項は「国は、すべての生活部面について、社会福祉、社会保障及び公衆衛生の向上及び増進に努めなければならない。」と規定しているが、この規定が、同じく福祉国家の理念に基づき、社会的立法及び社会的施設の創造拡充に努力すべきことを国の責務として宣言したものであること、そして、同条1項は、国が個々の国民に対して具体的・現実的に右のような義務を有することを規定したものではなく、同条2項によつて国の責務であるとされている社会的立法及び社会的施設の創造拡充により個々の国民の具体的・

第8章　生存権　（判例一覧）

現実的な生活権が設定充実されてゆくものであると解すべきことは、すでに当裁判所の判例とするところである（最高裁昭和23年(れ)第205号同年9月29日大法廷判決・刑集2巻10号1235頁）。

このように、憲法25条の規定は、国権の作用に対し、一定の目的を設定しその実現のための積極的な発動を期待するという性質のものである。しかも、右規定にいう「健康で文化的な最低限度の生活」なるものは、きわめて抽象的・相対的な概念であつて、その具体的内容は、その時々における文化の発達の程度、経済的・社会的条件、一般的な国民生活の状況等との相関関係において判断決定されるべきものであるとともに、右規定を現実の立法として具体化するに当たつては、国の財政事情を無視することができず、また、多方面にわたる複雑多様な、しかも高度の専門技術的な考察とそれに基づいた政策的判断を必要とするものである。したがつて、憲法25条の規定の趣旨にこたえて具体的にどのような立法措置を講ずるかの選択決定は、立法府の広い裁量にゆだねられており、それが著しく合理性を欠き明らかに裁量の逸脱・濫用と見ざるをえないような場合を除き、裁判所が審査判断するのに適しない事柄であるといわなければならない。

そこで、本件において問題とされている併給調整条項の設定について考えるのに、上告人がすでに受給している国民年金法上の障害福祉年金といい、また、上告人がその受給資格について認定の請求をした児童扶養手当といい、いずれも憲法25条の規定の趣旨を実現する目的をもつて設定された社会保障法上の制度であり、それぞれ所定の事由に該当する者に対して年金又は手当という形で一定額の金員を支給することをその内容とするものである。ところで、児童扶養手当がいわゆる児童手当の制度を理念とし将来における右理念の実現の期待のもとに、いわばその萌芽として創設されたものであることは、立法の経過に照らし、一概に否定することのできないところではあるが、国民年金法1条、2条、56条、61条、児童扶養手当法1条、2条、4条の諸規定に示された障害福祉年金、母子福祉年金及び児童扶養手当の各制度の趣旨・目的及び支給要件の定めを通覧し、かつ、国民年金法62条、63条、66条3項、同法施行令5条の4第3項及び児童扶養手当法5条、9条、同法施行令2条の2各所定の支給金額及び支給方法を比較対照した結果等をも参酌して判断すると、児童扶養手当は、もともと国民年金法61条所定の母子福祉年金を補完する制度として設けられたものと見るのを相当とするのであり、児童の養育者に対する養育に伴う支出についての保障であることが明らかな児童手当法所定の児童手当とはその性格を異にし、受給者に対する所得保障である点において、前記母子福祉年金ひいては国民年金法所定の国民年金（公的年金）一般、したがつてその一種である障害福祉年金と基本的に同一の性格を有するもの、と見るのがむしろ自然である。そして、一般に、社会保障法制上、同一人に同一の性格を有する2以上の公的年金が支給されることとなるべき、いわゆる複数事故において、そのそれぞれの事故それ自体としては支給原因である稼得能力の喪失又は低下をもたらすものであつても、事故が2以上重なつたからといつて稼得能力の喪失又は低下の程度が必ずしも事故の数に比例して増加するといえないことは明らかである。このような場合について、社会保障給付の全般的公平を図るため公的年金相互間における併給調整を行うかどうかは、さきに述べたところにより、立法府の裁量の範囲に属する事柄と見るべきである。また、この種の立法における給付額の決定も、立法政策上の裁量事項であり、それが低額であるからといつて当然に憲法25条違反に結びつくものと

いうことはできない。
　以上の次第であるから、本件併給調整条項が憲法25条に違反して無効であるとする上告人の主張を排斥した原判決は、結局において正当というべきである。」

【生存権と平等原則】
「しかしながら、本件併給調整条項の適用により、上告人のように障害福祉年金を受けることができる地位にある者とそのような地位にない者との間に児童扶養手当の受給に関して差別を生ずることになるとしても、さきに説示したところに加えて原判決の指摘した諸点、とりわけ身体障害者、母子に対する諸施策及び生活保護制度の存在などに照らして総合的に判断すると、右差別がなんら合理的理由のない不当なものであるとはいえないとした原審の判断は、正当として是認することができる。」

25-4　総評サラリーマン税金訴訟最高裁判決・最判平成元年2月7日判時1312号69頁

【生存権と平等原則】
「上告人らは、給与所得の金額を計算する際、収入金額から給与所得者の生活費を必要経費として控除すべきであり、これを控除しないものとすることは憲法14条1項に違反する旨主張するが、その趣旨は、所得税法（昭和47年法律第31号による改正前のもの）28条等に定める給与所得控除額が低額にすぎ、同法が事業所得者等に比して給与所得者を不当に差別しているというにあるところ、同法が必要経費の控除について事業所得者等と給与所得者との間に設けた区別は、合理的なものであり、憲法14条1項の規定に違反するものではないことは、当裁判所昭和55年（行ツ）第15号同60年3月27日大法廷判決（民集39巻2号247頁）に照らして明らかである。」

【生存権と広範な立法裁量論】
「ところで、憲法25条にいう「健康で文化的な最低限度の生活」なるものは、きわめて抽象的・相対的な概念であつて、その具体的内容は、その時々における文化の発達の程度、経済的・社会的条件、一般的な国民生活の状況等との相関関係において判断決定されるべきものであるとともに、右規定を現実の立法として具体化するに当たつては、国の財政事情を無視することができず、また、多方面にわたる複雑多様な、しかも高度の専門技術的な考察とそれに基づいた政策的判断を必要とするものである。したがつて、憲法25条の規定の趣旨にこたえて具体的にどのような立法措置を講ずるかの選択決定は、立法府の広い裁量にゆだねられており、それが著しく合理性を欠き明らかに裁量の逸脱・濫用と見ざるをえないような場合を除き、裁判所が審査判断するのに適しない事柄であるといわなければならない（最高裁昭和51年（行ツ）第30号同57年7月7日大法廷判決・民集36巻7号1235頁）。そうだとすると、上告人らは、前記所得税法中の給与所得に係る課税関係規定が著しく合理性を欠き明らかに裁量の逸脱・濫用と見ざるをえないゆえんを具体的に主張しなければならないというべきである。
　しかるに、本件の場合、上告人らは、もつぱら、そのいうところの昭和46年の課税最低限がいわゆる総評理論生計費を下まわることを主張するにすぎないが、右総評理論生計費は日本労働組合総評議会（総評）にとつての望ましい生活水準ないしは将来の達成目標にほかならず、これをもつて「健康で文化的な最低限度の生活」を維持するための生計費の基準とすることができないことは原判決の判示するところであり、他に上告人らは前記諸規定が立法府の裁量の逸脱・濫用と見ざるをえ

| 25-5 | 塩見訴訟・最判平成元年3月2日判時1363号68頁 |

【生存権と広範な立法裁量論——無拠出年金制度＋政治的裁量】
「同条の規定の趣旨にこたえて具体的にどのような立法措置を講ずるかの選択決定は，立法府の広い裁量にゆだねられており，それが著しく合理性を欠き明らかに裁量の逸脱・濫用と見ざるをえないような場合を除き，裁判所が審査判断するに適しない事柄であるというべきことは，当裁判所大法廷判決……の判示するところである。」

　そこで，本件で問題とされている国籍条項が憲法25条の規定に違反するかどうかについて考えるに，国民年金制度は，憲法25条2項の規定の趣旨を実現するため，老齢，障害又は死亡によって国民生活の安定が損なわれることを国民の共同連帯によって防止することを目的とし，保険方式により被保険者の拠出した保険料を基として年金給付を行うことを基本として創設されたものであるが，制度発足当時において既に老齢又は一定程度の障害の状態にある者，あるいは保険料を必要期間納付することができない見込みの者等，保険原則によるときは給付を受けられない者についても同制度の保障する利益を享受させることとし，経過的又は補完的な制度として，無拠出制の福祉年金を設けている。法81条1項の障害福祉年金も，制度発足時の経過的な救済措置の一環として設けられた全額国庫負担の無拠出制の年金であつて，立法府は，その支給対象者の決定について，もともと広範な裁量権を有しているものというべきである。加うるに，社会保障上の施策において在留外国人をどのように処遇するかについては，国は，特別の条約の存しない限り，当該外国人の属する国との外交関係，変動する国際情勢，国内の政治・経済・社会的諸事情等に照らしながら，その政治的判断によりこれを決定することができるのであり，その限られた財源の下で福祉的給付を行うに当たり，自国民を在留外国人より優先的に扱うことも，許されるべきことと解される。したがつて，法81条1項の障害福祉年金の支給対象者から在留外国人を除外することは，立法府の裁量の範囲に属する事柄と見るべきである。

　また，経過的な性格を有する右障害福祉年金の給付に関し，廃疾の認定日である制度発足時の昭和34年11月1日において日本国民であることを要するものと定めることは，合理性を欠くものとはいえない。昭和34年11月1日より後に帰化により日本国籍を取得した者に対し法81条1項の障害福祉年金を支給するための措置として，右の者が昭和34年11月1日に遡り日本国民であつたものとして扱うとか，あるいは国籍条項を削除した昭和56年法律第86号による国民年金法の改正の効果を遡及させるというような特別の救済措置を講ずるかどうかは，もとより立法府の裁量事項に属することである。

　そうすると，国籍条項及び昭和34年11月1日より後に帰化によって日本国籍を取得した者に対し法81条1項の障害福祉年金の支給をしないことは，憲法25条の規定に違反するものではないというべく，以上は当裁判所大法廷判決（昭和51年（行ツ）第30号同57年7月7日判決・民集36巻7号1235頁，昭和50年（行ツ）第120号同53年10月4日判決・民集32巻7号1223頁）の趣旨に徴して明らかというべきである。」

25−6	不法在留者緊急医療扶助事件・最判平成13年9月25日判時1768号47頁
	【生存権と広範な立法裁量論――外国人＋不法在留者】 「しかしながら，生活保護法が不法残留者を保護の対象とするものではないことは，その規定及び趣旨に照らし明らかというべきである。そして，憲法25条については，同条1項は国が個々の国民に対して具体的，現実的に義務を有することを規定したものではなく，同条2項によって国の責務であるとされている社会的立法及び社会的施設の創造拡充により個々の国民の具体的，現実的な生活権が設定充実されていくものであって，同条の趣旨にこたえて具体的にどのような立法措置を講ずるかの選択決定は立法府の広い裁量にゆだねられていると解すべきところ，不法残留者を保護の対象に含めるかどうかが立法府の裁量の範囲に属することは明らかというべきである。不法残留者が緊急に治療を要する場合についても，この理が当てはまるのであって，立法府は，医師法19条1項の規定があること等を考慮して生活保護法上の保護の対象とするかどうかの判断をすることができるものというべきである。したがって，同法が不法残留者を保護の対象としていないことは，憲法25条に違反しないと解するのが相当である。また，生活保護法が不法残留者を保護の対象としないことは何ら合理的理由のない不当な差別的取扱いには当たらないから，憲法14条1項に違反しないというべきである。」
25−7	学生無年金訴訟・最判平成19年9月28日民集61巻6号2345頁
	【生存権・平等原則と広範な立法裁量論――無拠出年金制度】 「国民年金制度は，憲法25条の趣旨を実現するために設けられた社会保障上の制度であるところ，同条の趣旨にこたえて具体的にどのような立法措置を講じるかの選択決定は，立法府の広い裁量にゆだねられており，それが著しく合理性を欠き明らかに裁量の逸脱，濫用とみざるを得ないような場合を除き，裁判所が審査判断するのに適しない事柄であるといわなければならない。もっとも，同条の趣旨にこたえて制定された法令において受給権者の範囲，支給要件等につき何ら合理的理由のない不当な差別的取扱いをするときは別に憲法14条違反の問題を生じ得ることは否定し得ないところである（最高裁昭和51年（行ツ）第30号同57年7月7日大法廷判決・民集36巻7号1235頁参照）。」 「これらの事情からすれば，平成元年改正前の法が，20歳以上の学生の保険料負担能力，国民年金に加入する必要性ないし実益の程度，加入に伴い学生及び学生の属する世帯の世帯主等が負うこととなる経済的な負担等を考慮し，保険方式を基本とする国民年金制度の趣旨を踏まえて，20歳以上の学生を国民年金の強制加入被保険者として一律に保険料納付義務を課すのではなく，任意加入を認めて国民年金に加入するかどうかを20歳以上の学生の意思にゆだねることとした措置は，著しく合理性を欠くということはできず，加入等に関する区別が何ら合理的理由のない不当な差別的取扱いであるということもできない。 　確かに，加入等に関する区別によって，前記のとおり，保険料負担能力のない20歳以上60歳未満の者のうち20歳以上の学生とそれ以外の者との間に障害基礎年金等の受給に関し差異が生じていたところではあるが，いわゆる拠出制の年金である障害基礎年金等の受給に関し保険料の拠出に関する要件を緩和するかどうか，どの程度緩和するかは，国民年金事業の財政及び国の財政事情にも密接に関連する事項で

第8章　生存権（判例一覧）

あって、立法府は、これらの事項の決定について広範な裁量を有するというべきであるから、上記の点は上記判断を左右するものとはいえない。

　そうすると、平成元年改正前の法における強制加入例外規定を含む20歳以上の学生に関する上記の措置及び加入等に関する区別並びに立法府が平成元年改正前において20歳以上の学生について国民年金の強制加入被保険者とするなどの所論の措置を講じなかったことは、憲法25条、14条1項に違反しない。」

25－8	中嶋訴訟・最判平成16年3月16日民集58巻3号647頁

【生存権と行政処分の合法性——解釈問題と仕組み解釈】

「生活保護法による保護は、生活に困窮する者が、その利用し得る資産、能力その他あらゆるものを、その最低限度の生活の維持のために活用することを要件とし、その者の金銭又は物品で満たすことのできない不足分を補う程度において行われるものであり、最低限度の生活の需要を満たすのに十分であって、かつ、これを超えないものでなければならない（同法4条1項、8条）。また、保護の種類は、生活扶助、教育扶助、住宅扶助、医療扶助、出産扶助、生業扶助及び葬祭扶助の7種類と定められており（同法11条1項）、各類型ごとに保護の行われる範囲が定められている。そうすると、保護金品又は被保護者の金銭若しくは物品を貯蓄等に充てることは本来同法の予定するところではないというべきである。

　しかし、保護は、厚生大臣の定める基準により要保護者の需要を測定し、これを基として行われる（同法8条1項）のであり、生活扶助は、原則として金銭給付により（同法31条1項）、1月分以内を限度として前渡しの方法により行われ（同条2項）、居宅において生活扶助を行う場合の保護金品は、世帯単位に計算し、世帯主又はこれに準ずる者に対して交付するものとされている（同条3項）。このようにして給付される保護金品並びに被保護者の金銭及び物品（以下「保護金品等」という。）を要保護者の需要に完全に合致させることは、事柄の性質上困難であり、同法は、世帯主等に当該世帯の家計の合理的な運営をゆだねているものと解するのが相当である。そうすると、被保護者が保護金品等によって生活していく中で、支出の節約の努力（同法60条参照）等によって貯蓄等に回すことの可能な金員が生ずることも考えられないではなく、同法も、保護金品等を一定の期間内に使い切ることまでは要求していないものというべきである。同法4条1項、8条1項の各規定も、要保護者の保有するすべての資産等を最低限度の生活のために使い切った上でなければ保護が許されないとするものではない。

　このように考えると、生活保護法の趣旨目的にかなった目的と態様で保護金品等を原資としてされた貯蓄等は、収入認定の対象とすべき資産には当たらないというべきである。生活保護法上、被保護世帯の子弟の義務教育に伴う費用は、教育扶助として保護の対象とされているが（同法11条1項2号、13条）、高等学校修学に要する費用は保護の対象とはされていない。しかし、近時においては、ほとんどの者が高等学校に進学する状況であり、高等学校に進学することが自立のために有用であるとも考えられるところであって、生活保護の実務においても、前記のとおり、世帯内修学を認める運用がされるようになってきているというのであるから、被保護世帯において、最低限度の生活を維持しつつ、子弟の高等学校修学のための費用を蓄える努力をすることは、同法の趣旨目的に反するものではないというべきである。

	そうすると、甲が同一世帯の構成員である子の高等学校修学の費用に充てることを目的として満期保険金50万円の本件学資保険に加入し、給付金等を原資として保険料月額3000円を支払っていたことは、生活保護法の趣旨目的にかなったものであるということができるから、本件返戻金は、それが同法の趣旨目的に反する使われ方をしたなどの事情がうかがわれない本件においては、同法4条1項にいう資産等又は同法8条1項にいう金銭等には当たらず、収入認定すべき資産に当たらないというべきである。したがって、本件返戻金の一部について収入認定をし、保護の額を減じた本件処分は、同法の解釈適用を誤ったものというべきである。」
25-9	老齢加算廃止訴訟・最判平成24年4月2日民集66巻6号2367頁 **【生存権と行政処分の合法性——判断過程統制審査】** 「そして、老齢加算の減額又は廃止の要否の前提となる最低限度の生活の需要に係る評価が前記(2)のような専門技術的な考察に基づいた政策的判断であることや、老齢加算の支給根拠及びその額等についてはそれまでも各種の統計や専門家の作成した資料等に基づいて高齢者の特別な需要に係る推計や加算対象世帯と一般世帯との消費構造の比較検討等がされてきた経緯等に鑑みると、同大臣の上記①の裁量判断の適否に係る裁判所の審理においては、主として老齢加算の廃止に至る判断の過程及び手続に過誤、欠落があるか否か等の観点から、統計等の客観的な数値等との合理的関連性や専門的知見との整合性の有無等について審査されるべきものと解される。また、本件改定が老齢加算を一定期間内に廃止するという内容のものであることに鑑みると、同大臣の上記②の裁量判断の適否に係る裁判所の審理においては、本件改定に基づく生活扶助額の減額が被保護者の上記のような期待的利益の喪失を通じてその生活に看過し難い影響を及ぼすか否か等の観点から、本件改定の被保護者の生活への影響の程度やそれが上記の激変緩和措置等によって緩和される程度等について上記の統計等の客観的な数値等との合理的関連性等を含めて審査されるべきものと解される。」

第9章 財産権

29条を読む

憲法29条　1項　財産権は，これを侵してはならない。
　2項　財産権の内容は，公共の福祉に適合するやうに，法律でこれを定める。
　3項　私有財産は，正当な補償の下に，これを公共のために用ひることができる。

I　29条1項の文言解釈

1　「財産権」の意義

　29条1項は「財産権」の不可侵を定める一方で，同2項は「財産権の内容」について「公共の福祉に適合する」ように「法律」で定める，としている。2項を単純に1項に代入して解釈した場合，立法府が「財産権の内容」を「公共の福祉に適合する」ように「法律」で定めることにより「財産権」の内容が確定され，この法律上内容が確定された「財産権」が1項により保障される，と読むことになる。この場合，立法による「財産権」侵害は観念できず，29条1項は専ら行政権による法律上確定された「財産権」侵害を防止する規定となる。[*1]

　しかし，通説・判例は，立法による「財産権」（29条1項）侵害がありうることを認めている。通説は29条1項には「個人の現に有する具体的な財産上の権利の保障」と「個人が財産権を享有しうる法制度，つまり私有財産制の保障」の双方が含まれると解している。森林法違憲判決（判例29-1）も[*2]「私有財産制度を保障しているのみでなく，社会的経済的活動の基礎をなす国民の個々の財産権につきこれを基本的人権として保障する」としている。このとおり通説・

判例は，29条1項には個人の主観的権利としての財産権保障と客観的法秩序としての私有財産制度の制度的保障が併存しているものと考える。ただし，通説・判例の想定する「財産権」の意義が同一のものを指しているかについては検討を要する問題である。

2 「これを侵してはならない」の意義

29条1項は財産権を「侵してはならない」という財産権の不可侵性を規定している。20条，21条1項，23条等の他の人権条項では「保障する」という表現が用いられており，29条1項のほうが強いニュアンスがあるように思われるが，通説は「侵してはならない」という表現に特別の意味を見出すことなく，「保障する」とほとんど同義であると解している。[*3]

II 29条2項の文言解釈

1 「公共の福祉に適合するやうに」の意義

基本的人権は一般的に12条，13条の「公共の福祉」に基づく内在的制約に服するが，29条2項が12条，13条とは別に「公共の福祉」による財産権の制約根拠を重ねて規定した趣旨は，財産権につき政策的制約・積極目的規制を認める点にある。この点に関し，通説は「財産権は，内在的制約のほか，社会的公平と調和の見地からなされる積極目的規制（政策的規制）にも服する」とする。[*4] 森林法違憲判決（判例29-1）も「財産権は，それ自体に内在する制約があるほか，右のとおり立法府が社会全体の利益を図るために加える規制により制約を受ける」として同様の立場に立つ。[*5]

この財産権の内在的制約／外在的制約の二分論に立脚して，国民の生命・身体等の保護を目的とする消極目的規制（内在的制約）については厳格な合理性の基準，社会的弱者の保護や経済の調和的発展等を目的とする積極目的規制（政策的規制）については合理性の基準が適用されるという規制目的二分論がかつては有力に唱えられたが，後述のとおり森林法違憲判決の登場によって（職業の自由とは異なり）財産権分野では規制目的二分論は適用されないと考える見解が強くなってきている。

第9章 財産権

2 「法律」の意義

29条2項は財産権の内容は「法律でこれを定める」と規定しており、法律よりも下位規範により財産権を制約することを禁止している。国会の「唯一の立法機関」性（41条）から法律に基づかない独立命令を発することは禁止されていることから、この規定は当然のものである。[*6]

もっとも、法律の個別・具体的な委任がある政令等に基づき財産権を制約することは29条2項の「法律」という文言や41条の国会の「唯一の立法機関」性に反せず、許容される。サーベル事件（最判平成2年2月1日民集44巻2号369頁）では、銃砲刀剣類所持等取締法14条1項に基づき登録が必要となる「刀剣類」が法律上は日本刀に限定されていないにもかかわらず、銃砲刀剣類登録規則1条が「刀剣類」を日本刀に限定しサーベル等を含めない取扱いをしていることが委任の限界を超えないかが問題となったが、「委任の趣旨」に反しないとし、法律の委任に基づく政令による財産権制約を認めた。

地方自治体による条例により財産権を制約できるかについては、29条2項が「法律」と明示的に定めていることや取引の安全の見地から全国統一的な法律で定める必要性があることからこれを否定する見解もある。しかし、通説は、94条の条例制定権は41条の国会の「唯一の立法機関」性の例外であり、地方の実情に応じた財産権規制を行うことが適切である場合もあることから、条例による財産権制限を認めている。[*7] 奈良県ため池保全条例事件（判例29-2）も通説同様に条例による財産権制限を認めている。

III 判例における財産権の保障と限界

1 国有農地売払特措法事件——事後法による財産権の内容変更

通説は29条1項で保障される財産権とは「個人の現に有する具体的な財産上の権利の保障」（財産権の現状保障）と解釈している。そのため、法律Aにより内容形成された財産権aが、事後的に法律Bによる改正により財産権bへと縮減された場合（事後法による財産権の内容変更）、法律Aの下で財産権aを有していた者の現状保障としての財産権（29条1項）を制約する。この現状保障としての財産権侵害に関する論証のモデルケースを提供するものとして、国有農地売

払特措法事件（判例29-3）がある。[*8]

　旧農地法80条の下，農地改革による買収農地が自作農の創設等の目的に供しないことを相当とする事実が生じた場合，買収農地の旧所有者は「買収の対価」（旧農地法80条2項）で売払いを受ける私法上の権利を有していた（農地法80条1項・2項の解釈によりかかる私法上の権利を導くものとして最大判昭和46年1月20日民集25巻1号1頁）。買収農地の旧所有者である原告は，旧農地法80条に基づき売払いの申し込みを行ったが，その後，国有農地の売払いに関する特別措置法（国有農地特措法）により「買収の対価」相当額から「時価の7割」相当額にまで引き上げる法改正がなされた。すなわち旧農地法（法律A）の下での（極めて安価な）買収時の対価相当額による買収農地の売払請求権（財産権a）が，事後法である国有農地特措法（法律B）の下で「時価の7割」相当額での売払請求権（財産権b）にまで縮減してしまったわけである。

　この法改正の合憲性について，国有農地売払特措法事件は，「法律でいったん定められた財産権の内容を事後の法律で変更しても，それが公共の福祉に適合するようにされたものである限り，これをもって違憲の立法ということができないことは明らかである」として事後法による財産権の変更を一般論として認め，「右の変更が公共の福祉に適合するようにされたものであるかどうかは，いったん定められた法律に基づく財産権の性質，その内容を変更する程度，及びこれを変更することによつて保護される公益の性質などを総合的に勘案し，その変更が当該財産権に対する合理的な制約として容認されるべきものであるかどうかによつて，判断すべきである。」という総合考慮による枠組みを用いた。さらに既に旧農地法80条に基づき売払いの申し込みを行っていた原告の既得権保障との関係で「右の権利は当該農地について既に成立した売買契約に基づく権利ではなくて，その契約が成立するためには更に国の売払いの意思表示又はこれに代わる裁判を必要とするような権利なのであり，その権利が害されるといつても，それは売払いを求める権利自体が剥奪されるようなものではなく，権利の内容である売払いの対価が旧所有者の不利益に変更されるにとどまるものであつて，前述のとおり右変更が公共の福祉に適合するものと認められる以上，右の程度に権利が害されることは憲法上当然容認される」として権利侵害性を否定した。国有農地売払特措法事件の特徴は，事後法による財

産権の変更については総合考慮論で合憲性を判定しつつ、重ねて原告の既得権保障との関係では権利「剥奪」の有無を具体的に審査した点にある（区別論）[*9]。

他方で、証券取引法損失補禁止事件（判例29-4）は、旧証券取引法（法律A）の下における私法上有効な損失保証契約に基づく履行請求権（財産権a）が、証券取引法の改正による損失填補禁止規定（法律B）の導入により当該請求権が行使できなくなった（財産権b）事件であるが、上記区分論を採用せず、証券取引法短期売買利益提供請求事件（判例29-5）の「規制の目的、必要性、内容、その規制によって制限される財産権の種類、性質及び制限の程度等を比較考量して判断」する比較衡量論に依拠した一元的な枠組みで判断している（一元論）。

なお、その後の長期譲渡所得損益通算廃止を行う租税立法の遡及適用が問題となった最判平成23年9月22日民集65巻6号2756頁および最判平成23年9月30日判時2132号39頁は国有農地売払特措法事件の判断枠組みを踏襲している[*10]。

国有農地売払特措法事件を区別論、証券取引法損失填補禁止事件を一元論と整理した場合、両者を整合的に理解できるかは今後問題になろう。

● 2　森林法違憲判決――ベースライン・法制度保障との抵触

(1) 事案の概要

森林法186条（当時）は、民法256条1項の共有物分割請求権の例外規定として、森林の持分価格2分の1以下の共有者の共有物分割請求権を否定していた。兄弟である原告と被告は父からの生前贈与により問題となった森林の2分の1ずつの持分権を有していたが、森林経営をめぐって対立が起きたため、原告は被告に対して森林法186条が29条に違反して無効であると主張し、森林の共有物分割請求を求めたのが森林法違憲判決（判例29-1）である。

(2) 財産権制限性の論点

森林法違憲判決（判例29-1）では、そもそも森林法186条が29条の財産権の問題となりうるかが最大の問題であった。通説は29条1項の「財産権」として「個人の現に有する具体的な財産上の権利の保障」（財産権の現状保障）と「私有財産制度の保障」の2種類が保障されるものと解していたが、原告は既に森林法186条の下で分割請求権の制限された持分権を取得しているだけであって、現状保障の制限は確認できない。また伝統的通説は制度的保障たる「私有財産

制の保障」について社会主義体制への移行を禁止する資本主義体制の保障と解釈しており[*11]，森林法186条は社会主義体制への移行を行うものではないので，森林法違憲判決ではこのような意味での私有財産制への侵害もない。そうすると通説の立場からは，森林法違憲判決のケースで29条1項の「財産権」制限があるのか，という疑義が生じる。

　森林法違憲判決は，「共有物分割請求権は，各共有者に近代市民社会における原則的所有形態である単独所有への移行を可能ならしめ」る権利であり，「共有の本質的属性として，持分権の処分の自由とともに，民法において認められるに至つたもの」であるため，共有物分割請求権を共有者に否定することは，「憲法上，財産権の制限に該当」する，とした。しかし，森林法違憲判決の判決文それ自体からは，民法256条1項の共有物分割請求権が森林法186により否定されることがなぜ「憲法上」の「財産権の制限」に該当するのかは必ずしも明らかではない。法律次元ではなく，憲法次元において「共有の本質的属性」としての共有物分割請求権を原則的形態として観念しうるかという問題について森林法違憲判決は答えていない[*12]。

　森林法違憲判決の調査官解説は，素朴に土地所有権を人権の代表的なものと位置づけ[*13]，①「財産又は財産権をその権利者が自由に使用，収益及び処分できる状態」を「財産権の通常又は基本的な状態」とし，「この状態に比しマイナス部分があることを財産権の制約又は制限」といい，②財産が総有又は合有ではなく「通常の共有」に属する場合において各共有者が民法256条によりその分割請求権を有しているが，「これが共有財産についての通常又は基本的状態」であり，「この分割請求権を否定することは財産権の制約に該当する」という[*14]。そして①に関しては最大判昭和35年2月10日民集14巻2号137頁，最大判昭和37年6月6日民集16巻7号1265頁が当然に認めてきたところであり，②に関しては我妻栄（有泉亨補訂）『物権法』（岩波書店，1983年）316頁の「各共有者は，縮減されたものではあるが，なお管理権能と収益権能とを結合した一個の所有権（持分権）を有し，これを自由に処分することができ（持分処分の自由），また，何時でも共同所有を終止して単独所有に移行する権限（分割請求権）をもっている。」という記述を引用して，「これが通常の共有者の場合の通常又は基本的状態」であるとして，森林法186条の財産権制限性を認める[*15]。すなわち調査官

第9章　財産権　　153

解説の見解は，先例に基づき憲法上の人権たる財産権＝所有権の定式を確認し，民法の権威である我妻栄の見解に基づき（通常の）共有権＝（縮減された）所有権の定式を確認することで，森林法186条の財産権制限性を認定するものである。[*16] この調査官解説は判例および我妻という「権威」をつなぎ合わせることにより民法256条の共有物分割請求権に憲法的保護を与えるが，なぜ法律上の権利に過ぎない共有物分割請求権に憲法的保護が与えられるのかの論理を説明することに成功していない。

　学説では，森林法違憲判決を契機として，従来の通説が想定していた29条の主観的権利保障や制度的保障の内容を再検討する試みがなされている。長谷部恭男は財産権等の「国家による制度の設営があってはじめて存立しうる権利」であっても，抽象的権利であるとの結論は直ちに導かれず，「当該制度のあるべき内容について法律家共同体内部で広く共有された理解がある場合」には立法裁量は限定されるとした上で，森林法違憲判決は「単独所有」が法律家共同体の共通了解が憲法の想定するベースラインを構成するとの前提に基づき，このベースラインからの離脱をはかる立法の目的・手段について明白性の基準をクリアすることを要求する権利を国民に与えたものと考える（ベースライン論）[*17]。主観的権利論ではなく制度的保障論を再解釈するアプローチをとるのが石川健治である。石川は，伝統的通説が制度的保障論の内実を社会主義体制への移行を禁止する資本主義体制の保障に限定してきたことを批判し，より広く所有権・売買・賃貸借・婚姻・相続その他の私法上の法制度保障が含まれうることを指摘する（法制度保障論[*18]）。そしてローマ法的所有権観念である一物一権主義への憲法的選択により憲法レベルで法制度保障としての単独所有が保障され，共有物分割請求権の否定はこの「一物一権主義」の「アイデンティティー」を脅かすものと考える[*19]。

(3) 審査基準の論点

　森林法違憲判決（判例29-1）は，財産権の制限性を確認した後，「立法の規制目的が……公共の福祉に合致しないことが明らかであるか，又は規制目的が公共の福祉に合致するものであつても規制手段が右目的を達成するための手段として必要性若しくは合理性に欠けていることが明らかであつて，そのため立法府の判断が合理的裁量の範囲を超えるものとなる場合に限り」，当該規制立

法は29条2項違反になると判示した。そして，森林法186条の立法目的を「森林の細分化を防止することによつて森林経営の安定を図り，ひいては森林の保続培養と森林の生産力の増進を図り，もつて国民経済の発展に資することにある」として積極目的・政策的規制と捉えた上で，共有物分割請求権を否定した同条の規制手段の必要性・合理性を検証し，違憲と判断した。これは同条を「政策的制約の類型」に当たるとしつつも「規制の必要性・合理性の点については厳格に立法事実を検証するという審査方法」を採用したものと考えられている[20]。

森林法違憲判決以前は，財産権規制立法についても職業の自由と同様の規制目的二分論が適用されると考えられており，森林法違憲判決以降も「純粋の積極目的規制と捉えがた」く「消極目的規制の要素が強い」ために薬事法違憲判決（判例22-1）と同じ厳格な合理性の基準が用いられたという理解が存在する[21]。しかし，前述のとおり判例の文言を素直に読む限り立法目的は積極目的・政策的規制であり，適用された審査基準も厳格な合理性の基準と断定することはできない[22]。近年の有力学説では，財産権に関するベースラインや法制度保障との抵触がある事案であったことから審査基準が厳格化した，との説明がなされることがある[23]。

3　証券取引法短期売買利益提供請求事件——財産権に関する立法の合憲性

証券取引法短期売買利益提供請求事件（判例29-5）では，上場会社等の役員又は主要株主がその職務又は地位により取得した秘密を不当に利用することを防止するため，同項の規定する特定有価証券等の短期売買取引による利益を当該上場会社等に提供すべきことを規定する証券取引法164条1項の財産権侵害の有無が争点となった。同事件の判決は「財産権の種類，性質等は多種多様であり，また，財産権に対する規制を必要とする社会的理由ないし目的も，社会公共の便宜の促進，経済的弱者の保護等の社会政策及び経済政策に基づくものから，社会生活における安全の保障や秩序の維持等を図るものまで多岐にわたるため，財産権に対する規制は，種々の態様のものがあり得る」ことから，「財産権に対する規制が憲法29条2項にいう公共の福祉に適合するものとして是認されるべきものであるかどうかは，規制の目的，必要性，内容，その規制に

第9章　財　産　権　　155

よって制限される財産権の種類，性質及び制限の程度等を比較考量して判断すべき」とし，結論として同規定を合憲とした。この判示部分は森林法違憲判決（判例29-1）の文章とほとんど同じであるが，「積極目的」「積極目的」という言葉が慎重に削除されており，財産権分野において規制目的二分論を適用しないというメッセージを発したものではないか，と言われている。[24]

証券取引法短期売買利益提供請求事件の原告は，証券取引法164条1項の存在を前提に株式を取得していたため既得権侵害は問題にならず，原告主張の「株式売却の自由」は森林法違憲判決における「単独所有」のようにベースライン論または法制度保障論による保護は与えられないケースと考えられるが，それにもかかわらずなぜ29条適合性が問題となるのか，については理解が分かれている。一つの理解の仕方としては，自由権的・防御権的な主観的権利保障の問題ではなく，客観法的審査の問題とした，というものであろう。[25]他方で，証券取引法短期売買利益提供請求事件の調査官解説は，（財産権規制性を暗黙に認めていると思われるが）「当該規制立法が，どこまで立法事実に踏み込んだ司法判断がされるべき分野に属するのか，還元すれば，立法事実の把握，ひいては規制措置の必要性と合理性についての立法裁量をどの程度尊重すべき分野に属するのかを検討」する立法事実把握可能性アプローチによって，これを説明している。[26]

証券取引法短期売買利益提供請求事件以降，最高裁は財産権規制立法については同事件の判断枠組みに依拠する傾向が強い。[27]

Ⅳ 29条3項の文言解釈——損失補償

1 29条3項の法的性格

法令上の損失補償規定を欠く場合，29条3項に基づき直接，損失補償請求を行うことができるかについて，同項の法的性格が問題となる。かつては同項をプログラム規定と解したり，補償規定を欠く公用収用法規を違憲無効とする違憲無効説が唱えられたことがあるが，河川附近地制限令事件（判例29-6）は「その損失を具体的に主張立証して，別途，直接憲法29条3項を根拠にして，補償請求をする余地が全くないわけではない」とし，損失補償請求権の具体的権利

性を認めた。[*28]

2　「公共のために用ひる」の意義

「公共のため」とは，鉄道，道路，公園等のような直接公共の用に供する公共事業のためだけではなく，買収農地を特定私人に売り渡す農地改革のような場合であっても，収用全体の目的が広く社会公共の利益（公益）のためである場合も含まれる（自作農創設特別措置法に関する最判昭和29年1月22日民集8巻1号225頁参照）。

「用ひる」とは，狭い意味での強制的な公用収用のみならず，財産権制限の場合も含まれる。

3　損失補償の要否──特別犠牲説

どのような場合に損失補償が必要かについて，29条3項の明文にはないが，「特別の犠牲」を要求するのが通説である（特別犠牲説）。「特別の犠牲」と言えるか否かについて従来の通説は，①侵害行為の対象が広く一般人か，特定個人・集団かという形式的要件と②侵害行為が財産権に内在する社会的制約として受忍すべき限度内か，財産権の本質的内容を侵すほど強度なものであるかという実質的基準の2つを総合的に考慮して判断する。近年の有力説は①の対象の一般性・特定性の区別は相対的であるとして②の実質的要件を中心に考える。[*29]

判例の判断枠組みは必ずしも明確ではない。奈良県ため池保全条例事件（判例29-2）は，「災害を防止し公共の福祉を保持する上に社会生活上已むを得ないものであり，そのような制約は，ため池の堤とうを使用し得る財産権を有する者が当然受忍しなければならない責務というべき」とし，消極目的・内在的規制性から損失補償を否定した。[*30]一方で，河川附近地制限令事件（判例29-6）は，「河川附近地に指定されたため，河川附近地制限令により，知事の許可を受けることなくしては砂利を採取することができなくなり，従来，賃借料を支払い，労務者を雇い入れ，相当の資本を投入して営んできた事業が営み得なくなるために相当の損失を被る」場合について「単に一般的に当然に受忍すべきものとされる制限の範囲をこえ，特別の犠牲を課したものとみる余地が全くな

いわけではな」いとして，消極目的・内在的規制の側面がある場合であっても特定人による「相当の資本」の投入があって「相当の損失」を被る場合には「特別の犠牲」があったと見る余地を残している。

4 「正当な補償」の意義

29条3項の「正当な補償」については，相当補償説と完全補償説が対立している[*31]。昭和28年の農地買収事件（判例29-7）は「正当な補償とは，その当時の経済状態において成立することを考えられる価格に基き，合理的に算出された相当な額をいうのであつて，必しも常にかかる価格と完全に一致することを要するものでないと解するを相当とする」として市場価格を下回る相当補償で足りるとする[*32]。一方，昭和48年の土地収用事件（判例29-8）は，「土地収用法における損失の補償は，特定の公益上必要な事業のために土地が収用される場合，その収用によつて当該土地の所有者等が被る特別な犠牲の回復をはかることを目的とするものであるから，完全な補償，すなわち，収用の前後を通じて被収用者の財産価値を等しくならしめるような補償をなすべきであり，金銭をもつて補償する場合には，被収用者が近傍において被収用地と同等の代替地等を取得することをうるに足りる金額の補償を要する」とし，完全補償説に立つかのような判示をした。しかし，その後の平成14年の土地収用事件Ⅱ（判例29-9）は，昭和28年の農地買収事件を引用して「憲法29条3項にいう『正当な補償』とは，その当時の経済状態において成立すると考えられる価格に基づき合理的に算出された相当な額をいう」として相当補償説に立つ。

このように判例内部においても完全補償説と相当補償説が揺れている状況であり，この3つの判例をどのように整合的に理解すべきか自体に争いがある。学説では，「農地改革のように，既存の財産法秩序を構成しているある種の財産権（たとえば，地主の土地所有権）に対する社会的評価が根本的に変化し，それに基づいて，その財産権が公共のために用いられるという例外的な場合」には相当補償で良いが，原則として完全補償を要するとする見解がある[*33]。これに対し，昭和48年の土地収用事件は，小法廷判決である上に，判決文の「土地収用法における損失の補償は」との表現から土地収用法の解釈を示したものに過ぎず，判例は当初から一貫して相当補償説に立っている，との見方もある[*34]。

仮に判例が相当補償説であると解したとしても，市場価値との完全一致の保障を求める意味での完全補償説を排斥したものであり，「その当時の経済状態において成立することを考えられる価格に基き」損失補償額を算定するものである。平成14年の土地収用事件Ⅱの調査官解説は，①権利者に対する犠牲の大きさと②私有財産を公共の用に供する必要性の大きさ等に照らして価格を「合理的に算出」するものとし，特に①の要素を重視すべきであって，①の犠牲が大きい場合には完全補償を要するものと解しており，判例・学説の乖離はそれほど大きいものとは言えないであろう。

　なお，完全補償説や相当補償説の学説の対立は財産権保障（権利対価保障）を中心とした争いであり，移転料，営業上の損失等の付随的損失補償，生活を再建するための生活権補償，精神的損失補償等がどこまで含まれるかについては個別の検討を要する問題である。

Ⅴ　29条の地図

1　1項・2項の地図（財産権保障と限界）

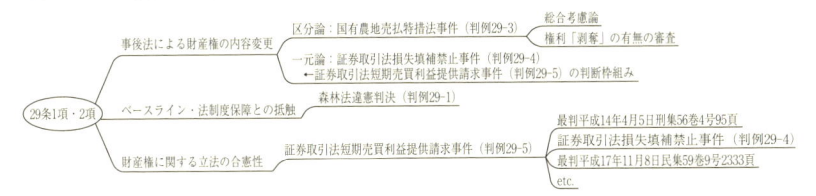

```
                        ┌ 区分論：国有農地売払特措法事件（判例29-3）    総合考慮論
         ┌ 事後法による財産権の内容変更 ┤                              権利「剥奪」の有無の審査
         │              └ 一元論：証券取引法損失填補禁止事件（判例29-4）
         │                ←証券取引法短期売買利益提供請求事件（判例29-5）の判断枠組み
29条1項・2項 ┤ ベースライン・法制度保障との抵触    森林法違憲判決（判例29-1）
         │                                            最判平成14年4月5日刑集56巻4号95頁
         └ 財産権に関する立法の合憲性 ── 証券取引法短期売買利益提供請求事件（判例29-5） 証券取引法損失填補禁止事件（判例29-4）
                                                            最判平成17年11月8日民集59巻9号2333頁
                                                            etc.
```

第9章　財産権　159

2　3項の地図（損失補償）

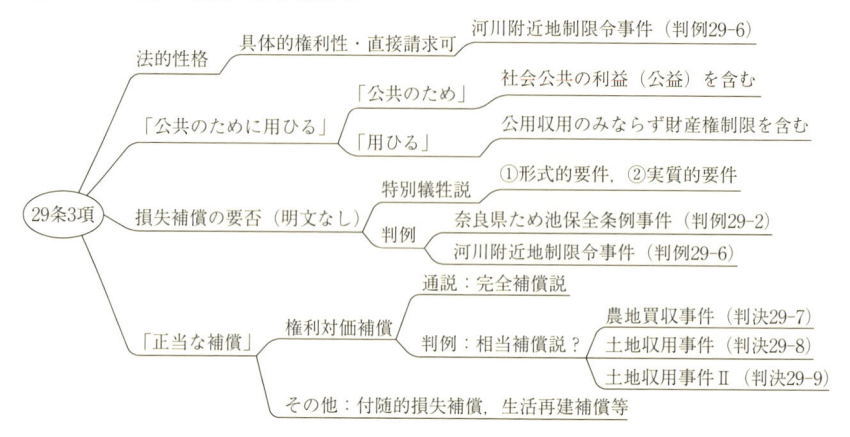

```
                                               ┌ 河川附近地制限令事件（判例29-6）
                        ┌ 法的性格 ─ 具体的権利性・直接請求可 ┘
                        │                       ┌ 社会公共の利益（公益）を含む
              ┌「公共のために用ひる」┬「公共のため」┘
              │                  └「用ひる」 ─ 公用収用のみならず財産権制限を含む
              │                                 ┌ ①形式的要件，②実質的要件
29条3項 ─┼ 損失補償の要否（明文なし）┬ 特別犠牲説 ┘
              │                        │          ┌ 奈良県ため池保全条例事件（判例29-2）
              │                        └ 判例 ────┤
              │                                    └ 河川附近地制限令事件（判例29-6）
              │                    ┌ 通説：完全補償説
              │                    │                  ┌ 農地買収事件（判決29-7）
              └「正当な補償」─ 権利対価補償 ┬ 判例：相当補償説？┼ 土地収用事件（判決29-8）
                                   │                  └ 土地収用事件Ⅱ（判決29-9）
                                   └ その他：付随的損失補償，生活再建補償等
```

*1　29条2項を1項に代入する読み方とその効果については石川健治「財産権②」論点探究243頁以下が詳しい。

*2　芦部225頁。

*3　注解Ⅱ236-237頁〔中村睦男執筆部分〕。「侵してはならない」と「保障する」を等置する通説に疑義を呈するものとして，高橋正俊「財産権不可侵の意義(一)〜(二・完)」香川法学4巻3号86頁（1985年），5巻4号1頁（1986年）。

*4　芦部226頁。

*5　財産権の政策的規制の根拠条文を29条2項の「公共の福祉」に求めることに争いはないが，内在的規制の根拠については13条，29条を適用するまでもなく人権に内在する制約であるとする説，13条を根拠条文とする説，29条2項を根拠条文とする説に分かれている。学説の概観として柴田保幸・最判解民昭和62年度222頁。

*6　もっとも，29条2項があえて「法律」による規制を明示していることに独自の意義を見出し，委任立法の限界設定の際の規律密度を厳格に解する余地はあるように思われる。

*7　両説の対立については，注解Ⅱ244-245頁〔中村睦男執筆部分〕。

*8　国有農地売払特措法事件から財産権の論証モデルを引き出すものとして，宍戸157-158頁，駒村209頁以下。

*9　宍戸156-158頁，駒村211頁は明示的に両者の論点を分けて把握する。この議論を「区別論」と名付けるものとして，山本龍彦「判批」判プラ222頁。さらに駒村圭吾は既得権保障について①具体的既得権，②抽象的既得権，③権利未満の「期待」に分類した上で，国有農地売払特措法事件の多数意見は②抽象的既得権にとどまっていたことを重視したものと分析している。

*10　小林宏司・最判解民平成23年度(下)651-652頁。

*11　芦部234頁。

*12　森林法違憲判決における財産権制限性の争点を学界に問題提起した重要論文として安念

潤司「憲法が財産権を保護することの意味」長谷部恭男編『リーディングズ現代の憲法』(日本評論社，1995年) 138頁以下。
* 13 柴田保幸・最判解民昭和62年度211頁。
* 14 柴田保幸・最判解民昭和62年度214頁。
* 15 柴田保幸・最判解民昭和62年度213-214頁。
* 16 通説のように主観的権利としての「財産権」を「個人の現に有する具体的な財産上の権利の保障」に限定した場合にはこのような見解は成立し難いが，森林法違憲判決は通説と異なり29条1項で保障されるのは「社会的経済的活動の基礎をなす国民の個々の財産権」であると表現しており，通説よりも財産権保障の範囲を広くとっていると考えれば，矛盾は生じない。
* 17 長谷部恭男『憲法の理性』(東京大学出版会，2006年) 132-135頁。長谷部は法制度保障に対応する権利が認められている状況で，それとは別個に国家の「法制度保障義務」を論じる実益には疑義があると指摘し（同書134頁注14），あくまで権利論の枠内で説明をする。なお，長谷部説に対しては法律家共同体の共通了解の確定方法が明らかではないとの批判があるが，森林法違憲判決の調査官解説が「判例」や「我妻の文献」を参照して財産権制限性を論証した手法は法律家共同体の共通了解の確定方法として一つの参考になる。
* 18 石川健治「判批」法協114巻12号1545頁(1997年)。カール・シュミットの読解を通じて日本の伝統的通説である制度的保障論を覆すものとして石川健治『自由と特権の距離〔増補版〕』(日本評論社，2007年)。
* 19 石川健治「財産権①」論点探究236頁。なお，石川は，森林法違憲判決について一物一権主義侵害から直ちに違憲としたのではなく，財産権規制立法における立法裁量を統制する比例原則を厳格に適用する根拠として私法上の法制度保障論を用いたものとみている。石川健治「法制度の本質と比例原則の適用」プロセス演習306頁。
* 20 柴田保幸・最判解民昭和62年度248頁。
* 21 芦部235頁。
* 22 柴田保幸・最判解民昭和62年度248頁も，厳格な合理性の基準に立っていない，と評価している。
* 23 宍戸159-160頁参照。
* 24 芦部236頁。松本哲治「財産権」論点教室130頁。
* 25 山本龍彦「判批」判プラ220頁。財産権一般について通常の自由権と異なる法律による内容形成の問題と捉えた上で，証券取引法短期売買利益提供請求事件（判例29-5）の判断枠組みを財産権全般の審査のデフォルトと捉えるものとして，小山剛「『憲法上の権利』各論19 勤労の権利，労働基本権（2・完）・財産権(1)」法セミ727号95頁（2015年）。
* 26 杉原則彦・最判解民平成14年度(上)193-194頁。この調査官解説は財産権の「規制立法」であることを前提にしており，あくまで財産権の主観的権利保障の問題としているものと考えられる。なお，今後，次の①～④の事情からすると，立法事実把握可能性アプローチが職業の自由および財産権を包括する手法として台頭してくる可能性が考えられる。すなわち，①財産権分野において証券取引法短期売買利益提供請求事件（判例29-5）をベースとした審査が多数行われていること，②本文でベースライン・法制度保障の問題とした森林法違憲判決（判例29-1）と証券取引法短期売買利益提供請求事件（判例29-5）は立法事実把握可能性の程度により立法裁量統制に差が出たに過ぎないと杉原則彦・最判解民

第9章 財産権 161

平成14年度(上)193-194頁で整理されていること、③事後法による財産権の内容変更の領域でも証券取引法損失塡補禁止事件(判例29-4)が証券取引法短期売買利益提供請求事件(判例29-5)の判断枠組みに依拠していること、④職業の自由でも酒類販売免許制判決(判例22-5)の調査官解説である綿引万里子・最判解民平成4年度583頁が立法事実把握可能性アプローチをとっていること。

＊27　最判平成14年4月5日刑集56巻4号95頁、証券取引法損失塡補禁止事件（判例29-4）、最判平成17年11月8日民集59巻9号2333頁、最判平成18年11月27日判時1958号61頁、最判平成21年4月23日判時2045号116頁、最判平成23年7月15日民集65巻5号2269頁等。

＊28　なお、予防接種禍による健康被害について29条3項に基づく損失補償請求をすることができるかは29条3項の類推解釈や勿論解釈によりこれを認める見解（東京地判昭和59年5月18日判時1118号28頁、大阪地判昭和62年9月30日判時1255号45頁）、国家賠償法による救済を認める見解（東京高判平成4年12月18日判時1445号3頁）が対立している。

＊29　芦部238-239頁。

＊30　これに対して、佐藤317頁は、財産権規制が本質的に強度で、かつ、権利者の責めに帰すべき事由によるものではない場合であって、補償を要する事例とする。なお、ガソリンタンク移設事件（最判昭和58年2月18日民集37巻1号59頁）は、国の地下道設置行為によりガソリン等の地下貯蔵タンクを埋設していた者が消防法等との法令との関係で別の場所に移設を余儀なくされた事案について、国による「道路工事の施行の結果、警察違反の状態を生じ、危険物保有者が右技術上の基準に適合するように工作物の移転等を余儀なくされ、これによつて損失を被つたとしても、それは道路工事の施行によって警察規制に基づく損失がたまたま現実化するに至つたものにすぎ」ないとして、やはり消極目的規制のケースで損失補償を否定している。

＊31　完全補償説の根拠について、学説は29条3項を14条の平等原則から解釈し、生じた不平等を平等に戻すために完全補償を要するとするもの（柳瀬良幹「財産権の不可侵と正当な補償」ジュリ130号34頁〔1957年〕）、29条1・2項の財産権保障を趣旨に照らして完全補償を要するとするもの（結城光太郎「『正当な補償』の意味」公法研究11号82頁〔1954年〕）に分かれる。財産権保障の見地から損失補償の体系を構築する理論的研究として、松尾弘『財産権の保障と損失補償の法理』（大成出版社、2011年）。

＊32　最大判昭和30年10月26日民集9巻11号1690頁も同旨。

＊33　芦部241頁。判例の立場を同様に理解するものとして、注解Ⅱ252頁〔中村睦男執筆部分〕。

＊34　29条3項の「正当な補償」の意義について判示したのは昭和28年の農地買収事件および最大判昭和30年10月26日民集9巻11号1690頁の2つに限られ、これらは事案限りの判断ではなく判例法理を示したものと捉えるものとして、青野洋士・最判解民平成14年度(上)481-482頁。判例は当初から一貫して相当補償説であったことを指摘するものとして、山本龍彦「判批」判プラ227頁。

＊35　青野洋士・最判解民平成14年度(上)482頁。

＊36　損失補償の基本事例を詳しく検討するものとして、松尾弘『基本事例から考える損失補償法』（大成出版社、2015年）。

判例一覧（第9章）

29-1	森林法違憲判決・最大判昭和62年4月22日民集41巻3号408頁

【29条1項の保障内容，公共の福祉による規制】
「憲法29条は，1項において「財産権は，これを侵してはならない。」と規定し，2項において「財産権の内容は，公共の福祉に適合するやうに，法律でこれを定める。」と規定し，私有財産制度を保障しているのみでなく，社会的経済的活動の基礎をなす国民の個々の財産権につきこれを基本的人権として保障するとともに，社会全体の利益を考慮して財産権に対し制約を加える必要性が増大するに至つたため，立法府は公共の福祉に適合する限り財産権について規制を加えることができる，としているのである。」

【財産権保障の限界】
「財産権は，それ自体に内在する制約があるほか，右のとおり立法府が社会全体の利益を図るために加える規制により制約を受けるものであるが，この規制は，財産権の種類，性質等が多種多様であり，また，財産権に対し規制を要求する社会的理由ないし目的も，社会公共の便宜の促進，経済的弱者の保護等の社会政策及び経済政策上の積極的なものから，社会生活における安全の保障や秩序の維持等の消極的なものに至るまで多岐にわたるため，種々様々でありうるのである。したがつて，財産権に対して加えられる規制が憲法29条2項にいう公共の福祉に適合するものとして是認されるべきものであるかどうかは，規制の目的，必要性，内容，その規制によつて制限される財産権の種類，性質及び制限の程度等を比較考量して決すべきものであるが，裁判所としては，立法府がした右比較考量に基づく判断を尊重すべきものであるから，立法の規制目的が前示のような社会的理由ないし目的に出たとはいえないものとして公共の福祉に合致しないことが明らかであるか，又は規制目的が公共の福祉に合致するものであつても規制手段が右目的を達成するための手段として必要性若しくは合理性に欠けていることが明らかであつて，そのため立法府の判断が合理的裁量の範囲を超えるものとなる場合に限り，当該規制立法が憲法29条2項に違背するものとして，その効力を否定することができるものと解するのが相当である（最高裁昭和43年（行ツ）第120号同50年4月30日大法廷判決・民集29巻4号572頁参照）。」

【財産権の制限性】
「森林法186条は，共有森林につき持分価額2分の1以下の共有者（持分価額の合計が2分の1以下の複数の共有者を含む。以下同じ。）に民法256条1項所定の分割請求権を否定している。
　そこまず，民法256条の立法の趣旨・目的について考察することとする。共有とは，複数の者が目的物を共同して所有することをいい，共有者は各自，それ自体所有権の性質をもつ持分権を有しているにとどまり，共有関係にあるというだけでは，それ以上に相互に特定の目的の下に結合されているとはいえないものである。そして，共有の場合にあつては，持分権が共有の性質上互いに制約し合う関係に立つため，単独所有の場合に比し，物の利用又は改善等において十分配慮されない状

第9章　財産権（判例一覧）　163

態におかれることがあり、また、共有者間に共有物の管理、変更等をめぐつて、意見の対立、紛争が生じやすく、いつたんかかる意見の対立、紛争が生じたときは、共有物の管理、変更等に障害を来し、物の経済的価値が十分に実現されなくなるという事態となるので、同条は、かかる弊害を除去し、共有者に目的物を自由に支配させ、その経済的効用を十分に発揮させるため、各共有者はいつでも共有物の分割を請求することができるものとし、しかも共有者の締結する共有物の不分割契約について期間の制限を設け、不分割契約は右制限を超えては効力を有しないとして、共有者に共有物の分割請求権を保障しているのである。このように、共有物分割請求権は、各共有者に近代市民社会における原則的所有形態である単独所有への移行を可能ならしめ、右のような公益的目的をも果たすものとして発展した権利であり、共有の本質的属性として、持分権の処分の自由とともに、民法において認められるに至つたものである。

したがつて、当該共有物がその性質上分割することのできないものでない限り、分割請求権を共有者に否定することは、憲法上、財産権の制限に該当し、かかる制限を設ける立法は、憲法29条2項にいう公共の福祉に適合することを要するものと解すべきところ、共有森林はその性質上分割することのできないものに該当しないから、共有森林につき持分価額2分の1以下の共有者に分割請求権を否定している森林法186条は、公共の福祉に適合するものといえないときは、違憲の規定として、その効力を有しないものというべきである。」

【審査基準とあてはめ】
「森林法186条は、森林法（明治40年法律第43号）（以下「明治40年法」という。）6条の「民法第256条ノ規定ハ共有森林ニ之ヲ適用セス但シ各共有者持分ノ価格ニ従ヒ其ノ過半数ヲ以テ分割ノ請求ヲ為スコトヲ妨ケス」との規定を受け継いだものである。明治40年法6条の立法目的は、その立法の過程における政府委員の説明が、長年を期して営むことを要する事業である森林経営の安定を図るために持分価格2分の1以下の共有者の分割請求を禁ずることとしたものである旨の説明に尽きていたことに照らすと、森林の細分化を防止することによつて森林経営の安定を図ることにあつたものというべきであり、当該森林の水資源かん養、国土保全及び保健保全等のいわゆる公益的機能の維持又は増進等は同条の直接の立法目的に含まれていたとはいい難い。昭和26年に制定された現行の森林法は、明治40年法6条の内容を実質的に変更することなく、その字句に修正を加え、規定の位置を第7章雑則に移し、186条として規定したにとどまるから、同条の立法目的は、明治40年法6条のそれと異なつたものとされたとはいえないが、森林法が1条として規定するに至つた同法の目的をも考慮すると、結局、森林の細分化を防止することによつて森林経営の安定を図り、ひいては森林の保続培養と森林の生産力の増進を図り、もつて国民経済の発展に資することにあると解すべきである。

同法186条の立法目的は、以上のように解される限り、公共の福祉に合致しないことが明らかであるとはいえない。」
「したがつて、森林法186条が共有森林につき持分価額2分の1以下の共有者に分割請求権を否定していることが、同条の立法目的達成のための手段として合理性又は必要性に欠けることが明らかであるといえない限り、同条は憲法29条2項に違反するものとはいえない。以下、この点につき検討を加える。

㈠ 森林が共有となることによつて、当然に、その共有者間に森林経営のための

目的的団体が形成されることになるわけではなく,また,共有者が当該森林の経営につき相互に協力すべき権利義務を負うに至るものではないから,森林が共有であることと森林の共同経営とは直接関連するものとはいえない。したがつて,共有森林の共有者間の権利義務についての規制は,森林経営の安定を直接的目的とする前示の森林法186条の立法目的と関連性が全くないとはいえないまでも,合理的関連性があるとはいえない。

森林法は,共有森林の保存,管理又は変更について,持分価額2分の1以下の共有者からの分割請求を許さないとの限度で民法第3章第3節共有の規定の適用を排除しているが,そのほかは右共有の規定に従うものとしていることが明らかであるところ,共有者間,ことに持分の価額が相等しい2名の共有者間において,共有物の管理又は変更等をめぐつて意見の対立,紛争が生ずるに至つたときは,各共有者は,共有森林につき,同法252条但し書に基づき保存行為をなしうるにとどまり,管理又は変更の行為を適法にすることができないこととなり,ひいては当該森林の荒廃という事態を招来することとなる。同法256条1項は,かかる事態を解決するために設けられた規定であることは前示のとおりであるが,森林法186条が共有森林につき持分価額2分の1以下の共有者に民法の右規定の適用を排除した結果は,右のような事態の永続化を招くだけであつて,当該森林の経営の安定化に資することにはならず,森林法186条の立法目的と同条が共有森林につき持分価額2分の1以下の共有者に分割請求権を否定したこととの間に合理的関連性のないことは,これを見ても明らかであるというべきである。

(二) (1) 森林法は森林の分割を絶対的に禁止しているわけではなく,わが国の森林面積の大半を占める単独所有に係る森林の所有者が,これを細分化し,分割後の各森林を第三者に譲渡することは許容されていると解されるし,共有森林についても,共有者の協議による現物分割及び持分価額が過半数の共有者(持分価額の合計が2分の1を超える複数の共有者を含む。)の分割請求権に基づく分割並びに民法907条に基づく遺産分割は許容されているのであり,許されていないのは,持分価額2分の1以下の共有者の同法256条1項に基づく分割請求のみである。共有森林につき持分価額2分の1以下の共有者に分割請求権を認めた場合に,これに基づいてされる分割の結果は,右に述べた譲渡,分割が許容されている場合においてされる分割等の結果に比し,当該共有森林が常により細分化されることになるとはいえないから,森林法が分割を許さないとする場合と分割等を許容する場合との区別の基準を遺産に属しない共有森林の持分価額の2分の1を超えるか否かに求めていることの合理性には疑問があるが,この点はさておいても,共有森林につき持分価額2分の1以下の共有者からの民法256条1項に基づく分割請求の場合に限つて,他の場合に比し,当該森林の細分化を防止することによつて森林経営の安定を図らなければならない社会的必要性が強く存すると認めるべき根拠は,これを見出だすことができないにもかかわらず,森林法186条が分割を許さないとする森林の範囲及び期間のいずれについても限定を設けていないため,同条所定の分割の禁止は,必要な限度を超える極めて厳格なものとなつているといわざるをえない。

まず,森林の安定的経営のために必要な最小限度の森林面積は,当該森林の地域的位置,気候,植栽竹木の種類等によつて差異はあつても,これを定めることが可能というべきであるから,当該共有森林を分割した場合に,分割後の各森林面積が必要最小限度の面積を下回るか否かを問うことなく,一律に現物分割を認めないと

第9章 財産権 (判例一覧) 165

することは，同条の立法目的を達成する規制手段として合理性に欠け，必要な限度を超えるものというべきである。
　また，当該森林の伐採期あるいは計画植林の完了時期等を何ら考慮することなく無期限に分割請求を禁止することも，同条の立法目的の点からは必要な限度を超えた不必要な規制というべきである。
　(2)　更に，民法258条による共有物分割の方法について考えるのに，現物分割をするに当たつては，当該共有物の性質・形状・位置又は分割後の管理・利用の便等を考慮すべきであるから，持分の価格に応じた分割をするとしても，なお共有者の取得する現物の価格に過不足を来す事態の生じることは避け難いところであり，このような場合には，持分の価格以上の現物を取得する共有者に当該超過分の対価を支払わせ，過不足の調整をすることも現物分割の一態様として許されるものというべきであり，また，分割の対象となる共有物が多数の不動産である場合には，これらの不動産が外形上一団とみられるときはもとより，数か所に分かれて存在するときでも，右不動産を一括して分割の対象とし，分割後のそれぞれの部分を各共有者の単独所有とすることも，現物分割の方法として許されるものというべきところ，かかる場合においても，前示のような事態の生じるときは，右の過不足の調整をすることが許されるものと解すべきである（最高裁昭和28年(オ)第163号同30年5月31日第3小法廷判決・民集9巻6号793頁，昭和41年(オ)第648号同45年11月6日第2小法廷判決・民集24巻12号1803頁は，右と抵触する限度において，これを改める。）。また，共有者が多数である場合，その中のただ一人でも分割請求をするときは，直ちにその全部の共有関係が解消されるものと解すべきではなく，当該請求者に対してのみ持分の限度で現物を分割し，その余は他の者の共有として残すことも許されるものと解すべきである。
　以上のように，現物分割においても，当該共有物の性質等又は共有状態に応じた合理的な分割をすることが可能であるから，共有森林につき現物分割をしても直ちにその細分化を来すものとはいえないし，また，同条2項は，競売による代金分割の方法をも規定しているのであり，この方法により一括競売がされるときは，当該共有森林の細分化という結果は生じないのである。したがつて，森林法186条が共有森林につき持分価額2分の1以下の共有者に一律に分割請求権を否定しているのは，同条の立法目的を達成するについて必要な限度を超えた不必要な規制というべきである。」
「以上のとおり，森林法186条が共有森林につき持分価額2分の1以下の共有者に民法256条1項所定の分割請求権を否定しているのは，森林法186条の立法目的との関係において，合理性と必要性のいずれをも肯定することのできないことが明らかであつて，この点に関する立法府の判断は，その合理的裁量の範囲を超えるものであるといわなければならない。したがつて，同条は，憲法29条2項に違反し，無効というべきであるから，共有森林につき持分価額2分の1以下の共有者についても民法256条1項本文の適用があるものというべきである。」

29-2	奈良県ため池保全条例事件・最大判昭和38年6月26日刑集17巻5号521頁
	【財産権の条例による規制】 「すなわち，ため池の破損，決かいの原因となるため池の堤とうの使用行為は，憲

法でも，民法でも適法な財産権の行使として保障されていないものであつて，憲法，民法の保障する財産権の行使の埒外にあるものというべく，従つて，これらの行為を条例をもつて禁止，処罰しても憲法および法律に牴触またはこれを逸脱するものとはいえないし，また右条項に規定するような事項を，既に規定していると認むべき法令は存在していないのであるから，これを条例で定めたからといつて，違憲または違法の点は認められない。更に本条例九条は罰則を定めているが，それが憲法31条に違反するものでないことは，当裁判所の判例（昭和31年(あ)第4289号，同37年5月30日大法廷判決，刑集16巻5号577頁）の趣旨とするところである。

なお，事柄によつては，特定または若干の地方公共団体の特殊な事情により，国において法律で一律に定めることが困難または不適当なことがあり，その地方公共団体ごとに，その条例で定めることが，容易且つ適切なことがある。本件のような，ため池の保全の問題は，まさにこの場合に該当するというべきである。

それ故，本条例は，憲法29条2項に違反して条例をもつては規定し得ない事項を規定したものではなく，これと異なる判断をした原判決は，憲法の右条項の解釈を誤つた違法があるといわなければならない。」

【損失補償の要否】
「次に，原判決は，条例をもつて権利の行使を強制的に制限または停止するについては，権利者の損失を補償すべきであるにかかわらず，本件において補償を与えた形跡が存在しないことも本条例を被告人らに適用し難い一理由としているのであるが，さきに説示したとおり，本条例は，災害を防止し公共の福祉を保持するためのものであり，その4条2号は，ため池の堤とうを使用する財産上の権利の行使を著しく制限するものではあるが，結局それは，災害を防止し公共の福祉を保持する上に社会生活上已むを得ないものであり，そのような制約は，ため池の堤とうを使用し得る財産権を有する者が当然受忍しなければならない責務というべきものであつて，憲法29条3項の損失補償はこれを必要としないと解するのが相当である。」

| 29-3 | 国有農地売払特措法事件・最大判昭和53年7月12日民集32巻5号946頁 |

【事後法による財産権の内容変更：区分論】
「憲法29条1項は，「財産権は，これを侵してはならない。」と規定しているが，同条2項は，「財産権の内容は，公共の福祉に適合するやうに，法律でこれを定める。」と規定している。したがつて，法律でいつたん定められた財産権の内容を事後の法律で変更しても，それが公共の福祉に適合するようにされたものである限り，これをもつて違憲の立法ということができないことは明らかである。そして，右の変更が公共の福祉に適合するようにされたものであるかどうかは，いつたん定められた法律に基づく財産権の性質，その内容を変更する程度，及びこれを変更することによつて保護される公益の性質などを総合的に勘案し，その変更が当該財産権に対する合理的な制約として容認されるべきものであるかどうかによつて，判断すべきである。」

「そこで，買収農地売払いの対価の点について考えると，買収農地売払制度が右のようなものである以上，その対価は，当然に買収の対価に相当する額でなければならないものではなく，その額をいかに定めるかは，右に述べた農地買収制度及び買収農地売払制度の趣旨・目的のほか，これらの制度の基礎をなす社会・経済全般の事情等を考慮して決定されるべき立法政策上の問題であつて，昭和27年に制定され

た改正前の農地法80条2項後段が売払いの対価を買収の対価相当額と定めたのは，農地買収制度の施行後さほど時を経ず，また，地価もさほど騰貴していなかつた当時の情勢にかんがみ妥当であるとされたからにすぎない。

ところで，農地法施行後における社会的・経済的事情の変化は当初の予想をはるかに超えるものがあり，特に地価の騰貴，なかんずく都市及びその周辺におけるそれが著しいことは公知の事実である。このような事態が生じたのちに，買収の対価相当額で売払いを求める旧所有者の権利をそのまま認めておくとすれば，一般の土地取引の場合に比較してあまりにも均衡を失し，社会経済秩序に好ましくない影響を及ぼすものであることは明らかであり，しかも国有財産は適正な対価で処分されるべきものである（財政法9条1項参照）から，現に地価が著しく騰貴したのちにおいて売払いの対価を買収の対価相当額のままとすることは極めて不合理であり適正を欠くといわざるをえないのである。のみならず，右のような事情の変化が生じたのちにおいてもなお，買収の対価相当額での売払いを認めておくことは，その騰貴による利益のすべてを旧所有者に収得させる結果をきたし，一般国民の納得を得がたい不合理なものとなつたというべきである。他方，改正前の農地法80条による旧所有者の権利になんらの配慮を払わないことも，また，妥当とはいえない。特別措置法及び同法施行令が売払いの対価を時価そのものではなくその7割相当額に変更したことは，前記の社会経済秩序の保持及び国有財産の処分の適正という公益上の要請と旧所有者の前述の権利との調和を図つたものであり旧所有者の権利に対する合理的な制約として容認されるべき性質のものであつて，公共の福祉に適合するものといわなければならない。」

「このように特別措置法による売払いの対価の変更は公共の福祉に適合するものであるが，同法の施行前において既に自作農の創設等の目的に供しないことを相当とする事実の生じていた農地について国に対し売払いを求める旨の申込みをしていた旧所有者は，特別措置法施行の結果，時価の七割相当額の対価でなければ売払いを受けることができなくなり，その限度で買収の対価相当額で売払いを受けうる権利が害されることになることは，否定することができない。しかしながら，右の権利は当該農地について既に成立した売買契約に基づく権利ではなくて，その契約が成立するためには更に国の売払いの意思表示又はこれに代わる裁判を必要とするような権利なのであり，その権利が害されるといつても，それは売払いを求める権利自体が剥奪されるようなものではなく，権利の内容である売払いの対価が旧所有者の不利益に変更されるにとどまるものであつて，前述のとおり右変更が公共の福祉に適合するものと認められる以上，右の程度に権利が害されることは憲法上当然容認されるものといわなければならない。」

29－4	証券取引法損失填補禁止事件・最判平成15年4月18日民集57巻4号366頁

【事後法による財産権の内容変更：一元論】
「財産権に対する規制が憲法29条2項にいう公共の福祉に適合するものとして是認されるべきものであるかどうかは，規制の目的，必要性，内容，その規制によって制限される財産権の種類，性質及び制限の程度等を比較考量して判断すべきものである（最高裁平成12年(オ)第1965号，同年(受)第1703号同14年2月13日大法廷判決・民集56巻2号331頁）。

そこで，以上の見地に立って，証券取引法42条の2第1項3号の規定の合憲性に

ついて検討する。

　同号が利益提供行為の禁止を規定したのは，証券会社による利益提供行為を禁止することによって，投資家が自己責任の原則の下で投資判断を行うようにし，市場の価格形成機能を維持するとともに，一部の投資家のみに利益提供行為がされることによって生ずる証券市場の中立性及び公正性に対する一般投資家の信頼の喪失を防ぐという経済政策に基づく目的を達成するためのものであると解されるが，このような目的は，正当なものであるということができる。

　そして，上記規定の規制内容等についてみると，同規定は，平成3年法律第96号による証券取引法の改正前に締結された損失保証等を内容とする契約に基づいてその履行の請求をする場合も含め，利益提供行為を禁止するものであるが，① 同改正前に締結された契約に基づく利益提供行為を認めることは投資家の証券市場に対する信頼の喪失を防ぐという上記目的を損なう結果となりかねないこと，② 前記内閣府令に定める事故による損失を補てんする場合であれば証券取引法42条の2第1項3号の規定は適用されないこと（同条3項），③ 損失保証等を内容とする契約に基づく履行請求が禁止される場合であっても，一定の場合には顧客に不法行為法上の救済が認められる余地があること，④ 私法上有効であるとはいえ，損失保証等は，元来，証券市場における価格形成機能をゆがめるとともに，証券取引の公正及び証券市場に対する信頼を損なうものであって，反社会性の強い行為であるといわなければならず（前掲第1小法廷判決参照），もともと証券取引法上違法とされていた損失保証等を内容とする契約によって発生した債権が，財産権として一定の制約に服することはやむを得ないものであるといえることからすると，法が上記のような規制手段を採ったことは，上記立法目的達成のための手段として必要性又は合理性に欠けるものであるとはいえない。

　したがって，証券取引法42条の2第1項3号の規定は，憲法29条に違反しないというべきである。」

| 29-5 | 証券取引法短期売買利益提供請求事件・最大判平成14年2月13日民集56巻2号331頁 |

【財産権に関する立法の合憲性】

「財産権は，それ自体に内在する制約がある外，その性質上社会全体の利益を図るために立法府によって加えられる規制により制約を受けるものである。財産権の種類，性質等は多種多様であり，また，財産権に対する規制を必要とする社会的理由ないし目的も，社会公共の便宜の促進，経済的弱者の保護等の社会政策及び経済政策に基づくものから，社会生活における安全の保障や秩序の維持等を図るものまで多岐にわたるため，財産権に対する規制は，種々の態様のものがあり得る。このことからすれば，財産権に対する規制が憲法29条2項にいう公共の福祉に適合するものとして是認されるべきものであるかどうかは，規制の目的，必要性，内容，その規制によって制限される財産権の種類，性質及び制限の程度等を比較考量して判断すべきものである。」

「そこでまず，法164条1項の規制の目的，必要性について検討するに，上場会社等の役員又は主要株主が一般投資家の知り得ない内部情報を不当に利用して当該上場会社等の特定有価証券等の売買取引をすることは，証券取引市場における公平性，公正性を著しく害し，一般投資家の利益と証券取引市場に対する信頼を損なうものであるから，これを防止する必要があるものといわなければならない。同項は，上

場会社等の役員又は主要株主がその職務又は地位により取得した秘密を不当に利用することを防止することによって、一般投資家が不利益を受けることのないようにし、国民経済上重要な役割を果たしている証券取引市場の公平性、公正性を維持するとともに、これに対する一般投資家の信頼を確保するという経済政策に基づく目的を達成するためのものと解することができるところ、このような目的が正当性を有し、公共の福祉に適合するものであることは明らかである。

　次に、規制の内容等についてみると、同項は、外形的にみて上記秘密の不当利用のおそれのある取引による利益につき、個々の具体的な取引における秘密の不当利用や一般投資家の損害発生という事実の有無を問うことなく、その提供請求ができることとして、秘密を不当に利用する取引への誘因を排除しようとするものである。上記事実の有無を同項適用の積極要件又は消極要件とするとすれば、その立証や認定が実際上極めて困難であることから、同項の定める請求権の迅速かつ確実な行使を妨げ、結局その目的を損なう結果となり兼ねない。また、同項は、同条8項に基づく内閣府令で定める場合又は類型的にみて取引の態様自体から秘密を不当に利用することが認められない場合には適用されないと解すべきことは前記のとおりであるし、上場会社等の役員又は主要株主が行う当該上場会社等の特定有価証券等の売買取引を禁止するものではなく、その役員又は主要株主に対し、一定期間内に行われた取引から得た利益の提供請求を認めることによって当該利益の保持を制限するにすぎず、それ以上の財産上の不利益を課するものではない。これらの事情を考慮すると、そのような規制手段を採ることは、前記のような立法目的達成のための手段として必要性又は合理性に欠けるものであるとはいえない。」

「以上のとおり、法164条1項は証券取引市場の公平性、公正性を維持するとともにこれに対する一般投資家の信頼を確保するという目的による規制を定めるものであるところ、その規制目的は正当であり、規制手段が必要性又は合理性に欠けることが明らかであるとはいえないのであるから、同項は、公共の福祉に適合する制限を定めたものであって、憲法29条に違反するものではない。」

29-6	河川附近地制限令事件・最大判昭和43年11月27日刑集22巻12号1402頁

【損失補償請求権の具体的権利性、直接請求の可否】
「被告人は、名取川の堤外民有地の各所有者に対し賃借料を支払い、労務者を雇い入れ、従来から同所の砂利を採取してきたところ、昭和34年12月11日宮城県告示第643号により、右地域が河川附近地に指定されたため、河川附近地制限令により、知事の許可を受けることなくしては砂利を採取することができなくなり、従来、賃借料を支払い、労務者を雇い入れ、相当の資本を投入して営んできた事業が営み得なくなるために相当の損失を被る筋合であるというのである。そうだとすれば、その財産上の犠牲は、公共のために必要な制限によるものとはいえ、単に一般的に当然に受忍すべきものとされる制限の範囲をこえ、特別の犠牲を課したものとみる余地が全くないわけではなく、憲法29条3項の趣旨に照らし、さらに河川附近地制限令1条ないし3条および5条による規制について同令7条の定めるところにより損失補償をすべきものとしていることとの均衡からいつて、本件被告人の被つた現実の損失については、その補償を請求することができるものと解する余地がある。したがつて、仮に被告人に損失があつたとしても補償することを要しないとした原判決の説示は妥当とはいえない。しかし、同令4条2号による制限について同条に

損失補償に関する規定がないからといつて、同条があらゆる場合について一切の損失補償を全く否定する趣旨とまでは解されず、本件被告人も、その損失を具体的に主張立証して、別途、直接憲法29条3項を根拠にして、補償請求をする余地が全くないわけではないから、単に一般的な場合について、当然に受忍すべきものとされる制限を定めた同令4条2号およびこの制限違反について罰則を定めた同令10条の各規定を直ちに違憲無効の規定と解すべきではない。」

29-7	農地買収事件・最大判昭和28年12月23日民集7巻13号1523頁
	【「正当な補償」の意義──相当補償説】 「まず憲法29条3項にいうところの財産権を公共の用に供する場合の正当な補償とは、その当時の経済状態において成立することを考えられる価格に基き、合理的に算出された相当な額をいうのであつて、必しも常にかかる価格と完全に一致することを要するものでないと解するを相当とする。けだし財産権の内容は、公共の福祉に適合するように法律で定められるのを本質とするから（憲法29条2項）、公共の福祉を増進し又は維持するため必要ある場合は、財産権の使用収益又は処分の権利にある制限を受けることがあり、また財産権の価格についても特定の制限を受けることがあつて、その自由な取引による価格の成立を認められないこともあるからである。」
29-8	土地収用事件・最判昭和48年10月18日民集27巻9号1210頁
	【「正当な補償」の意義──土地収用法の解釈としての完全補償】 「おもうに、土地収用法における損失の補償は、特定の公益上必要な事業のために土地が収用される場合、その収用によつて当該土地の所有者等が被る特別な犠牲の回復をはかることを目的とするものであるから、完全な補償、すなわち、収用の前後を通じて被収用者の財産価値を等しくならしめるような補償をなすべきであり、金銭をもつて補償する場合には、被収用者が近傍において被収用地と同等の代替地等を取得することをうるに足りる金額の補償を要するものというべく、土地収用法72条（昭和42年法律第74号による改正前のもの。以下同じ。）は右のような趣旨を明らかにした規定と解すべきである。そして、右の理は、土地が都市計画事業のために収用される場合であつても、何ら、異なるものではなく、この場合、被収用地については、街路計画等施設の計画決定がなされたときには建築基準法44条2項に定める建築制限が、また、都市計画事業決定がなされたときには旧都市計画法11条、同法施行令11条、12条等に定める建築制限が課せられているが、前記のような土地収用における損失補償の趣旨からすれば、被収用者に対し土地収用法72条によつて補償すべき相当な価格とは、被収用地が、右のような建築制限を受けていないとすれば、裁決時において有するであろうと認められる価格をいうと解すべきである。なるほど、法律上右のような建築制限に基づく損失を補償する旨の明文の規定は設けられていないが、このことは、単に右の損失に対し独立に補償することを要しないことを意味するに止まるものと解すべきであり、損失補償規定の存在しないことから、右のような建築制限の存する土地の収用による損失を決定するにあたり、当該土地をかかる建築制限を受けた土地として評価算定すれば足りると解するのは、前記土地収用法の規定の立法趣旨に反し、被収用者に対し不当に低い額の補償を強いることになるのみならず、右土地の近傍にある土地の所有者に比しても著

第9章　財産権（判例一覧）　171

	しく不平等な結果を招くことになり，到底許されないものというべきである。」
29-9	土地収用事件Ⅱ・最判平成14年6月11日民集56巻5号958頁
	【「正当な補償」の意義——相当補償説】 「憲法29条3項にいう「正当な補償」とは，その当時の経済状態において成立すると考えられる価格に基づき合理的に算出された相当な額をいうのであって，必ずしも常に上記の価格と完全に一致することを要するものではないことは，当裁判所の判例（最高裁昭和25年(オ)第98号同28年12月23日大法廷判決・民集7巻13号1523頁）とするところである。」

おわりに

　憲法学者の手による強靭な理論に支えられた基本書や概説書が，数多く出版されています。そうした出版状況の中，法曹実務家——特に弁護士が憲法の入門書を書く意味とは何でしょうか。

　弁護士にとって，憲法の「条文」と「判例」は格別に重い意味を持つものです。例えば，民事訴訟，行政訴訟，刑事訴訟のいずれにおいても，最高裁の重い扉を開くために上告理由・上告受理申立理由を起案して憲法違反や判例違反を指摘することは，弁護士にとっての必須のスキルとなります。近年では，弁護士が任期付き公務員として立法等の制度形成や行政処分に携わり，国民の憲法上の権利と直接向き合うことも多くなっています。また，2011年6月，国際連合の人権理事会において「ビジネスと人権に関する指導原則：国際連合『保護，尊重及び救済』枠組実施のために」が採択されたことを受けて，日本弁護士連合会は2015年1月7日付けで「人権デュー・ディリジェンスのためのガイダンス（手引）」を公表しており，企業法務を行う上でも人権の理解が必要不可欠なものとなっています。このように弁護士業務と人権論は実は意外と（？）関わりの深いものであり，一弁護士の目から見える憲法の風景を描写してみるというのは，一応の意味があるのではないでしょうか。

　また本書を執筆した動機として，法曹実務家から見ている「憲法像」と憲法学者の見ている「憲法像」にはギャップがあるのではないか，という疑問もありました。最高裁判決や最高裁調査官解説は，法曹実務家の中でもエリート中のエリートである最高裁判事や最高裁調査官が起案したものであり，裁判所の判決・決定を根拠付ける強力な論拠を提供しています。最高裁判決・最高裁調査官解説の形成する強力な憲法解釈の磁場は，最高裁を中心として法曹三者に

173

まで及んでいるといえるでしょう。では，肝心の最高裁判決・最高裁調査官解説が形作る憲法はどのような形をしているのか，というと，既出の基本書・概説書の類で，その全貌は明らかとされているものではありません。本書ではこのような意味での「憲法像」を，試験的であれ，明らかにしたいと思いました。

最高裁判決・最高裁調査官解説の描く人権判例の「特徴」とは何でしょうか。法学部生やロースクール生に聞くと，「結局のところ，最高裁は（生の）利益衡量論で判断しているのではないか」と指摘する人がいます。一面ではこれは正しいのですが，最高裁の採用している憲法論を，生の利益衡量論であり，脆弱で，場当たり的・恣意的で，一貫性がなく，時に矛盾したものである，と想定することは必ずしも的を射ているものではありません。最高裁判事や最高裁調査官は，自身の判決・決定の正統性を担保するために，より強くて精密な憲法論に依拠しているのではないでしょうか。では，国家作用の一翼として司法権を行使する最高裁は，立法権，行政権，憲法学説，マスコミ，一般国民等々の諸力から自身を論理的にディフェンスするために，どういった憲法論に依拠しているのでしょうか。これもまた一義的な答えのある問いではありませんが，少なくとも私はこのような問題意識に応えるために，本書を執筆いたしました。私の試みが成功しているかどうかの評価は，読者の皆様に委ねたいと思います。

本書を出版するにあたり，多数の方々にお世話になりました。本書は2015年9月14～15日にかけて開催された龍谷大学の司法コース特別企画講座「条文と判例で学ぶ憲法入門」で話したことをもとに，これを発展させたものです。同講座を企画して下さった龍谷大学准教授の斎藤司先生や講座参加者の皆様に，まずもって感謝申し上げます。また，各章末尾の「憲法の地図」は，弁護士の松田浩一先生がブログ上で「フリーマインド（freemind）」というフリーソフトを使って法律の樹形図を描いているのを見て，着想を得ました。松田先生の独創的な学修方法を見なければ，本書はなかったでしょう。東京大学大学院情報学環助教酒井麻千子先生には判例表・判例索引の整除および校正作業，弁護士の松尾剛行先生，早稲田大学法科大学院卒業生の清水元様には校正作業をお手伝いいただきました。

私が弁護士でありながら憲法の研究を行うことができているのは，大変恵ま

れた環境にあることが大きいと思います。東京大学大学院情報学環客員研究員の成原慧先生が主催されている情報法・政策研究会には日頃から参加させていただき，知的刺激をいただいています。慶應義塾大学教授の駒村圭吾先生には，学部の憲法ゼミのときからお世話になっております。私の在籍する長谷川法律事務所（所長：長谷川正浩弁護士）のメンバーは，私が憲法研究をすることを温かく見守って下さっています。そして，法律文化社編集部の掛川直之様には無理なスケジュールの中，本書の企画・編集を担当していただきました。

そのほか日頃より，家族，友人等の多くの方にお世話になっています。この場で記して，心より御礼申し上げます。

2015年11月　大島 義則

判例索引

最高裁判所

最大判昭和23年9月29日刑集2巻10号1235頁（25-1）／食糧管理法事件……………………………… 130,140
最大判昭和24年5月18日刑集3巻6号839頁／食糧緊急措置令事件…………………………………… 059,081
最大判昭和25年11月22日刑集4巻11号2380頁（13-1）／賭博開張図利罪事件………………………… 002,011
最大判昭和27年1月9日刑集6巻1号4頁…………………………………………………………………… 083
最大判昭和27年8月6日刑集6巻8号974頁／石井記者事件…………………………………… 074,082,086
最大判昭和28年12月23日民集7巻13号1523頁（29-7）／農地買収事件………………… 158,160,162,171
最大判昭和28年12月23日民集7巻13号1561頁／皇居前広場事件…………………………………………… 086
最判昭和29年1月22日民集8巻1号225頁……………………………………………………………………… 157
最大判昭和29年11月24日刑集8巻11号1866頁／新潟県公安条例事件…………………………… 079,082
最大判昭和30年1月26日刑集9巻1号89頁／公衆浴場距離制限事件……………………………… 107,111
最大判昭和30年10月26日刑集9巻11号1690頁…………………………………………………………………… 162
最大判昭和30年11月30日刑集9巻12号2545頁…………………………………………………………………… 083
最大判昭和31年6月13日刑集10巻6号830頁（13-2）／覚せい剤譲渡・販売禁止事件………… 002,011
最大判昭和31年7月4日民集10巻7号785頁（19-1）／謝罪広告事件………………… 032-033,038,039
最大判昭和32年3月13日刑集11巻3号997頁／チャタレイ事件……………………………………… 060,081
最大決昭和33年2月17日刑集12巻2号253頁／北海タイムス事件…………………………………………… 085
最大判昭和35年2月10日民集14巻2号137頁……………………………………………………………………… 153
最大判昭和35年7月20日刑集14巻9号1243頁／東京都公安条例事件………………………………… 079,082
最大判昭和36年2月15日刑集15巻2号347頁（21-4）／あん摩師等法事件………………… 065,081,091
最大判昭和37年2月21日刑集16巻2号107頁…………………………………………………………………… 083
最大判昭和37年6月6日民集16巻7号1265頁…………………………………………………………………… 153
最大判昭和38年5月15日刑集17巻4号302頁（20-2）／加持祈祷事件………………………… 045-046,051
最大判昭和38年5月22日刑集17巻4号370頁（23-1）／東大ポポロ事件……………………………… 120-125
最大判昭和38年6月26日刑集17巻5号521頁（29-2）／奈良県ため池保全条例事件
　………………………………………………………………………………………………… 150,157,160,166
最大判昭和39年5月27日民集18巻4号676頁（14-1）／待命処分無効確認判定取消請求事件
　……………………………………………………………………………… 016-017,019,021,024,025
最大判昭和41年6月23日民集20巻5号1118頁／署名狂やら殺人前科事件……………………… 062,081
最大判昭和42年5月24日民集21巻5号1043頁（25-2）／朝日訴訟……………………… 130,137-139,141
最大判昭和43年11月27日刑集22巻12号1402頁（29-6）／河川附近地制限令事件………… 156-157,160,170
最大判昭和43年12月18日刑集22巻13号1549頁／大阪市屋外広告物条例事件…………………… 066,081
最大判昭和44年6月25日刑集23巻7号975頁／夕刊和歌山時事事件………………………………… 062,081

最大判昭和44年10月15日刑集23巻10号1239頁／悪徳の栄え事件	060,081
最大決昭和44年11月26日刑集23巻11号1490頁（21-13）／博多駅テレビフィルム提出命令事件	073,082,086,099
最大判昭和44年12月24日刑集23巻12号1625頁（13-3）／京都府学連事件	002-005,007-009,012
最大判昭和45年6月17日刑集24巻6号280頁／電柱ビラ貼り軽犯罪法違反事件	066,081
最大判昭和45年9月16日民集24巻10号1425頁（13-7）／未決勾留喫煙禁止事件	007-009,014
最大判昭和46年1月20日民集25巻1号1頁	151
最大判昭和47年11月22日刑集26巻9号586頁（22-2）／小売市場判決	104,106,108,110-111,116
最判昭和47年11月30日民集26巻9号1746頁（19-2）／長野勤評事件	032-033,038,040
最大判昭和48年4月4日刑集27巻3号265頁（14-2）／尊属殺違憲判決	019,021-022,024-025
最大判昭和48年4月25日刑集27巻4号547頁	083
最判昭和48年10月18日民集27巻9号1210頁（29-8）／土地収用事件	158,160,171
最大判昭和48年12月12日民集27巻11号1536頁／三菱樹脂事件	038
最判昭和49年9月26日刑集28巻6号329頁（14-3）／尊属傷害致死罪判決	019,026
最大判昭和49年11月6日刑集28巻9号393頁（21-10）／猿払事件	070,072,085,095
最大判昭和50年4月30日民集29巻4号572頁（22-1）／薬事法違憲判決	101,103,105-113,155
最大判昭和51年5月21日刑集30巻5号615頁（23-2）／旭川学テ事件	122-124,126
最判昭和53年5月31日刑集32巻3号457頁／外務省秘密電文漏洩事件	073,082
最大判昭和53年7月12日民集32巻5号946頁（29-3）／国有農地売払特措法事件	150-152,159-160,167
最大判昭和55年11月28日刑集34巻6号433頁／四畳半襖の下張事件	060,081
最判昭和56年4月16日刑集35巻3号84頁／月刊ペン事件	083
最判昭和56年6月15日刑集35巻4号205頁／戸別訪問禁止違反事件	070-071
最大判昭和57年7月7日民集36巻7号1235頁（25-3）／堀木訴訟	130-131,133-135,139,141
最判昭和57年11月16日刑集36巻11号908頁／道路交通法違反事件	079,082
最判昭和58年2月18日民集37巻1号59頁／ガソリンタンク移設事件	162
最判昭和58年3月8日刑集37巻2号15頁／修正写真誌事件	061,083
最大判昭和58年6月22日民集37巻5号793頁（21-6）／よど号ハイジャック記事抹消事件	068,072-073,081-082,091
最大判昭和59年12月12日民集38巻12号1308頁（21-1）／税関検査事件	058,069,081,087
最判昭和59年12月18日刑集38巻12号3026頁／駅構内ビラ配布事件	066,081
最判昭和61年2月14日刑集40巻1号48頁（13-4）／オービス事件	003,005,009,012
最大判昭和61年6月11日民集40巻4号872頁（21-2）／北方ジャーナル事件	059,062,069,081,089
最判昭和62年3月3日刑集41巻2号15頁／大分県屋外広告物事件	066,081
最大判昭和62年4月22日民集41巻3号408頁（29-1）／森林法違憲判決	148-149,152-154,156,159-161,163
最判昭和62年4月24日民集41巻3号490頁／サンケイ新聞事件	076,082
最大判昭和63年6月1日民集42巻5号277頁（20-1）／自衛隊合祀拒否訴訟	045,050
最判昭和63年7月15日判時1287号65頁（19-5）／麹町中学校内申書事件	033,038,042
最判平成元年1月20日刑集43巻1号1頁	107
最決平成元年1月30日刑集43巻1号19頁／日本テレビ事件	073,082
最判平成元年2月7日判時1312号69頁（25-4）／総評サラリーマン税金訴訟最高裁判決	

	……………………………………………………………………………………… *133,139,143*
最判平成元年3月2日判時1363号68頁（25-5）／塩見訴訟………………………	*133,139,144*
最判平成元年3月7日集民156号299頁………………………………………………………	*107*
最大判平成元年3月8日民集43巻2号89頁（21-12）／法廷メモ訴訟………………	*073,082,098*
最判平成元年9月19日刑集43巻8号785頁（21-3）／岐阜県青少年保護条例事件………	*061,081,090*
最判平成元年12月14日刑集43巻13号841頁（13-8）／どぶろく裁判………………	*008-009,015*
最判平成元年12月21日民集43巻12号2252頁／長崎教師批判ビラ事件………………	*063,081*
最判平成2年2月1日民集44巻2号369頁／サーベル事件…………………………	*150*
最判平成2年2月6日訟月36巻12号2242頁（22-5）／西陣ネクタイ訴訟…………	*104,111,117*
最判平成2年3月6日判時1357号144頁（19-4）／ポストノーティス命令事件……	*033,038,041*
最判平成2年4月17日民集44巻3号547頁／政見放送削除事件……………………	*076*
最決平成2年7月9日刑集44巻5号421頁／TBS事件…………………………………	*073,082*
最判平成2年9月28日刑集44巻6号463頁／破防法事件…………………………	*059,081*
最判平成2年9月28日集刑255号261頁………………………………………………	*083*
最大判平成4年7月1日民集46巻5号437頁（21-8）／成田新法事件………	*070,077-078,081-082,094*
最判平成4年7月9日判時1441号56頁………………………………………………	*080,082*
最判平成4年12月15日民集46巻9号2829頁（22-5）／酒類販売免許制判決	
	………………………………………………………………… *107-108,111-112,118,162*
最判平成6年1月27日民集48巻1号53頁／大阪府知事交際費公文書公開請求事件……	*075,082*
最判平成6年2月8日民集48巻2号149頁／ノンフィクション逆転事件…………	*064,081*
最判平成7年3月7日民集49巻3号687頁（21-7）／泉佐野市民会館事件	
	……………………………………………………………… *069,078,081-082,092*
最判平成7年12月15日刑集49巻10号842頁（13-5）／外国人指紋押捺事件…………	*003-009,013*
最決平成8年1月30日民集50巻1号199頁（20-3）／オウム真理教解散命令事件	
	……………………………………………………………… *046-047,049,051,080,082*
最判平成8年3月8日民集50巻3号469頁（20-4）／エホバの証人剣道受講拒否事件	
	……………………………………………………………………… *024,037,047-049,053*
最判平成8年3月15日民集50巻3号549頁／上尾市福祉会館事件…………………	*078,082*
最判平成9年9月9日民集51巻8号3804頁／ロス疑惑夕刊フジ事件………………	*063,081,084*
最判平成10年1月30日集民187号1頁……………………………………………………	*084*
最大決平成10年12月1日民集52巻9号1761頁／寺西判事補事件…………………	*070-071*
最判平成12年2月8日刑集54巻2号1頁（22-4）／司法書士法事件……………	*105-106,111,118*
最判平成12年2月29日民集54巻2号582頁／エホバの証人輸血拒否事件…………	*011*
最判平成13年9月25日判時1768号47頁（25-6）／不法在留者緊急医療扶助事件…	*134-135,139,145*
最判平成14年1月29日民集56巻1号185頁／ロス疑惑共同通信事件……………	*063,081*
最大判平成14年2月13日民集56巻2号331頁（29-5）／証券取引法短期売買利益提供請求事件	
	……………………………………………………… *152,155-156,159,161-162,169*
最判平成14年4月5日刑集56巻4号95頁………………………………………………	*159,162*
最判平成14年6月11日民集56巻5号958頁（29-9）／土地収用事件Ⅱ……………	*158-160,172*
最判平成14年9月24日判時1802号60頁／石に泳ぐ魚事件…………………………	*064,081*
最判平成15年3月14日民集57巻3号229頁／長良川事件……………………………	*064,081*
最判平成15年4月18日民集57巻4号366頁（29-4）／証券取引法損失填補禁止事件	
	…………………………………………………………………… *152,159,162,168*

最大判平成16年1月14日民集58巻1号56頁／参議院議員定数不均衡事件 — 140
最判平成16年3月16日民集58巻3号647頁（25-8）／中嶋訴訟 — 137-140,146
最判平成16年7月15日民集58巻5号1615頁／新・ゴーマニズム宣言事件 — 084
最判平成16年11月25日民集58巻8号2326頁／訂正放送請求事件 — 076,082
最大判平成17年1月26日民集59巻1号128頁／東京都外国人管理職試験訴訟 — 021,024
最判平成17年7月14日民集59巻6号1569頁／船橋市西図書館蔵書破棄事件 — 086
最判平成17年11月8日民集59巻9号2333頁 — 159,162
最判平成17年11月10日民集59巻9号2428頁／和歌山カレー毒殺事件 — 064,081
最判平成18年6月23日判時1940号122頁／小泉首相靖国神社参拝事件 — 049
最決平成18年10月3日民集60巻8号2647頁（21-14）／NHK記者証言拒絶事件 — 074,082,099
最判平成18年11月27日判時1958号61頁 — 162
最判平成19年2月27日民集61巻1号291頁（19-3）／君が代ピアノ伴奏拒否事件 — 032,034-038,040
最判平成19年9月18日刑集61巻6号601頁（21-9）／広島市暴走族事件 — 070,078,081-082,094
最判平成19年9月28日民集61巻6号2345頁（25-7）／学生無年金訴訟 — 021,024,134-135,139,145
最判平成20年2月19日民集62巻2号445頁／メイプルソープ事件 — 061,081
最判平成20年3月6日民集62巻3号665頁（13-6）／住基ネット事件 — 004-010,014
最判平成20年4月11日刑集62巻5号1217頁（21-5）／立川ビラ配布事件 — 066,081,091
最大判平成20年6月4日民集62巻6号1367頁（14-4）／国籍法違憲判決 — 020-021,024,027
最決平成21年1月15日民集63巻1号46頁／インカメラ審理事件 — 075,082
最判平成21年4月23日判時2045号116頁 — 162
最判平成21年11月30日刑集63巻9号1765頁／葛飾ビラ配布事件 — 066,081
最決平成22年3月15日刑集64巻2号1頁／平和神軍観察会事件 — 062,077,081
最判平成22年4月8日民集64巻3号676頁／経由プロバイダ発信者情報開示事件 — 077
最判平成23年4月28日民集65巻3号1499頁／東京女子医大病院事件 — 063,081
最判平成23年5月30日民集65巻4号1780頁（19-6）／国歌斉唱拒否事件 — 034-038,042
最判平成23年6月6日民集65巻4号1855頁 — 038
最判平成23年6月14日民集65巻4号2148頁 — 038
最判平成23年7月15日民集65巻5号2269頁 — 162
最判平成23年9月22日民集65巻6号2756頁 — 152
最判平成23年9月30日判時2132号39頁 — 152
最判平成24年1月16日集民239号1頁 — 037-038
最判平成24年1月16日集民239号253頁 — 037-038
最判平成24年4月2日民集66巻6号2367頁（25-9）／老齢加算廃止訴訟 — 138-139,147
最判平成24年12月7日刑集66巻12号1337頁（21-11）／堀越事件 — 070-071,085,097
最判平成24年12月7日刑集66巻12号1722頁／世田谷事件 — 070,085
最大決平成25年9月4日民集67巻6号1320頁（14-5）／非嫡出子相続分差別規定違憲判決 — 021,024,028
最判平成26年7月18日判例集未登載／永住外国人生活保護訴訟 — 139
最決平成26年12月9日判例集未登載／京都朝鮮学園襲撃事件 — 068
最大判平成27年12月16日平成25年(オ)第1079号（14-6）／再婚禁止規定違憲判決 — 021,029
最大判平成27年12月16日平成26年(オ)第1023号（14-7）／夫婦同姓強制合憲判決 — 021-022,031

判例索引　179

高等裁判所

仙台高判昭和46年5月28日判時645号55頁······124
大阪高判昭和50年11月10日判時795号3頁／堀木訴訟第2審判決······131-132
東京高判昭和57年12月6日判時1062号25頁······133
東京高判平成4年12月18日判時1445号3頁······162
大阪高判平成18年11月30日判時1962号11頁／住基ネット事件原判決······005
大阪高判平成26年7月8日判時2232号34頁／京都朝鮮学園襲撃事件第2審判決······068

地方裁判所

東京地判昭和39年9月28日判時385号12頁／宴のあと事件······063,081
東京地判昭和55年3月26日行集31巻3号673頁／総評サラリーマン税金訴訟第1審判決······132
京都地判昭和59年3月30日行集35巻3号353頁／古都保存協力税事件······049
京都地判平成25年10月7日判時2208号74頁／京都朝鮮学園襲撃事件第1審判決······068
東京地判昭和59年5月18日判時1118号28頁······162
東京地判昭和61年3月20日行集37巻3号347頁／日曜参観事件······049
大阪地判昭和62年9月30日判時1255号45頁······162
東京地決平成7年10月30日判時1544号43頁······046
東京地判平成13年6月13日判時1755号3頁／アレフ観察処分事件······049

簡易裁判所

神戸簡判昭和50年2月20日判時768号3頁／牧会活動事件······049

■著者紹介

大島　義則（おおしま・よしのり）

1983年生．慶應義塾大学大学院法務研究科専門職学位課程修了
2009年弁護士登録
現在，弁護士．慶應義塾大学大学院法務研究科講師（非常勤，公共政策法務フォーラム・プログラム担当）

〔主要業績〕
『行政法ガール』（法律文化社，2014年）
『憲法ガール』（法律文化社，2013年）
『ソーシャルメディア時代の個人情報保護Q＆A』（日本評論社，2012年／分担執筆）

Horitsu Bunka Sha

憲法の地図
——条文と判例から学ぶ

2016年4月20日　初版第1刷発行
2024年3月20日　初版第4刷発行

著　者　　大島義則

発行者　　畑　　光

発行所　　株式会社　法律文化社

〒603-8053
京都市北区上賀茂岩ヶ垣内町71
電話075(791)7131　FAX 075(721)8400
https://www.hou-bun.com/

印刷：西濃印刷㈱／製本：㈱吉田三誠堂製本所
装幀：白沢　正
ISBN 978-4-589-03747-3

© 2022 Yoshinori Oshima Printed in Japan
乱丁など不良本がありましたら，ご連絡下さい．送料小社負担にてお取り替えいたします．
本書についてのご意見・ご感想は，小社ウェブサイト，トップページの「読者カード」にてお聞かせ下さい．

JCOPY　〈出版者著作権管理機構　委託出版物〉
本書の無断複写は著作権法上での例外を除き禁じられています．複写される場合は，そのつど事前に，出版者著作権管理機構（電話 03-5244-5088，FAX 03-5244-5089, e-mail: info@jcopy.or.jp）の許諾を得て下さい．

法科大学院生, 司法試験・予備試験受験生必携!!

憲法ガールⅡ 〔平成25～30年の答案例〕

大島義則 著　●A5判・224頁・並製　定価 **2,530**円

小説形式で平成25～30年の司法試験論文式問題の解き方を指南。出題意図をよみとるコツ,各論点の考え方,答案作成のテクニック(当事者の主張・反論・私見の書き方)を解説し,平成30年にみられるリーガルオピニオン型の出題形式の動向にも全面的にフォローする。

憲法ガール Remake Edition 〔平成18～24年の答案例〕

大島義則 著　●A5判・262頁・並製　**2,750**円

紛争・訴訟を念頭におき主張・反論・私見の論述を求める司法試験問題の解き方を指南。平成18～24年の答案例として,『憲法ガール』(2013年刊)の全論点網羅型のものに,試験当日の限られた時間内でも作成できるよう短い答案例を追加。引用文献・判例一覧をアップデート。

行政法ガールⅡ 〔平成26～令和元年の答案例〕

大島義則 著　●A5判・234頁・並製　定価 **2,530**円

平成26年～令和元年司法試験論文試験の解き方を指南。裁量基準,原告適格など受験生が悩みがちな論点を掘り下げて解説。個別の処分根拠法規だけでなく,実質的な処分根拠法規の意味内容を探究する「仕組み解釈」の技術を会得できる。

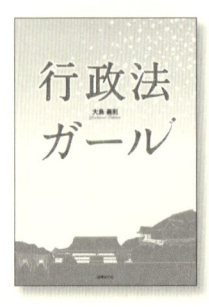

行政法ガール 〔平成18～25年の答案例〕

大島義則 著　●A5判・270頁・並製　定価 **2,640**円

平成18年～25年の司法試験行政法の過去問を小説形式でわかりやすく解説。主張と反論というかたちでくり広げられる僕やシエルさんらとの会話から,合格答案作成の作法を楽しく修得。

法律文化社
表示価格は消費税10%を含んだ価格です